BIBLIOTHÈQUE
DE PHILOSOPHIE CONTEMPORAINE

LOGIQUE

DE

LA VOLONTÉ

PAR

PAUL LAPIE

Maître de conférences à la Faculté des lettres de l'Université de Rennes
Docteur ès lettres

PARIS
FÉLIX ALCAN, ÉDITEUR
ANCIENNE LIBRAIRIE GERMER BAILLIÈRE ET Cⁱᵉ
108, BOULEVARD SAINT-GERMAIN, 108

1902

8° R
17893

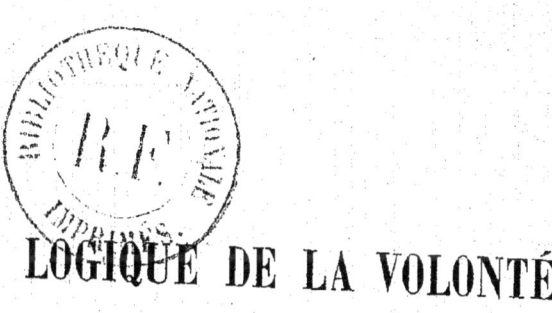

LOGIQUE DE LA VOLONTÉ

FÉLIX ALCAN, ÉDITEUR

AUTRES OUVRAGES DE M. PAUL LAPIE

La justice par l'État. Étude de morale sociale, 1899. 1 vol. in-12 de la *Bibliothèque de philosophie contemporaine*. . . . . 2 fr. 50

Les civilisations tunisiennes (Musulmans, Israélites, Européens). Étude de psychologie sociale, 1898. 1 vol. in-12 de la *Bibliothèque d'histoire contemporaine*. . . . . 3 fr. 50

CHARTRES. — IMPRIMERIE DURAND, RUE FULBERT.

LOGIQUE

DE

LA VOLONTÉ

PAR

PAUL LAPIE

Maître de conférences à la Faculté des lettres de l'Université de Rennes.
Docteur ès lettres.

PARIS
FÉLIX ALCAN, ÉDITEUR
ANCIENNE LIBRAIRIE GERMER BAILLIÈRE ET Cie
108, BOULEVARD SAINT-GERMAIN, 108
—
1902
Tous droits réservés

A MONSIEUR HENRY MICHEL

Hommage de reconnaissance et d'affectueux respect.

LOGIQUE DE LA VOLONTÉ

INTRODUCTION

I. — *Définition de la volonté.* — L'acte volontaire est un changement psychologique qui paraît déterminé par des jugements.
II. — *Problème :* Les jugements qui précèdent l'acte volontaire en sont-ils des conditions suffisantes ? — Légitimité de cette recherche. — Solution volontariste et solution intellectualiste. — Plan de l'ouvrage.

Bien qu'elle ne soit pas neuve, l'idée d'une logique de la volonté peut surprendre, car la logique est l'art de penser, et penser n'est pas vouloir. Notre premier devoir est donc de justifier notre titre.

Il suffira, pour justifier ce titre, d'énoncer notre problème, et, pour poser ce problème, de définir la volonté.

I

L'acte volontaire est un phénomène dont le moi croit être la cause : l'usage populaire et la tradition philosophique recommandent cette définition. — L'usage populaire, car, si nous distinguons la volonté de la passion, de l'habitude ou de l'instinct, c'est que nous croyons, dans la volition, nous affranchir de la fatalité qui, dans les autres cas, paraît nous contraindre. L'apparence de la liberté est pour tous les hommes, même s'ils la tiennent pour illusoire, le critère

LAPIE.

de la volonté ; libres ou non, nous croyons être libres, c'est-à-dire que nous nous attribuons la production de nos actes volontaires. — La tradition philosophique, car les écoles ennemies s'accordent sur cette définition. Les partisans du libre arbitre ne peuvent la rejeter puisqu'ils admettent que le moi a le droit de revendiquer la paternité de ses actions. Et les déterministes, tout en niant que le moi soit la cause réelle de ses actes, doivent reconnaître qu'il en est la cause apparente. C'est ainsi que M. Ribot, tout en professant que le « je veux » n'est pas une cause mais un effet[1], admet qu'en un autre sens la volition est une « réaction individuelle » dans laquelle « le moi, quoique un effet, est une cause au sens le plus rigoureux[2] ». Notre définition n'est donc pas arbitraire : l'acte volontaire est un phénomène dont le moi croit être la cause.

Mais de quels phénomènes le moi croit-il être la cause ?

L'opinion vulgaire, systématisée par Maine de Biran, veut que nous saisissions notre pouvoir causal dans le sentiment de l'effort. Faire effort, n'est-ce pas lutter contre les forces extérieures ? Et quand une action s'accomplit en dépit de ces forces, n'est-elle pas l'œuvre de la cause interne, c'est-à-dire du moi ? Le sentiment de l'effort serait l'antécédent nécessaire de la croyance à la causalité personnelle. — Mais

---

1. *Maladies de la volonté*, p. 4 ; cf. p. 175 (Paris, F. Alcan).
2. *Id.*, p. 33. — On trouvera des définitions analogues dans Descartes, *Traité des Passions*, 1re partie, art. 17 : « Nous expérimentons que les volontés viennent directement de notre âme et semblent ne dépendre que d'elle. » Et dans la psychologie contemporaine, voir, entre autres : Beneke, *Psychologische Studien*, t. II, p. 517 ; Wundt, *Ethik*, p. 372 ; *Vorlesungen über die Menschen und Thierseele*, 2e éd., p. 245, 250 ; Külpe, *Philosophische Studien* (Die Lehre vom Willen in der neueren Psychologie), t. V, p. 216, 412, 426 ; Hartmann, *Philosophie de l'Inconscient*, trad. fr., t. II, p. 56 ; Dallemagne, *Physiologie de la volonté*, passim.

le sentiment de l'effort accompagne le réflexe aussi bien que la volition. Dans tout réflexe nous avons conscience de lutter contre des résistances extérieures, et pourtant c'est à des causes extérieures que nous attribuons la production de notre acte. Observez l'état de votre conscience pendant une contraction convulsive de vos muscles, puis répétez volontairement le même mouvement : dans les deux actes l'effort est identique et cependant l'un paraît étranger au moi, l'autre produit par le moi. L'effort ne varie pas suivant l'origine de la force, mais suivant l'intensité de la résistance. Un réflexe comme l'éternuement exige un effort plus grand qu'une volition comme la parole. Ce n'est donc pas sur le sentiment de l'effort que se fonde notre croyance à la causalité personnelle [1].

Aucun philosophe n'a rattaché cette croyance aux phénomènes affectifs qui précèdent la volition. Toute volition implique un désir, mais elle se distingue du désir : et pourquoi ? Précisément parce que le désir paraît provoqué par une cause externe ou inconnue : le rôle du moi dans l'action est plutôt en raison inverse qu'en raison directe du désir qui la précède. De même le rôle du moi est d'autant plus effacé que le plaisir ou la douleur paraît plus impérieusement déterminer l'action. En outre, un même plaisir, une même douleur provoque tantôt un réflexe, tantôt un désir, tantôt un acte volontaire : il est donc manifeste que la couleur émotionnelle d'une action volontaire ne nous dicte pas notre croyance relative à son origine.

Aussi comprend-on que la plupart des philosophes aient

---

1. Cf. Pierre Janet, *l'Automatisme psychologique*, p. 471 (Paris, F. Alcan).

cherché la cause de cette croyance dans des phénomènes intellectuels : ils s'accordent à penser que si le moi s'attribue la production d'un acte c'est qu'il s'en était formé une représentation anticipée ; ils ne diffèrent d'avis que sur la nature de cette préconception.

Suivant Münsterberg, l'acte paraît l'œuvre du moi quand il est virtuellement contenu dans ses états antérieurs : « Dans tous les cas de mouvement volontaire des idées la conscience claire de A est précédée d'un autre état de conscience qui, par son contenu, renfermait déjà l'idée A ; dans les cas de changement involontaire, A n'est précédé de rien qui le contienne... Quand je cherche dans ma mémoire la représentation a, je n'ai certes pas a dans la conscience mais le contenu de mon état de conscience est lié au contenu de a. A la vérité, tant que je n'ai pas trouvé a, je n'ai dans la conscience qu'un x, mais cet x est pris dans un réseau de relations tel qu'il ne peut être autre chose que a. Je cherche un mot : je me rappelle le passage où je l'ai lu, le moment où je l'ai entendu, je connais son sens, mais le mot lui-même n'est pas présent à l'esprit ; enfin il apparaît : peut-on contester qu'il était déjà donné dans le réseau de relations que je me rappelais ? »[1] — Cette ingénieuse définition est trop large : elle comprend des faits qui ne sont pas des volitions. Tels sont, par exemple, les raisonnements spontanés : quand une conclusion s'impose à l'esprit sans que nous ayons volontairement assemblé les prémisses, on peut dire qu'elle était déjà contenue dans les états antécédents, et cependant elle n'était pas voulue. Il est vrai que le cas est

---

1. *Die Willenshandlung*, p. 67.

rare : presque tous les raisonnements médiats sont volontaires. Mais, au contraire, les inférences immédiates sont souvent spontanées : j'entends énoncer une proposition, et soudain elle se convertit dans ma pensée : la proposition convertie était contenue dans l'état de conscience qui l'a précédée, et pourtant la conversion n'a pas été volontaire. De même les idées de César, d'Alexandre et de Napoléon défilent dans mon esprit : à cette collection d'idées particulières se joint spontanément l'idée générale de conquérant : c'est la seule qui puisse naître du rapprochement des trois noms : elle est donc déterminée par ses antécédents : pourtant elle n'a pas eu besoin pour apparaître du concours de la volonté. L'état présent peut donc contenir virtuellement l'état futur sans que nous nous considérions comme la cause de cet état.

Mais si l'antécédent ordinaire du changement est l'idée même de ce changement, si je prévois ma modification, ne m'en croirai-je pas l'auteur ? L'acte volontaire serait l'acte précédé de son idée. C'est en ces termes que plusieurs philosophes définissent la volition. « Tandis que le mouvement involontaire est produit sans aucune conscience antécédente du mouvement à faire, le mouvement volontaire, dit Spencer, ne se produit qu'après qu'il a été représenté dans la conscience.[1] » De même, pour Steinthal, la volition c'est la représentation de certains mouvements suivie de la sensation produite par ces mouvements eux-mêmes. « Lorsque je veux nager, voici tout simplement ce qui se passe : la représentation de la nage tend à se lier à la sensation et à

---

1. *Principes de psychologie*, tr. fr., t. I, p. 539 (§ 218). (Paris, F. Alcan.)

l'émotion produite par l'eau, en même temps qu'à la sensation produite par les mouvements de natation [1]. » De même, pour Maudsley, la volition est une impulsion produite par des représentations : « impulse by ideas [2] ». — Mais cette définition est encore trop large. « Il n'y a pas d'action, remarque M. Pierre Janet, même chez les somnambules, même chez les cataleptiques, qui ne soit précédée ou mieux accompagnée par la représentation de l'acte à exécuter [3]. » Toutes les impulsions sont « impulses by ideas » : n'ont-ils pas une idée très nette de leurs actes futurs les malheureux qui demandent leur internement pour échapper à leurs obsessions ? Et cependant leur requête prouve que ces actes sont contraires à leur volonté. Dans la passion, l'homme prévoit ce qu'il fera ; et cependant il croit volontiers que la fatalité l'entraîne. Vouloir c'est prévoir, mais prévoir n'est pas vouloir. Il arrive même que la volonté soit une protestation contre le destin prévu : « la conscience claire d'être sur le point de mourir, disait Lotze, n'est pas identique à la volonté de mourir [4] ». Non seulement, comme il le dit encore, « je veux » et « je deviens » ne sont pas synonymes, mais ils peuvent être de sens contraire. Pour que nous nous regardions comme les auteurs de nos actes, il ne suffit donc pas qu'ils soient précédés de leur idée.

Une opinion très répandue veut que l'acte paraisse l'œuvre du moi quand il est choisi par le moi. « Vouloir,

---

1. V. Külpe, *article cité*, p. 229.
2. V. Ribot, *Maladies de la volonté*, p. 13. — Cf. encore Herzen, *Physiologie de la volonté*, p. 97 : « Tout mouvement réflexe dont l'accomplissement est précédé de son image consciente s'appelle volontaire ».
3. *Automatisme psychologique*, p. 471.
4. *Psychologie médicale*, § 266. V. *Critique philos.*, déc. 1888, p. 407 et suiv.

écrit M. Ribot, c'est choisir pour agir¹. » Quand plusieurs tendances nous sollicitent, nous n'obéissons pas immédiatement à la plus forte ; nous oscillons entre des directions opposées, nous croyons choisir. Plusieurs projets nous sont soumis : nous les discutons, nous les comparons avant d'opter pour l'un ou pour l'autre. Les forces qui voudraient nous entraîner sont en conflit : il semble que nous profitions de leur rivalité pour nous affranchir de leur tutelle. Jamais l'action ne paraît plus libre que lorsqu'elle est délibérée. — Cette définition s'applique aux plus importants des actes volontaires ; pourtant elle est trop étroite : le choix n'est pas la condition nécessaire de la volition. Même lorsqu'une seule tendance nous sollicite, nous pouvons prendre à notre compte l'action qu'elle nous a suggérée. Parfois le motif qui nous pousse à commettre un acte, c'est précisément qu'« il n'y a pas autre chose à faire » : et cependant notre acte est volontaire. Enfin, nous considérons comme volontaires des résolutions subites : l'homme qui prend soudain conscience de son devoir et lui obéit sans discuter n'est pas nécessairement un impulsif. Tous les actes volontaires ne sont donc pas le résultat d'un choix².

Nous sommes néanmoins sur la voie de la solution : si cette définition est trop étroite, toutes les autres étaient trop larges : cherchons une formule intermédiaire. Toute action volontaire est prévue, mais toute action prévue n'est pas volontaire. Toute action choisie est volontaire, mais toute action volontaire n'est pas choisie. L'idée de l'action

---

1. *Maladies de la volonté*, p. 111 ; cf. p. 174.
2. Cf. Wundt, *Vorlesungen...*, 1ʳᵉ éd., p. 244 ; Shand, *Types of Will* (Mind, nouvelle série, t. VI, p. 292) ; Münsterberg, *op. cit.*, p. 62.

future n'est pas la condition suffisante, mais une discussion sur l'action future n'est pas la condition nécessaire de la volition. Entre l'idée et la discussion, quel est le moyen terme? Quelle opération mentale est plus complexe qu'une représentation, plus simple qu'une argumentation? C'est le jugement. Nous dirons donc qu'un acte semble produit par le moi quand il a été jugé par le moi.

Mais en quoi consiste ce jugement? On peut, a priori, le découvrir, car toute action est un mode du changement, et l'esprit à propos d'un changement dont il croit connaître la cause ne pose que quatre questions : quel est le point de départ, quel est le point d'arrivée, quelle est la direction et quelle est la durée du changement? Juger un acte, c'est résoudre ces problèmes. Mais dans la pratique, on ne pose ni le premier ni le dernier : la connaissance de l'état présent, point de départ du changement volontaire, ne fait pas question : elle est donnée par la conscience ; et la durée du changement dépend de l'éloignement du but et du nombre des moyens : elle est déterminée quand le but et les moyens sont connus. Juger une action future, c'est donc répondre à ces deux interrogations : quelle est la direction de l'activité et quel en est le terme? Où aller et par où passer? que faire et comment faire? Le moi se considère comme la cause de son action quand il en a par avance construit l'image idéale, quand par deux jugements au moins il a déterminé les péripéties et le dénouement du drame qu'il entend jouer. Une action est volontaire quand elle est préjugée bonne et possible [1],

---

1. « Bon » signifie : « dont la fin est posée par un jugement personnel. » Et « possible » : « dont les moyens sont posés par des jugements ».

quand sa fin et ses moyens sont prédéterminés par le moi.

Cette seconde définition n'est pas plus arbitraire que la première. Ἡ προαίρεσις... βουλευτικὴ ὄρεξις τῶν ἐφ' ἡμῖν[1], disait Aristote ; la volonté connaît sa fin, car elle est un désir réfléchi ; elle connaît ses moyens d'action, car elle ne désire que ce qui dépend de nous. Aristote ne néglige aucun des éléments de l'acte volontaire. Et c'est l'antique définition que reproduit sous une forme nouvelle M. Tarde quand il ramène la volition à un syllogisme moral dont la majeure serait un désir et la mineure une croyance. Je désire faire mon salut, or, je crois que le jeûne en carême me sauvera ; donc je dois jeûner en carême[2] : telles seraient, selon M. Tarde, les trois propositions de ce syllogisme. Le devoir est-il la conclusion de ce raisonnement ? Ce raisonnement est-il un syllogisme ? On en peut douter. Mais on ne peut douter que les deux prémisses de la volition soient l'une un jugement sur la fin, l'autre un jugement sur le moyen. Ce n'est pas à dire que ces jugements se suivent toujours dans l'ordre indiqué par M. Tarde. Quand nos actes sont précédés d'une délibération, les deux espèces de jugements s'entremêlent : notre conscience présente le spectacle d'une assemblée délibérante où les orateurs se succèdent dans

---

1. *Eth. Nic.*, III, 5, 1113 a 10. — Cf. Condillac, *Traité des sensations*, I, 3, § 9 : « On entend par volonté un désir absolu et tel que nous pensons qu'une chose désirée est en notre pouvoir. » — Herbart, *Lehrbuch zur Psychologie*, § 107 : « Ein Begehren verbunden mit der Voraussetzung der Erfüllung. » — Volkmann, *Lehrbuch der Psychologie*, t. II, p. 453. — V. dans Külpe, *art. cité*, les définitions de Lipps (p. 206) : « Streben nach etwas Möglichem, Erreichbarem » ; — de Beneke (p. 412), *Psychologische Skizzen*, t. II, p. 517 ; — de Drobisch (p. 190), *Empirische Psychologie*, p. 246. — Cf. encore Wundt, *Vorlesungen...*, 2ᵉ éd., p. 462 : « Der feste Glaube an das Können ist zum Wollen unerlässlich. » — Shand, *Types of Will*, Mind, nouv. série, t. VI, p. 291 : v. citation de Stout. — Fouillée, *Psychologie des Idées-forces*, t. II, p. 266.

2. *Philosophie pénale*, p. 23. — *Transformations du droit*, p. 125, etc.

l'ordre de leur inscription sans se demander si leurs discours s'enchaîneront suivant l'ordre logique : l'un déclare telle mesure chimérique, l'autre répond qu'elle est bonne : on discute sur les moyens avant de s'entendre sur la fin. Mais quel que soit le désordre de la discussion, elle tourne tout entière autour de ces deux pôles : doit-on ? peut-on ? Et de même, quel que soit le chaos de nos pensées, elles veulent toutes, dans la délibération, répondre à ces deux questions : est-ce bon ? est-ce possible ?

L'acte volontaire est un phénomène dont le moi croit être la cause. Le moi se croit l'auteur d'un phénomène quand il l'a prédéterminé par des jugements. La volonté est donc l'ensemble des phénomènes qui paraissent déterminés par des jugements [1].

II

Telle étant la définition de la volonté, un problème se pose : les jugements qui précèdent l'acte volontaire en sont-ils les conditions suffisantes ? la volonté paraît déterminée par des jugements : cette apparence est-elle fondée ? l'esprit prétend tracer d'avance le chemin qu'il suivra : cette prétention est-elle justifiée ? l'action se borne-t-elle à copier le modèle idéal dessiné par la pensée ? Deux groupes de phénomènes — d'une part des jugements, de l'autre une volition — semblent se succéder régulièrement : il est

---

1. Sur le rôle du jugement dans la définition de l'acte volontaire, v. Janet, *Automatisme psychologique*, p. 473. Cf. encore Natorp, *Grundlinien einer Theorie der Willensbildung*, Arch. f. syst. Philos., t. 1 (nouv. série), p. 84 ; Shand, *art. cité*, p. 292.

naturel que nous cherchions si cette séquence est réellement assez régulière pour être érigée en loi. Et ce problème, puisqu'il met en question le rôle du jugement dans la volition et que le jugement est une opération logique, peut s'appeler le problème logique de la volonté.

Mais à quoi bon poser ce problème? N'est-il pas implicitement résolu par tous les théoriciens de la volonté? Et leurs réponses ne sont-elles pas négatives? Sans doute les philosophes qui répètent, après Spinoza : « Voluntas et intellectus unum et idem sunt » soutiendront qu'il n'y a rien dans la volition qui ne soit dans ses antécédents logiques. Mais les philosophes intellectualistes sont rares : tous les autres démontreront qu'entre l'acte volontaire et les jugements qui le précèdent on ne peut découvrir aucun rapport nécessaire.

L'école de Schopenhauer déclare que la volonté est, par essence, inintelligible. « La volonté, dit par exemple Hartmann, est l'effort pour créer de la réalité... Cet effort en lui-même se dérobe à toute analyse, à toute définition... : notre pensée, en effet, ne se meut qu'au milieu des idées et l'effort est en soi quelque chose de tout à fait différent de l'idée[1]. » Il est trop clair que, pour ces philosophes, les jugements antérieurs à la volition n'ont sur elle aucune influence. « L'intellect est étranger à la volonté au point d'être mystifié par elle ; s'il lui fournit des motifs, il n'entre pas dans le laboratoire secret où se préparent les résolutions. Il est sans doute le confident de la volonté, mais un confident auquel on ne dit pas tout...[2] » Les jugements qui

---

1. *Philosophie de l'Inconscient*, trad. fr., t. I, p. 131.
2. Schopenhauer, *Le Monde comme Volonté et Représentation*, trad. fr., t. III, p. 22 (Paris, F. Alcan).

accompagnent la volition, loin de la produire, seraient produits — et ne seraient même pas régulièrement produits — par la volonté.

Si la volonté n'est pas inintelligible elle est du moins irrationnelle, disent les partisans du libre arbitre. L'homme peut, par un caprice, casser les décisions de sa raison : des jugements identiques pourront être suivis de résolutions contraires : entre les volitions et leurs antécédents logiques, la liberté rompt tout lien. Il semble donc que, comme les disciples de Schopenhauer, les partisans du libre arbitre doivent donner à notre problème une réponse négative.

Même réponse si la volonté s'explique par le sentiment; peut-être les jugements traduisent-ils les tendances obscures de l'esprit, mais ils n'ont aucune efficacité : les vraies causes sont les désirs. « La vie intellectuelle, dit Maudsley, ne fournit pas le motif ou l'impulsion à l'activité; l'entendement ou la raison n'est pas la cause de nos actions... Cette cause réside dans les désirs. Nos énergies les plus actives naissent de nos besoins les plus urgents[1]. » Si je veux accomplir un acte, ce n'est pas que je le trouve bon ; peut-être ne l'ai-je trouvé bon que parce que je le désire ; peut-être l'accomplirai-je, même si je le trouve mauvais, parce que mon désir s'impose à ma volonté en dépit de mon jugement.

Même réponse enfin si la volition est un réflexe : les causes d'un réflexe ne sont pas des jugements mais des mouvements. Il est possible, si la réaction ne suit pas immédiatement l'excitation, qu'un jugement soit formulé

---

1. Maudsley, *Physiologie de l'esprit*, trad. fr., p. 331-334.

avant que l'acte s'accomplisse ; mais que le jugement soit ou non formulé, l'acte s'accomplit. Il est possible que l'excitation provoque à la fois un jugement dans l'esprit et une réaction dans les muscles : mais ces deux effets simultanés de la cause motrice n'ont pas même valeur : le plus important, c'est l'action : le jugement n'est qu'un épiphénomène.

Ainsi, pour expliquer la volonté, les philosophes contemporains nous conseillent de nous adresser soit à la métaphysique, soit à la mécanique, mais il semble qu'à leur avis autant vaudrait parler de la quadrature du cercle ou de l'identité des contradictoires que d'une logique de la volonté.

Pourtant un examen plus attentif des doctrines courantes prouvera qu'elles ne nous imposent aucune solution.

La volonté dont parle Schopenhauer, c'est la qualité première de l'Être : que cette volonté métaphysique, si elle existe, soit inintelligible, nous ne songeons pas à le contester ; qu'elle ait le pas sur l'intelligence, nous ne le nions pas plus que nous ne l'affirmons : nous ne promettons pas de révéler la véritable essence du Noumène ; c'est un phénomène positif que nous désignons par le mot volonté. Or, ce phénomène Schopenhauer ne refuse pas de l'expliquer par ses antécédents logiques : « L'acte isolé d'un individu conscient, dit-il, nécessite un motif et n'aurait pas lieu sans cela. Mais de même que la cause matérielle détermine seulement le temps, le lieu et la matière où se manifestera telle ou telle force physique, de même le motif ne détermine dans l'acte volontaire d'un sujet conscient que le temps, le lieu et les circonstances différentes pour chaque acte. Il ne détermine pas le fait même que cet être veut, soit en général, soit dans ce cas particulier.[1] » Mais si la volition est aussi complètement expliquée par ses antécédents logiques que le mouvement par ses antécédents physiques, pourquoi chercherions-nous une autre hypothèse ? Si « le temps, le lieu et les circonstances de chaque acte » sont déterminés par les jugements qui le précèdent, nous aurons le droit de considérer ces jugements comme les causes de cet acte. Sans doute, quand on connaît « le temps, le lieu et la matière où se manifestera telle force physique » on n'explique ni la Matière, ni la Force, mais on explique le mouvement. Un problème métaphysique subsiste, mais le problème scientifique est résolu. De même quand on rend compte des circonstances d'un acte on n'explique pas la Volonté, mais on explique la volition : un problème métaphysique subsiste mais le problème scientifique est résolu. La doctrine de Schopenhauer n'interdit pas à ses partisans d'examiner sans parti pris le problème logique de la volonté.

De même les partisans de la liberté ne sont pas condamnés à nier *a priori* l'influence décisive du jugement sur la volition. Sans doute cette doctrine, sous sa forme banale, place entre la délibération et la décision — c'est-à-dire entre les jugements et la volition — le coup d'État toujours menaçant du libre arbitre. Mais certaines formes originales de la même théorie ne nous interdisent pas de découvrir entre ces phénomènes des rapports réguliers. Est-il besoin de faire remarquer que, dans le système de Kant, les jugements pourraient déterminer les actions, sans que la liberté, reléguée dans le monde nouménal, fût en péril ? Mais le néo-

---

1. *Op. cit.*, trad. fr., t. I, p. 168.

criticisme, malgré l'apparence, n'exclut pas plus que le criticisme cette espèce de déterminisme intellectuel. Pour M. Renouvier, c'est le jugement qui est libre, mais une fois le jugement formulé, il est possible qu'il détermine l'action. Même si la décision suivait nécessairement la délibération, la volonté, selon cet auteur, serait encore libre, car c'est par des actes libres que serait posé chacun des jugements qui composent la délibération. Or, notre sujet est nettement délimité : nous ne cherchons pas si le jugement est ou n'est pas un acte libre, nous cherchons par quel rapport les jugements sont reliés aux actions qui les suivent. Bien qu'il soit le défenseur ardent du libre arbitre, M. Renouvier ne nous impose aucune opinion. — Son cas est-il isolé ? Nullement. Voici d'autres partisans de la liberté qui nous laissent la même latitude. Ce sont les philosophes qui, frappés de l'hétérogénéité des faits de conscience, croient qu'ils ne sont reliés les uns aux autres par aucun rapport nécessaire. « Le miracle de la nature, en nous comme hors de nous, écrit M. Lachelier, c'est l'invention ou la production des idées, et cette production est libre, dans le sens le plus rigoureux du mot, puisque chaque idée est, en elle-même, absolument indépendante de celle qui la précède, et naît de rien, comme un monde »[1]. Il semble que l'anarchie la plus complète règne dans la conscience : l'action doit donc être indépendante des jugements qui la précèdent comme l'idée des idées antécédentes. Mais précisément parce qu'elle voit la liberté partout, cette doctrine nous autorise à faire abstraction de la liberté. Bien que moins visible l'hétérogénéité est

---

1. *Fondement de l'induction*, 2ᵉ éd., p. 99 (Paris, F. Alcan)

aussi réelle dans le monde matériel que dans le monde moral : pourtant on n'hésite pas à relier par des lois les mouvements successifs des corps. Et ce n'est pas M. Lachelier qui conteste la valeur de l'induction. De même il ne conteste pas la valeur du syllogisme et cependant le syllogisme établit des rapports nécessaires entre ces idées dont l'apparition serait, à son avis, un miracle. Quelle que soit l'hétérogénéité des jugements et des actions, il n'y a donc rien d'absurde à chercher quels rapports les unissent. Entre deux notes d'une mélodie, l'esprit introduit une différence qualitative : le physicien n'en prouve pas moins que cette différence vient d'un changement dans le nombre des vibrations sonores. Si l'on appelle libre une action qualitativement distincte de ses antécédents psychologiques[1], il nous est permis de chercher à quel rapport intelligible correspond cette différence qualitative, comme il est permis au physicien d'expliquer par un rapport numérique la différence qualitative de deux couleurs ou de deux sons. Expliquer le son par le mouvement, ce n'est pas enlever au son sa qualité. De même, expliquer les actes par leurs antécédents logiques, ce n'est pas leur enlever leur qualité : si la liberté n'est qu'un autre nom de la qualité, on peut, sans la nier, établir un rapport constant entre les jugements et les volitions. Les plus ingénieuses parmi les doctrines de la liberté ne donnent donc pas de notre problème une solution qui nous dispenserait de le poser.

---

[1]. Telle est la définition de M. Bergson (*Essai sur les données immédiates de la conscience*, p. 139) (Paris, F. Alcan) : « Il faut chercher la liberté dans une certaine nuance ou qualité de l'action même, et non dans un rapport de cet acte avec ce qu'il n'est pas ou avec ce qu'il aurait pu être. »

Aussi bien, si les théories métaphysiques de la volonté ne nous laissaient pas le choix entre l'affirmation et la négation de l'intellectualisme, nous prendrions contre elles l'offensive et nous dirions qu'avant d'accepter ces théories il faut voir si l'intellectualisme est vrai ou faux : avant de proclamer que la volonté est inintelligible ou irrationnelle il faut voir si l'intelligence est ou non capable de l'expliquer. Si des jugements peuvent rendre compte de tous les caractères des actes volontaires, nous n'aurons aucune raison d'adopter, sous sa forme banale, la thèse du libre arbitre, ou, sous sa forme schopenhauerienne, la thèse du « primat de la volonté ». Nous ne recourrons à ces hypothèses que si l'hypothèse plus simple n'est pas vérifiée, si le parallélisme du jugement et de la volition n'est pas absolu. Loin de nous imposer une solution, ces théories s'appuient sur une solution négative de notre problème. Loin de nous opposer la question préalable, elles attendent de notre réponse la vérification ou la réfutation de leur postulat.

Mais ce postulat n'est-il pas démontré par les méthodes positives? Les psychologues contemporains n'ont-il pas prouvé que le sentiment et le mouvement sont les vraies causes de la volition? — Même si cette preuve est donnée, il n'en est pas moins nécessaire de déterminer les rapports du jugement et de la volition. Ou bien le jugement serait un anneau intermédiaire dans la chaîne qui commence par un mouvement afférent et se termine par un mouvement efférent : mais alors il importe de savoir comment cet intermédiaire transmet les impulsions et quel compte la volonté tient de ses indications : pour expliquer le mouvement d'une machine à vapeur il faut sans doute mesurer la force produite par la chaudière, mais il n'est pas inutile de connaître la résistance des courroies de transmission. Ou bien jugement et volition seraient deux effets simultanés de la tendance comme l'échauffement et la dilatation des corps sont deux effets simultanés de la combustion : mais alors il importe de savoir si les variations des deux effets sont concomitantes, si la force physique ou psychique produit toujours son double résultat volitionnel et intellectuel, ou si, au contraire, elle ne produit le second qu'au moment où elle atteint son plus haut degré d'intensité : le jugement n'est-il qu'un dynamomètre renseignant la conscience sur la force des impulsions? il n'est pas inutile de mettre à l'épreuve la fidélité de cet enregistreur. Enfin quelle que soit l'exactitude des doctrines psycho-physiologiques, elles nous laissent le droit de poser, en même temps que les autres problèmes logiques, le problème logique de la volonté : même si la succession des propositions d'un syllogisme est déterminée par les mouvements des cellules cérébrales il est permis d'étudier leurs rapports logiques ; même si la succession des jugements et des volitions est déterminée par les mouvements des cellules cérébrales il est permis d'étudier leurs rapports logiques.

L'examen attentif des doctrines de la volonté prouve la légitimité de notre recherche.

*
* *

Puisque la question n'est pas tranchée d'avance, nous serons libres de répondre par l'affirmative ou par la négative. Quelle sera notre réponse ?

Si les faits nous révèlent, entre la volition et ses antécédents logiques, un désaccord manifeste, nous adopterons l'hypothèse « volontariste ». Nous devrons conclure que la volonté est irréductible à l'intelligence; elle aurait sa nature propre, et, comme nous ne pouvons connaître que le rationnel, elle serait comme un lutin mystérieux et insaisissable qui ne signalerait sa présence qu'en dérangeant les combinaisons de l'entendement. Il y aurait parmi les faits de conscience deux espèces absolument distinctes. Telle est l'opinion communément admise. C'est ainsi que l'ancienne physique considérait comme hétérogènes et irréductibles au mouvement les qualités de la matière : la chaleur, la lumière, le son paraissaient doués d'une nature spéciale; les lois de la nature n'étaient pas coordonnées par l'hypothèse mécaniste. De même, la plupart des psychologues estiment que la volonté, si elle obéit à des lois, n'obéit pas aux mêmes lois que l'entendement ; ils ne croient pas à l'unité des forces mentales et n'ont pas confiance dans l'hypothèse intellectualiste.

Le titre de cet ouvrage a déjà prévenu le lecteur que nous n'éprouvons pas le même sentiment. Entre la volition et ses antécédents logiques nous croyons apercevoir un parallélisme rigoureux ; nous espérons démontrer que tous les caractères de toute volition correspondent aux caractères des jugements antécédents ; si les combinaisons de l'intelligence sont souvent dérangées, nous espérons prouver que la faute en est à l'intelligence elle-même : c'est par des défauts intellectuels que nous expliquerons les défaillances de la volonté comme nous expliquerons les vertus morales par des qualités intellectuelles. Dès lors pourquoi supposer dans l'esprit deux forces irréductibles l'une à l'autre ? pourquoi l'esprit serait-il composé de deux éléments incompatibles? Nous admettrons donc la doctrine de l'unité des forces psychiques. Sans doute la conscience revêt d'une couleur spéciale certains phénomènes intellectuels que nous appelons les actions volontaires comme elle revêt d'une couleur spéciale certains phénomènes mécaniques que nous appelons les sensations visuelles. Mais la « qualité » de l'acte volontaire ne fait pas plus échec à l'hypothèse intellectualiste que la « qualité » de la lumière à l'hypothèse mécaniste. De même que le physicien se borne à constater la métamorphose régulière des vibrations en couleurs sans pouvoir déduire analytiquement la couleur de la vibration, de même nous nous bornerons peut-être à constater la métamorphose régulière des jugements en volitions sans pouvoir déduire analytiquement la volition du jugement. Mais toute explication scientifique n'est pas une déduction analytique : la cause et l'effet ne sont pas nécessairement homogènes. On a rendu compte d'un fait quand on a montré qu'il est en relation constante avec un *autre* fait : nous espérons rendre compte de la volonté en montrant qu'elle est en relation constante avec certains modes de l'intelligence. Descartes, classant les « idées », c'est-à-dire les faits de conscience, distinguait celles qui, comme les perceptions, les souvenirs, nous fournissent une connaissance et celles qui, outre l'élément cognitif, contiennent un autre élément, comme les désirs et les volitions[1]. Après examen nous croyons que ce second élément varie en fonction du premier. Ainsi pourrait se réaliser dans les sciences de l'esprit une

---

1. *Méditat.*, III, § 5.

réforme analogue à celle que Descartes lui-même entreprit dans les sciences de la nature : les faits de conscience, comme les phénomènes physiques, se ramèneraient à l'unité ; comme les faits physiques, les faits de conscience seraient gouvernés par un système cohérent de lois uniformes ; de même que l'optique est une partie de la mécanique, la théorie de la volonté serait une partie de la théorie de l'entendement : c'est dans la logique que la volonté trouverait les lois auxquelles elle obéit et les préceptes auxquels elle doit obéir.

*
* *

Pour aboutir à ces conclusions quel chemin avons-nous suivi ? La méthode nous était imposée par l'énoncé du problème. « Les jugements qui précèdent l'acte volontaire en sont-ils les conditions suffisantes ? » Cette question est double : il s'agit, d'une part, d'énumérer et d'interpréter ces jugements, d'autre part d'apprécier leur rôle. D'une part, nous nous demandons : que signifient ces mots : tel acte est bon, tel acte est possible? Comment concevons-nous nos fins et nos moyens? Et d'autre part : les actions volontaires présentent-elles des caractères irréductibles à ceux de leurs antécédents intellectuels? Tel sera donc le plan de l'ouvrage. Nous irons, par régression, des actes volontaires aux jugements qui les précèdent ; nous remonterons de la volition jusqu'à ses sources logiques, et cette analyse nous apprendra comment l'homme construit le modèle idéal de ses actes. Puis nous redescendrons des antécédents aux conséquents, des jugements à la volition, et cette synthèse nous dira s'il suffit pour agir de construire d'avance le modèle de ses actes.

PREMIERE PARTIE

ANALYSE.
DES ACTIONS VOLONTAIRES
A LEURS ANTÉCÉDENTS LOGIQUES

CHAPITRE PREMIER

PREMIÈRE BRANCHE DE LA RÉGRESSION — PREMIER MOMENT
FIN DES ACTIONS VOLONTAIRES

I. — La fin des actions volontaires n'est pas le bonheur absolu.
II. — La fin des actions volontaires c'est le bonheur relatif, c'est-à-dire la justice. — Preuve déductive.
III. — Preuve inductive. Réduction des exceptions apparentes (actes moralement indifférents).
IV. — Preuve inductive (suite). Réduction des exceptions apparentes (la charité).
V. — Preuve inductive (suite). Réduction des exceptions apparentes (le crime).
VI. — Erreurs commises par les hommes dans la définition de la justice.

Il importe d'établir avec soin la liste des jugements qui précèdent la volition : c'est le moyen de détruire plusieurs des préventions que rencontre l'intellectualisme. On ne nous objecterait pas que certains faits intellectuels n'ont rien à voir avec la volition si l'on savait que nous ne reconnaissons pas à tous les faits intellectuels le droit de contribuer à la production des actes volontaires. On ne nous reprocherait pas de donner de la volonté une explication simpliste si l'on savait combien d'éléments nous faisons entrer dans la composition des actes volontaires. Ce sont des espèces particulières de jugements, et ce sont des combinaisons très complexes de ces jugements spéciaux qui constituent, à notre avis, la volition. Essayons d'en fixer le nombre et la nature.

Nous pouvons remonter dans deux directions vers les

antécédents de l'action volontaire : elle est au confluent de deux séries de jugements dont les uns disent : « cet acte est bon » et les autres : « cet acte est possible. »

Suivons la première voie : que signifie le jugement : « cet acte est bon »? quelle est la fin de notre activité volontaire ?

I

A première vue, « bon » signifie « agréable » : l'opinion la plus répandue, c'est que la volonté prend pour fin le bonheur. Le jugement par lequel nous déterminons la fin de nos actions volontaires ne serait que l'écho d'un désir. Sans doute tous les désirs ne deviennent pas des volitions : nos tendances se livrent des batailles où quelques-unes trouvent la mort, mais celles qui triomphent entraînent la volonté. Et celles qui triomphent, ce sont les plus intenses ou les plus séduisantes. Si l'activité volontaire diffère de l'activité spontanée, ce n'est pas qu'elle se détourne du plaisir, c'est qu'elle cherche le plaisir le plus vif ou qu'elle mesure avec plus de soin les chances de plaisir : en devenant réfléchie, l'activité apprend à s'orienter, mais elle ne change pas de direction.

Pour établir cette thèse, on emploie l'induction et la déduction.

A vrai dire, aucun psychologue n'a prétendu dresser un catalogue complet des actions humaines pour démontrer que toutes ont le bonheur pour but. Une telle induction serait impossible car elle exigerait un temps infini; elle serait inutile, car il est évident que beaucoup d'actions sont intéressées. Mais certaines actions paraissent désintéressées : les eudémonistes[1] se bornent à examiner ces exceptions apparentes pour les ramener à la loi générale. Si le bonheur est notre unique idéal, pourquoi repoussons-nous certains plaisirs ? C'est qu'ils sont dangereux : ils ont pour cortège des douleurs. « Si nous ne voulons pas de tous les plaisirs, disait Épicure, c'est justement parce que nous ne voulons que le plaisir[2] » : l'abstinence est un calcul. Et le désintéressement mérite le même nom : il n'est qu'un égoïsme oublié ou déguisé. A l'origine, dit Stuart Mill[3], le bonheur est l'unique fin : mais, préoccupé des moyens de l'atteindre, l'homme perd de vue son but véritable. Il faut se dévouer pour être heureux : si la fin de la phrase tombe, il reste : il faut se dévouer; or elle tombe : et l'homme qui se dévoue ne connaît plus l'utilité de son sacrifice. Mais, absente ou présente, l'idée du bonheur gouverne toute notre conduite : jamais la loi n'est violée.

Pour contrôler cette induction, les eudémonistes recourent à la déduction. Les uns demandent à la mécanique le principe de leur raisonnement. Tout corps, disent-ils[4], se meut dans le sens de la moindre résistance : c'est un corollaire du principe de la conservation de l'énergie; or, la résistance aperçue par une conscience, c'est la douleur : donc tout corps humain, conscient de ses actes, se meut dans le sens de la moindre douleur. Les autres prennent

---

1. Pour la commodité de l'exposition, nous appellerons eudémoniste l'école qui considère le bonheur comme la fin de toutes nos actions.
2. *Lettre à Ménécée*, éd. Usener, p. 129.
3. *Utilitarisme*, tr. fr., p. 71 (Paris, F. Alcan).
4. V. Dallemagne, *Physiologie de la volonté*, p. 202.

leurs prémisses dans la biologie. Tout corps vivant, disent-ils, lutte pour la vie ; dans la lutte pour la vie, le plaisir est le signe de la victoire ; donc tout corps vivant aspire au plaisir. Il est vrai que, pour ces philosophes, la concurrence vitale est plutôt la loi de l'espèce que la loi de l'individu : aussi disent-ils parfois que le but des actes volontaires n'est pas le bonheur individuel mais la conservation de l'espèce : toutes nos inclinations se ramenant au souci de l'espèce, la volonté ne peut avoir d'autre souci [1]. Mais à quel signe l'homme reconnaît-il qu'il travaille pour l'humanité? Au plaisir qu'il éprouve : ce qui est utile à l'espèce est agréable à l'individu : si l'homme prenait plaisir à des actes nuisibles, l'espèce disparaîtrait, elle aurait depuis longtemps disparu [2]. Du principe de la conservation de l'espèce se déduit encore la loi d'après laquelle toute activité tend au bonheur. Tout corps se meut dans le sens de la moindre résistance ; tout corps vivant tend à vivre ; toute espèce tend à se conserver : ces trois formules sont des corollaires d'un même principe : tout être tend à persévérer dans l'être, et s'il est vrai que le bonheur marque le succès de

---

1. V. par ex. Schneider, *Der menschliche Wille vom Standpunkte der neueren Entwickelungstheorien*. Pour que l'espèce se conserve, selon Schneider, il faut que l'individu vive jusqu'à la puberté de ses enfants ; il faut donc qu'il se nourrisse, se défende, se reproduise et nourrisse ses rejetons : besoin de nutrition, besoin de défense, besoin de reproduction, amour paternel, ces quatre tendances dérivent du principe de la conservation de l'espèce. C'est de même pour assurer la survivance de l'espèce que l'homme cherche la gloire ou la vérité. Toutes les tendances se ramènent donc au même principe.

2. Cf. Nordau, *Paradoxes psychologiques*, p. 54 (Paris, F. Alcan) ; Schneider, *op. cit.*, p. 39, 47 : « En soi la conservation de l'espèce est indifférente pour l'individu, mais elle est pour lui un moyen d'arriver au bonheur : et réciproquement le bonheur de l'individu est en soi indifférent au principe de la conservation de l'espèce, mais il est un moyen d'assurer cette conservation. »

cette tendance, le principe peut s'énoncer : tout être tend à posséder le bonheur.

Ainsi l'induction et la déduction prouveraient que l'activité s'oriente aussi nécessairement vers le bonheur que la boussole vers le Nord : c'est une loi de la nature que la volonté ne peut transgresser.

Mais cette loi est-elle bien établie?

Examinons la déduction. Tout être tend à persévérer dans l'être ; le bonheur marque le succès de cette tendance ; donc tout être aspire au bonheur. Cette conclusion est légitime, mais elle est plus modeste que la conclusion des eudémonistes : ils soutiennent en effet que l'être n'a pas d'autre idéal que le bonheur : la mineure de leur syllogisme ne serait donc pas : « le bonheur marque le succès de la tendance à persévérer dans l'être », mais : « le bonheur est le seul indice de ce succès ». Or, cette proposition n'est pas démontrée : sans goûter plus de bonheur, un organisme peut être mieux agencé qu'un autre, une société mieux constituée que sa voisine : et cependant ce n'est ni l'organisme inférieur ni la civilisation la plus grossière qui réussit le mieux à persévérer dans l'être. Ainsi ce premier raisonnement paraît manquer de rigueur.

Il transmet son défaut aux autres déductions. « Tout corps se meut dans le sens de la moindre résistance : perçue par la conscience, la résistance s'appelle la douleur : donc tout corps doué de conscience se meut dans le sens de la moindre douleur ». Mais ne peut-il se mouvoir dans une autre direction? La résistance se traduit-elle nécessairement par la douleur? La moindre résistance par la moindre douleur? Au contraire, on peut prendre plaisir à lutter : seule la résistance insurmontable est douloureuse. Même si la majeure est exacte, la conclusion demeure douteuse puisque la mineure est discutable. — « Tout être vivant tend à vivre ; le plaisir, dans la lutte pour la vie, est le signe du triomphe; donc tout être vivant aspire au plaisir. » Mais le plaisir est-il le seul indice du succès dans la lutte pour la vie? En est-il le signe infaillible? Combien d'actes nuisibles nous accomplissons par plaisir! Ce n'est pas seulement l'ivresse, c'est toute passion qui trompe l'homme et le tue en lui promettant le bonheur. A plus forte raison le plaisir, signe imparfait de l'utilité individuelle, est-il un signe imparfait de l'utilité générale : entre l'intérêt de l'espèce et la volupté de l'individu l'harmonie n'est pas complète; l'espèce n'exige-t-elle pas dans certains cas la mort de l'individu? et l'individu ne met-il pas son bonheur dans des actes dangereux pour l'espèce? — Dans tous ces raisonnements, la mineure est suspecte : la conclusion des eudémonistes n'est donc pas démontrée.

En outre, ces arguments, sauf une exception, appliquent au monde mental un principe découvert dans le monde physique. Mais rien n'autorise cette analogie. Fût-il vrai que le corps se meut dans le sens de la moindre résistance, il n'en faudrait pas conclure que l'esprit approuve ce mouvement : il est possible que notre corps se dirige vers le plaisir; mais peut-être en prenant cette direction se révolte-t-il contre les prétentions de l'esprit : or nous ne nous occupons, pour l'instant, que de l'esprit : même si la loi du moindre effort s'applique aux mouvements de notre corps, nous n'en pouvons rien inférer relativement aux fins conçues par la conscience. D'une loi mécanique on ne peut tirer que des conséquences mécaniques. — De même on ne peut tirer d'une loi biologique que des conséquences biologiques. Tout être vivant tend à vivre, le plaisir l'assure qu'il vivra, il cherche donc le plaisir. Quel plaisir? le plaisir physiologique, le seul qui lui garantisse la durée de son organisme. De ce qu'un être vivant tend à vivre, on peut conclure qu'il cherchera son plaisir dans le jeu de ses organes : il mangera, boira, prendra de l'exercice ; mais on n'en peut inférer qu'il n'aura pas d'autre fin. Supposez que, son existence assurée, il ait à sa disposition des réserves d'énergie : il pourra l'employer à son gré : il s'affranchira, en ce sens, des nécessités biologiques. — Or, nous avons la preuve que l'esprit ne se soumet pas toujours à la loi mécanique et à la loi biologique. Il ne redoute pas la lutte : si la résistance paralysait son activité, le progrès serait nul, car aucun progrès ne s'accomplit sans résistance. Il ne se borne pas à veiller sur le corps : l'activité « de jeu » n'est pas biologiquement indispensable. Les raisonnements fondés sur la loi du moindre effort et sur le principe de la conservation de la vie, même s'ils sont valables pour l'activité physique, ne nous apprennent rien sur l'activité mentale. Seule des prémisses de la déduction eudémoniste, la formule : « tout être tend à persévérer dans l'être » s'applique à l'esprit comme au corps, mais elle est si vague, susceptible d'interprétations si variées, qu'on n'en peut tirer aucun argument probant. Ainsi dans ces déductions les majeures pèchent par « ignorance du sujet » et les mineures par « énumération incomplète » : de ces deux sophismes on ne saurait tirer une conclusion certaine. A priori, il n'est donc pas interdit à la volonté de choisir un autre idéal que le bonheur.

Use-t-elle de ce droit? Non, si l'induction de Stuart Mill est correcte : mais quelle est la valeur de ce raisonnement? Stuart Mill veut ramener à la loi générale les exceptions apparentes ; il explique par l'oubli de l'égoïsme l'illusion du désintéressement ; mais sa théorie rend-elle compte des exceptions qu'elle vise ? et vise-t-elle toutes les exceptions ?

L'explication du sacrifice par un égoïsme inconscient serait-elle exacte qu'il ne faudrait pas négliger ce détail: l'oubli de l'égoïsme. Que l'acte ait été jadis intéressé, il n'en est pas moins vrai qu'il ne semble plus l'être : l'homme qui se dévoue croit se dévouer. Illusion ou vérité, cette croyance n'en est pas moins un phénomène dont il faut tenir compte parce qu'il faut tenir compte de tous les phénomènes. Pourquoi, sous prétexte d'approfondir, mutilerait-on la réalité? Étrange méthode que d'expliquer un fait actuel non par l'antécédent immédiat qu'on lui découvre mais par l'antécédent éloigné qu'on lui suppose! Vous croyez que l'homme descend du singe : pour expliquer sa marche, refuserez-vous de regarder ses pieds ? exigerez-vous qu'on vous présente les mains postérieures d'un quadrumane? En croyant à son propre désintéressement, l'homme de cœur commet un contre-sens dans l'interprétation de son égoïsme : soit, mais si fausse qu'elle soit, sa croyance existe : comme tout phénomène elle a ses effets : peut-on affirmer que l'action serait la même si ce contre-sens n'avait pas été commis ? Vous aurez beau démontrer que l'aile du pingouin n'a pas toujours été atrophiée ; cela ne prouvera pas qu'il vole.

Vous aurez beau démontrer que le désintéressement fut jadis de l'égoïsme : cela ne prouvera pas qu'il mérite encore ce nom. Même si tout dérive de l'intérêt, n'oublions pas que la fin apparente de certaines actions n'est pas l'intérêt.

Mais tout dérive-t-il de l'intérêt? la théorie de Stuart Mill repose sur une loi d'après laquelle un moyen devient fin quand la fin est oubliée. Cette loi est exacte, mais s'applique-t-elle aux actes volontaires ? Elle s'applique aux actes qui cessent d'être volontaires. L'avare recherche l'argent pour subvenir à ses besoins, puis il aime l'argent pour l'argent ; le moyen devient fin. Mais en même temps l'homme cesse d'agir volontairement, il se borne à céder à l'impulsion du désir, il n'est plus actif, il est passif[1]. Au contraire les actions désintéressées sont souvent des actions réfléchies ; par cela même que la plupart des tendances sont égoïstes, il est nécessaire, quand on se dévoue, de lutter contre la nature : cette lutte attire l'attention : la fin de l'acte est donc présente à la conscience. La théorie de Stuart Mill explique bien l'instinct du sacrifice, mais elle n'explique pas le sacrifice volontaire.

D'autre part, l'altruisme n'est pas le seul fait qui fasse échec à la thèse eudémoniste. Stuart Mill ne fait aucune allusion à la recherche volontaire de la douleur. C'est sans doute que la plupart des actes dont la douleur est la fin apparente ont pour fin réelle le plaisir. Tantôt un homme trouve son plaisir dans des actes qui pour la plupart de

---

1. Taine, signalant la loi de Mill, observe : « Nous finissons par vouloir *mécaniquement* ce que nous voulons. » (*De la volonté*: fragments inédits *Revue philosophique*, novembre 1900, p. 458.)

ses semblables seraient douloureux[1]. Tantôt on éprouve dans la douleur physique un plaisir moral : tels ces mélancoliques qui aiment leur souffrance parce qu'elle leur paraît être un déni de justice[2]. Tantôt on ne recherche la douleur que pour s'assurer un plaisir : tel le sauvage qui se laisse frapper par sa victime pour éviter le châtiment de la tribu, tel l'ascète qui s'inflige un supplice pour gagner le ciel[3]. Mais la recherche de la souffrance n'est pas toujours un calcul intéressé. On peut être bourreau de soi-même sans attendre de compensation. « Les souffrances seules peuvent désormais me rendre la vie supportable, écrit sainte Thérèse ; souffrir, voilà où tendent mes vœux les plus chers... Seigneur, ou souffrir ou mourir, c'est la seule chose que je vous demande[4]. » Dira-t-on, puisqu'il s'agit d'une sainte, qu'elle n'aspire à la souffrance passagère que pour mériter le bonheur éternel? Il semble cependant que ses pensées soient tournées vers le passé plutôt que vers l'avenir : elle est obsédée par le souvenir de ses fautes et veut les expier. En tout cas, il ne serait pas impossible de trouver la même soif de pénitence chez des hommes qui ne croient pas à la vie future ; eux aussi s'infligent des blâmes et des châtiments sans exiger pour prix de leurs peines l'éternité. A leurs yeux, ces peines sont

---

1. V. Mantegazza, *Fisiologia del piacere*, p. 26 : sujet qui éprouve du plaisir en « égratignant les contours enflammés » d'une plaie ; P. Janet, *Accidents mentaux des hystériques*, p. 71 : sujet qui éprouve du plaisir à manger du charbon.
2. Spencer, *Principes de psychologie*, trad. fr., t. II, p. 619 (§ 518). (Paris, F. Alcan.)
3. V. p. ex. Saint François d'Assise (*François d'Assise*, par P. Sabatier, p. 195) :
        Tanto e il bene ch' aspetto
        Ch' ogni pena m'e diletto.
4. Cf. Joly, *Psychologie des saints*, p. 183.

bonnes : il y a donc des cas dans lesquels ce n'est pas le plaisir mais la douleur que recherche la volonté.

Sans aller jusqu'à rechercher la douleur, nous voulons parfois éviter l'excès du plaisir. Même si nous n'en redoutons pas les suites, nous refusons certaines jouissances. Il nous semble que nous ne méritons pas notre bonheur. Ce scrupule explique la gêne morale ou la tristesse étrange qui se mêle à nos grandes joies. Et cependant, si nous ne voulions que le bonheur, pourquoi le bonheur, au-dessus d'un certain degré, cesserait-il d'être notre idéal ?

On répondra qu'il est exceptionnel, sinon morbide, de fuir le plaisir et de poursuivre la douleur. Mais les lois scientifiques ne connaissent pas d'exceptions et la maladie n'a pas d'autres lois que la santé. Il est vraiment trop facile de reléguer parmi les anomalies les faits qu'on ne réussit pas à expliquer[1]. Si nous rencontrions un corps dont les mouvements soient contraires à la loi de la gravitation, nous ne dirions pas : c'est une anomalie, nous dirions : la loi de la gravitation n'est pas exacte. Puisque nous rencontrons des actes volontaires dont la fin n'est pas le bonheur absolu, ne disons pas : ce sont des cas morbides, mais disons : tous les actes volontaires n'ont pas pour fin le bonheur absolu.

L'examen des déductions eudémonistes nous amenait à cette conclusion : il est possible que la volonté choisisse un

---

[1]. Il est trop facile de considérer comme morbides, avec Schneider (*op. cit.*, p. 38, 45 et suiv.), tous les actes qui ne tendent pas à la conservation de l'espèce. Pour Schneider, un homme robuste qui n'a pas d'enfant est un malade ; malade l'ascète qui se condamne aux privations ou à la mort sans profit matériel pour l'espèce ; malade l'artiste ou le savant qui se tue pour l'art ou la science, etc., etc.

autre idéal que le bonheur; l'examen de l'induction nous prouve qu'en fait elle s'affranchit parfois de l'obsession du plaisir. Peut-être l'activité spontanée cède-t-elle fatalement à son attrait. Mais l'activité réfléchie ne subit pas toujours ce charme. Les eudémonistes le reconnaissent. Stuart Mill croit que l'expérience invite les hommes à rechercher non les plaisirs les plus intenses mais les plaisirs les meilleurs. Bain dirait volontiers que nous exagérons notre égoïsme en supposant à des actes désintéressés des prétextes utilitaires[1]. « L'existence dans l'esprit humain d'antipathies désintéressées qui nous poussent à infliger aux autres un mal dont nous ne retirons nous-même aucun profit » contredit, à son avis, la théorie de l'intérêt personnel[2]. Schneider déclare que l'idéal de la volonté c'est plutôt un bonheur « relatif » que le bonheur absolu[3]. Cette conclusion nous suffit: de même que la boussole ne s'oriente pas exactement vers le Nord, la volonté ne s'oriente pas exactement vers le plaisir: le jugement, par lequel nous déterminons la fin de nos actions volontaires, n'est pas nécessairement l'écho du désir le plus vif. « Cet acte est bon » ne signifie pas toujours: « cet acte est le plus agréable ».

II

Quand la volonté ne recherche pas le bonheur absolu, que cherche-t-elle? que veut le pécheur qui expie sa faute

---

1. *Émotions et volonté*, trad. fr., p. 270, note (Paris, F. Alcan).
2. *Émotions et volonté*, trad. fr., p. 259.
3. V. *Revue philosophique*, t. XV, p. 673.

que veut l'homme qui, pris de scrupules, s'arrête dans la poursuite du plaisir? Nul ne dira que la douleur est, en elle-même, la fin de leurs actions ; la douleur n'est qu'un élément de la fin : le pécheur réclame un châtiment proportionné à sa faute, l'homme scrupuleux craint que son plaisir soit trop grand pour son mérite; leur idéal, c'est de proportionner leurs émotions à leurs actions, leur idéal c'est la justice. Ainsi, quand par hasard le voile du plaisir ordinairement jeté sur les actions humaines se déchire, nous voyons la volonté se diriger vers la justice. Cette tendance est-elle exceptionnelle? ou faut-il croire que nous cherchons toujours l'émotion que mérite notre conduite ? la justice est-elle l'idéal accidentel ou l'idéal nécessaire de notre volonté ?

Elle en serait l'idéal nécessaire s'il était possible de déduire la notion de justice des lois les plus générales de l'activité. Cette déduction a plusieurs fois été tentée. Une loi biologique, dit Spencer, veut que l'exercice développe l'organe tandis que l'inertie l'atrophie. La formule de la justice : « à chacun selon son mérite » ne serait qu'une traduction psychologique de la loi physiologique : « à chaque organe suivant son activité [1] ». — Une seconde loi biologique veut que l'être vivant tende à se conserver : or, chaque action est une dépense d'énergie; l'être qui agit doit donc, pour se conserver, regagner ce qu'il dépense : c'est l'instinct de conservation qui exige, après l'acte, un plaisir équivalent à la peine éprouvée pendant l'acte ; c'est l'instinct de conservation qui est le fondement de la

1. *Justice*, tr. fr., p. 8.

justice. — Une troisième loi biologique, corollaire de la seconde, veut que l'animal lutte pour la vie, se défende contre les agressions, rende coup pour coup : c'est dans ce réflexe qu'il faut voir l'origine de la justice [1]. Ces trois lois ne connaissent pas d'exception dans la nature vivante : il n'est pas étonnant que la volonté leur obéisse.

Mais aucune de ces lois n'explique tous les caractères de la justice. La déduction de Spencer aboutit à la justice rétributive mais elle n'aboutit ni à la justice pénale ni à la justice bienfaisante. Le travail développe l'organe et l'inertie l'atrophie : est-ce à dire que toute action mérite récompense et que l'inertie mérite punition? Pourquoi distinguons-nous des actions méritoires et des actions punissables? Pour l'expliquer, Spencer fait appel à un second principe : le souci de l'égalité [2]. Est punissable toute action qui restreint outre mesure le champ de l'activité d'autrui ou élargit outre mesure notre champ d'activité. Mais le souci de l'égalité n'est qu'un autre nom de la justice : on postule la notion qu'on prétendait déduire. En outre, Spencer n'explique pas pourquoi nous croyons juste de distribuer des biens à des êtres qui n'ont pas fait le bien : pour lui, la bienfaisance est le contraire de la justice. Pourtant ne serait-il pas injuste de laisser périr un enfant qui, n'ayant pu agir, n'a fait ni bien ni mal? Ne serait-il pas injuste de laisser sans ressources le malade ou le misérable qui n'est responsable ni de sa maladie ni de sa misère? La déduction de Spencer n'aboutit qu'à une justice incomplète.

Plus incomplète encore est la notion de justice qu'on

---

1. Letourneau. *L'Évolution de la Morale*, p. 168, 221, etc.
2. *Justice*, trad. fr., p. 40.

déduirait de l'instinct de conservation. De cet instinct dérive, il est vrai, notre besoin de compenser nos pertes par des gains, mais est-ce là toute la justice ? Comment expliquer, par l'instinct de conservation, que nous trouvons parfois nos gains excessifs ? que nous nous arrêtons dans la recherche du bonheur ? que nous restituons le bien d'autrui ? Comment expliquer, par cet instinct, la justice sociale qui nous impose des dépenses pour l'entretien ou la récompense d'une foule d'étrangers ? Si la justice dérivait de l'instinct de conservation, elle consisterait à rechercher le bonheur absolu, elle ne mesurerait pas le bonheur légitime à la valeur de la conduite.

De même l'instinct de défense n'est pas le principe de la justice. Il n'explique même pas la forme la plus humble de la justice, la loi du talion. Lorsqu'il se défend, l'homme n'attend pas l'attaque, il la prévient : ce n'est pas quand on est tué mais quand on est menacé qu'on est dans le cas de légitime défense ; au contraire, l'homme qui applique la loi du talion attend, pour agir, que l'acte d'autrui soit consommé. En outre, l'homme qui se défend ne calcule pas exactement les coups qu'il va donner, il se borne à mettre son adversaire hors de combat ; il ne se préoccupe pas de savoir s'il lui inflige une souffrance égale ou inégale à celle qu'il a lui-même subie ou redoutée. Au contraire, dans le talion comme dans toute justice, on proportionne au crime la punition. Enfin, comment expliquer par l'instinct de défense les pratiques qui exigent que le criminel soit puni par où il a péché ? elles supposent encore un calcul que n'exige pas l'instinct de défense. Si cet instinct ne rend pas compte du talion, à plus forte raison est-il impuissant à rendre compte des formes supérieures de la justice : comment l'instinct de défense nous pousserait-il à distribuer des récompenses? à procurer du plaisir? Et cependant la justice exige aussi bien la récompense de la vertu que le châtiment du crime : c'est donc qu'elle n'a pas pour unique origine l'instinct de défense.

Enfin nous pourrions reprendre contre ces déductions l'objection que nous adressions aux déductions eudémonistes : de principes biologiques on ne peut tirer que des conséquences biologiques ; la loi des mouvements du corps n'est pas a priori la loi des intentions de l'esprit. On ne passe d'un domaine dans l'autre qu'au moyen d'une analogie suspecte. Fût-il vrai que « tout muscle se développe par l'exercice et s'atrophie faute d'exercice », que toute cellule vivante tende à réparer ses pertes, que tout organisme riposte aux attaques, on n'en pourrait pas conclure avec une certitude absolue que la volonté ne travaille qu'à l'exécution de ces lois biologiques.

Si nous voulons déduire la fin de la volonté, c'est à la volonté qu'il faut emprunter nos prémisses. La volition est un événement préconçu par le moi : comment le moi peut-il préconcevoir ses actes? Il ne peut le faire qu'en les soumettant aux lois auxquelles il soumet tout phénomène : les lois d'identité et de causalité. Tout fait a sa cause et les mêmes faits ont les mêmes causes, tout phénomène est cause et les mêmes causes produisent les mêmes effets. Ces propositions s'appliquent aux actes volontaires comme aux événements naturels puisqu'elles expriment des lois universelles de la pensée. Des volitions identiques ont le même antécédent et le même conséquent ; des volitions différentes ont des antécédents et des conséquents différents. En concevant ses actions, l'homme est contraint de poser ces axiomes : ces axiomes seront les prémisses de notre déduction [1].

Mais ces axiomes ne sont-ils pas stériles? Ils seraient stériles si l'on parlait d'une identité absolue des volitions : jamais deux volitions ne sont absolument identiques. Mais il ne s'agit que d'une identité relative. Des actions peuvent être spécifiquement identiques mais numériquement distinctes : à deux moments différents, une même action aura même antécédent et même conséquent. L'identité peut être partielle : des actions semblables ont des antécédents et des conséquents semblables. Enfin l'identité peut être une égalité : comme deux quantités mathématiques, deux actes sont égaux lorsqu'ils peuvent se substituer l'un à l'autre, inégaux lorsque la substitution est impossible. Deux équipes d'ouvriers se succèdent, et la machine, pendant le travail de la seconde, fabrique autant de produits que pendant le travail de la première, et réciproquement : les actions des deux équipes sont égales. C'est ainsi qu'en physique on dit que deux sources lumineuses sont égales lorsque, placées à égale distance d'un écran, elles projettent sur cet écran deux taches qui se confondent : on peut alors les employer indifféremment l'une pour l'autre : l'égalité a pour signe la substitution. Quel que soit le procédé par lequel l'esprit détermine la valeur [2] des actes ou la valeur des agents, on conçoit, puisqu'il peut tenter de les substituer

---

1. V. *Rev. de Mét. et de Mor.* (sept. 1897), art. intit. : *Morale déductive*.
2. V. le chapitre suivant.

les uns aux autres, qu'il établisse entre eux des égalités et des inégalités.

On conçoit de même que l'esprit puisse opposer deux actes l'un à l'autre, comme une quantité négative à une quantité positive. Deux actions sont de sens contraire quand elles tendent à se neutraliser ; si elles sont égales, l'équilibre est établi : c'est l'inertie. Chaque fois que Jean apporte une pierre, Jacques en prend une : l'édifice reste en plan : les deux actions sont de sens contraire. Quand, en mécanique, l'une des forces est supérieure à l'autre, on lui donne le nom de force positive. Mais si les deux forces sont égales, c'est par pure convention qu'on assigne à l'une un caractère positif, à l'autre un caractère négatif. Nous ne savons pas encore pour quelles raisons l'esprit donne à certaines actions le nom de positives, à d'autres celui de négatives[1]. Mais il suffit que les volitions humaines puissent se combattre et se neutraliser pour que la distinction d'actions positives et d'actions négatives soit fondée.

En utilisant les idées d'égalité et d'inégalité, la distinction des actions positives et des actions négatives, nous allons féconder nos axiomes.

L'esprit, faisant du monde de la volonté l'objet de sa pensée, considère trois cas : les actions d'un même agent, les actions isolées et l'action collective de plusieurs agents. Appliquées à ces trois groupes d'actions, les lois d'identité et de causalité donnent les corollaires suivants :

Dans un même agent, un même antécédent détermine une même action ; des antécédents semblables, égaux,

---

1. V. le chapitre suivant.

inégaux, différents, contraires, déterminent des actions semblables, égales, inégales, différentes ou contraires. — Réciproquement, une même action est précédée d'un même antécédent ; des actions semblables, égales, inégales, différentes ou contraires sont précédées d'antécédents semblables, égaux, inégaux, différents ou contraires. — Une même action est suivie d'une même réaction ; des actions égales sont suivies de réactions égales ; des actions inégales de réactions proportionnelles ; des actions contraires de réactions contraires. — Et réciproquement, si un même agent subit une même réaction, c'est qu'il a accompli un même acte ; si les réactions sont égales, c'est que ses actes avaient même valeur ; si les réactions sont inégales, c'est que les actes étaient de valeur inégale ; si les réactions sont de sens contraire, c'est que les actes étaient de sens contraire.

Si a est précédé de c et suivi de r, a est précédé de c et suivi de r,

$$\begin{aligned} a' &= a \quad \text{est précédé de} \quad c' = c \quad \text{et suivi de} \quad r' = r \\ a'' &\neq a \quad\quad\quad - \quad\quad\quad c'' \neq c \quad\quad\quad - \quad\quad\quad r'' \neq r \\ a''' &= -a \quad\quad\quad - \quad\quad\quad c''' = -c \quad\quad\quad - \quad\quad\quad r''' = -r \end{aligned}$$

Et réciproquement.

Les rapports de deux ou de plusieurs agents isolés sont réglés par les mêmes lois. Ces agents sont-ils égaux ? Leurs actions sont entre elles comme les actions successives d'un même agent. Toutes les formules précédentes sont applicables et l'on peut écrire :

$$\begin{aligned} \text{Si} \quad a &\quad \text{est (en A)} \quad \text{précédé de} \quad c \quad \text{et suivi de} \quad r \\ a &\quad \text{est (en B = A)} \quad - \quad c \quad - \quad r \\ a' &= a \quad \text{est (en B = A)} \quad - \quad c' = c \quad - \quad r' = r \\ a'' &\neq a \quad\quad - \quad\quad - \quad c'' \neq c \quad - \quad r'' \neq r \\ a''' &= -a \quad\quad - \quad\quad - \quad c''' = -c \quad - \quad a''' = -r \end{aligned}$$

Les agents sont-ils inégaux? Des antécédents identiques déterminent en eux des actions différentes, des actions égales sont suivies de réactions inégales, et réciproquement des actions égales sont précédées d'antécédents différents, des réactions égales d'actions différentes : tout est proportionnel à l'inégalité des agents.

Enfin, les mêmes lois règlent encore les rapports des êtres qui collaborent à une même œuvre. Des circonstances affectant à la fois plusieurs hommes ou plusieurs groupes d'hommes déterminent de leur part une action collective ; s'ils sont égaux et également affectés, leurs actions individuelles sont égales ; s'ils sont inégaux, elles sont proportionnelles ; il peut même arriver que des circonstances identiques les affectent en sens contraire : dans ce cas, les actions individuelles seront les unes positives, les autres négatives, et l'action collective ne sera pas la somme des actions individuelles, mais la différence des actions positives et des actions négatives. Réciproquement, lorsque des agents entreprennent une œuvre collective, c'est que les circonstances les ont affectés en commun ; lorsque leurs rôles dans l'action sont égaux, c'est qu'ils sont égaux et également affectés ; lorsque leurs rôles sont inégaux, c'est qu'ils sont eux-mêmes inégaux ou inégalement affectés. — D'autre part, une action collective est suivie d'une réaction collective. Si les collaborateurs sont égaux, ils subissent une part égale de la réaction, une part inégale s'ils sont inégaux, positive si leur rôle a été positif, négative dans le cas contraire. Et réciproquement, si des agents subissent solidairement une réaction, c'est qu'ils ont été solidaires dans l'action ; si la réaction est divisée en parties égales, c'est qu'ils sont égaux et ont joué dans l'action un rôle égal ; ils sont inégaux et ont joué un rôle inégal si la réaction est divisée en parties inégales.

Soit $A = B$.

Si $A + B$ ont accompli a, A a accompli $\frac{a}{2}$
Si a est suivi de r, A subit $\frac{r}{2}$
Si dans l'action a, A accomplit $\frac{a}{2}$, $A = B$.
Si de la réaction r, A subit $\frac{r}{2}$, $A = B$.

Soit $A \neq B$: on écrira des inégalités correspondant à chacune des égalités précédentes. En tout cas, les relations $\frac{c}{a}$ et $\frac{a}{r}$ demeurent constantes. Cette formule — constance du rapport entre l'antécédent, l'acte et le conséquent — résume toutes les lois qui résultent de l'application des principes généraux de la pensée aux actes volontaires.

Mais cette formule, c'est la définition de la justice. L'idée de justice, c'est l'idée d'une exacte proportion entre nos actions, entre nos actions et leurs antécédents, entre nos actions et leurs conséquents. La justice régit trois domaines : les individus, les agrégats d'individus indépendants, les sociétés d'individus solidaires. L'individu est juste envers lui-même lorsqu'il se considère comme égal à soi et ne supporte aucune diminution de son être sans reconquérir ce qu'il a perdu. Il est juste envers lui-même lorsqu'il se fixe une jurisprudence rationnelle et met de la dignité dans sa vie par la constance de ses desseins. Il serait injuste envers lui-même s'il ne donnait pas à ses virtualités le moyen de passer à l'acte : il serait cause sans produire d'effet, il serait A sans être A : il serait une vivante absurdité. « Homme,

sois homme », tel est le premier aspect de la loi de justice[1].
— Dans un agrégat d'êtres indépendants, la justice règne quand chacun des agents est soumis aux lois de la justice individuelle, quand chaque action positive est suivie d'une sanction positive, chaque action négative d'une sanction négative, quand des agents égaux reçoivent pour les mêmes actes une même récompense ou une même punition, quand l'émotion est proportionnée à la valeur des actes et à la valeur des agents. — Enfin dans une société d'êtres solidaires, la justice règne quand chaque associé joue dans l'action un rôle proportionné à sa valeur et à l'émotion qu'il a subie, quand chaque associé, après l'acte, recueille une part de bénéfices ou subit une part de pertes proportionnelle à sa valeur et à son rôle dans l'œuvre commune.
— Que la sanction varie si l'acte a varié ; que, si la sanction varie, l'acte ait varié ; pas de sanction sans action, pas d'action privée de sanction ; autant vaut dire : la cause et l'effet varient parallèlement : pas d'effet sans cause, pas de cause sans effet : la loi de justice n'est qu'une traduction du principe de causalité.

Par cela même qu'il pense suivant les principes d'identité et de causalité, par cela même qu'il ne peut pas penser suivant d'autres principes, l'homme pense ses actions suivant la loi de justice et ne peut pas les penser suivant une autre loi. Si l'expérience lui révèle des violations de cette loi, il en est scandalisé comme d'une absurdité : une hu-

---

[1]. Si l'on trouve que nous donnons au mot justice une extension excessive, nous répondrons que le mot importe peu. Mais s'il est nécessaire de réunir sous une rubrique commune toutes les fins de l'activité volontaire, c'est le mot justice qui nous paraît être le plus exact.

manité sans justice lui fait l'effet d'un monde sans loi. Et s'il a l'occasion de construire l'image anticipée d'une action, il ne peut pas lui assigner d'autre fin que la justice, car il ne peut pas plus la concevoir injuste qu'il ne peut concevoir un phénomène sans cause. Sans doute les hommes, qui croient à la violation des lois physiques par le miracle et qui se considèrent comme de petits dieux, créateurs de leurs actions, s'attribuent le pouvoir d'accomplir des miracles moraux en violant la loi de justice. Mais l'idée de justice, comme l'idée de cause, est si nécessaire à la pensée qu'au moment même où l'homme la repousse elle s'impose à lui : un phénomène miraculeux ne serait pas un phénomène sans cause : il serait produit par une cause extraordinaire et surnaturelle ; de même le miracle moral ne serait pas un acte injuste, il s'accomplirait au nom d'un droit exceptionnel ou d'une justice supérieure. La justice est l'idéal nécessaire de la volonté parce qu'elle est une loi nécessaire de la raison.

III

Quelle que soit sa rigueur, la déduction précédente réclame une vérification expérimentale. En fait, les actions volontaires sont-elles toutes, sans exception, orientées vers la justice ?

La réponse serait, sans aucun doute, négative, si l'on donnait de la justice une définition trop étroite. Mais celle que nous avons adoptée n'encourra pas ce reproche. D'après cette définition, un acte paraît juste quand il conserve à notre moi son identité et sa valeur, mais un autre acte paraît juste s'il augmente cette valeur en donnant à nos facultés l'occasion de s'épanouir. «Homme, sois homme»; « être raisonnable, sois raisonnable »; « être sociable, sois sociable » : ces préceptes, qui ne sont que des transpositions de l'axiome d'identité, nous invitent non seulement à conserver mais à perfectionner notre nature. Un acte paraît juste quand il m'apporte une jouissance que je crois mériter, quand il assure à mon semblable une émotion proportionnée à sa valeur, quand il éloigne soit d'autrui, soit de moi-même une peine imméritée. Mais sans calculer directement la valeur et le bonheur, nous pouvons croire qu'un acte établit entre ces deux termes une juste proportion si dans des circonstances analogues un acte analogue a paru satisfaire à la loi de justice. Si mon égal accomplit une action c'est qu'il la trouve légitime ; et puisque je suis son égal, comment cette action, légitime pour lui, n'aurait-elle pas à mes yeux la même légitimité? L'imitation volontaire paraît juste. A plus forte raison trouverai-je juste de m'imiter moi-même : la même action, en des temps différents, présente le même caractère. L'imitation d'autrui, l'imitation de moi-même donnent à mes actes une constance au moins apparente qui ressemble à la justice. Il paraît juste encore de rester fidèle aux engagements qu'on a pris : comme le remarquait Hobbes, celui qui viole un contrat qu'il a signé se contredit lui-même : il veut et ne veut pas : or la loi de justice n'est qu'un autre nom de la loi de non-contradiction. Enfin il est juste d'obéir à l'autorité légitime, car la désobéissance nous accorderait un plaisir excessif et infligerait à notre supérieur une peine imméritée. En d'autres termes, si la formule de la justice s'énonce d'un mot, ses aspects sont nombreux. Tantôt nous formons nous-mêmes l'idée de notre fin : un désir nous promet une satisfaction légitime ; un impératif interne nous impose une action pénible mais juste ; un souvenir nous rappelle l'idéal poursuivi jadis dans des circonstances analogues. Tantôt nous empruntons à d'autres leur idéal : nous obéissons à l'ordre d'un supérieur si nous reconnaissons sa supériorité ; nous imitons la conduite de nos supérieurs ou de nos égaux si nous reconnaissons cette supériorité ou cette égalité. Tantôt enfin nous nous entendons avec nos semblables pour fixer à notre activité commune un idéal commun et nous prenons pour juste fin de notre conduite les actes dictés par nos conventions. C'est toujours la justice que nous avons en vue, mais, en variant les méthodes par lesquelles nous déterminons l'acte juste, nous voyons se multiplier les aspects de notre idéal.

Leur nombre va grandir encore si nous éclairons l'idée de justice en la comparant à l'idée de bonheur. Ces deux notions ne sont pas contradictoires : au contraire la seconde est un élément essentiel de la première : la justice est l'accord du mérite et du bonheur. L'exercice d'un droit coïncide souvent avec la poursuite d'un plaisir ; si tous les hommes, sauf de rares exceptions, aspirent au bonheur, c'est que tous croient le mériter ; si même ils recherchent un bonheur sans limites c'est qu'ils ne s'en croient pas indignes. Voilà pourquoi la thèse eudémoniste explique un si grand nombre d'actions volontaires : mais toutes ces actions s'expliquent dans notre hypothèse, et avec elles toutes celles que la doctrine eudémoniste n'explique pas.

LAPIE. 4

Disposons les actions humaines sur un tableau en commençant par les plus agréables pour finir par les plus pénibles : si la volonté n'a d'autre fin que le bonheur, elle ne choisira que les premières ; mais si la justice est son idéal elle pourra choisir les dernières sans renoncer aux autres. Quand il juge que sa valeur est négative, l'homme se condamne à une œuvre pénible, mais il recherche les plaisirs les plus intenses s'il a de son mérite une excellente opinion. Assigner pour idéal à la volonté la justice au lieu du bonheur, ce n'est pas rétrécir, c'est étendre son domaine, car l'idée de justice est plus compréhensive que l'idée de bonheur. Sans doute elle a ses limites. Le champ de la justice est borné, du côté du plaisir par le devoir et du côté de la douleur par le droit : le droit c'est un plaisir permis et le devoir une douleur légitime[1]. Nous sommes obligés, malgré notre désir, de restituer le bien d'autrui ; nous avons le droit, conformément à notre désir, de jouir de notre bien. Mais le droit et le devoir sont des barrières mobiles qu'on peut reculer à l'infini. Ainsi la formule rigide de la justice s'assouplit : dire que la volonté s'oriente vers la justice, ce n'est pas soutenir qu'elle est fascinée par un point lumineux, c'est dire qu'elle se meut dans une sphère dont les deux pôles sont le droit et le devoir.

Le sens de l'idée de justice étant ainsi précisé, il devient moins évident que l'expérience doive démentir notre déduction. Pour répondre à cette question : la justice est-elle

---

1. Cependant, comme le droit et le devoir se pénètrent, tout acte juste est à la fois obligatoire et permis : aussi certains devoirs ne sont-ils pas de pures peines (tel le devoir de maintenir son droit) ni certains droits de purs plaisirs (tel le droit de faire son devoir). Mais il reste vrai qu'en thèse générale le devoir est moins agréable que le droit.

l'idéal de la volonté? nous n'avons pas le droit de nous contenter d'apparences superficielles, nous devons chercher si le jugement : « Cet acte est bon », par lequel nous posons nos fins, équivaut ou non dans notre conscience à des jugements comme : « Cet acte est obligatoire » ou « cet acte est permis », « cet acte augmenterait ou maintiendrait ma dignité »— « cet acte m'est imposé par un supérieur » ou « ne m'est pas interdit par mes supérieurs » —, « cet acte est accompli par un de mes égaux » ou « a déjà été accompli par moi-même », « cet acte procurerait à quelqu'un un plaisir mérité » ou « éviterait à quelqu'un une souffrance imméritée », — en un mot « cet acte établirait une exacte proportion entre des actions et des sanctions ». — L'expérience révèle-t-elle la présence d'un de ces jugements à la racine de toute décision volontaire ?

Nous ne pouvons pas examiner toutes les décisions volontaires, mais ne suffit-il pas d'étudier celles qui paraissent contraires à notre thèse? Elles rentrent dans trois catégories : ou bien l'homme n'a en vue ni le juste ni l'injuste : ses actes sont moralement indifférents ; ou bien il vise plus haut que la justice : tel paraît être le cas des saints ; ou bien il fait fi de la justice : tel serait le cas des criminels. Ces trois exceptions sont-elles réelles ou ne sont elles qu'apparentes ?

La première sera facilement écartée : il est rare que les actes moralement indifférents soient des actes volontaires. Je ne songe pas à la justice quand je bois à ma soif ou mange à ma faim, mais c'est qu'en général je me borne en pareil cas à céder au désir sans réfléchir à l'idéal ; mon acte est impulsif, il n'est pas volontaire. A ces actes s'applique la loi de Stuart Mill sur la métamorphose des moyens en fins: je ne vois pas plus loin que l'acte présent, mais c'est que l'habitude m'a fait oublier la fin véritable. — Que l'habitude soit rompue, que l'acte devienne volontaire, et il aura la prétention d'être juste. Si je veux manger pour vivre, c'est que je crois juste de conserver mon existence; si je veux boire pour boire c'est que je crois légitime le plaisir de la boisson; si je veux remuer le doigt, c'est soit pour éprouver ma force — ce qui n'est pas interdit —, soit pour goûter — à un degré trop faible pour être illégitime — le plaisir qui vient du jeu modéré de mes muscles. Dès qu'il devient volontaire l'acte n'est plus moralement indifférent: il paraît permis parce qu'il procure à l'agent un plaisir légitime.

L'acte insignifiant paraît presque obligatoire quand il semble meilleur que l'inaction. Nous agissons pour « faire quelque chose » et si notre action n'a pas une haute portée morale, du moins vaut-elle mieux que l'inertie. N'est-ce pas pour cette raison que nous prenons l'habitude de fumer? Dans un chapitre intéressant de sa *Physiologie du plaisir*[1], Mantegazza, après avoir montré que cette habitude satisfait à la fois le goût, le tact, l'odorat, la vue et le sens vital, ajoute: « L'élément qui réunit tous ces plaisirs en un seul, c'est le plaisir de faire quelque chose... Fumer est une vraie transaction de conscience, un traité de paix entre l'inertie et l'activité, entre la haine de l'oisiveté et l'aversion du travail. » Un traité de paix entre le droit et le devoir, dirions-nous volontiers, entre le droit de jouir et le devoir d'agir.

Enfin, l'acte insignifiant peut être franchement obliga-

---

1. P. 93 de la traduction française.

toire. En mêlant l'hydrogène et l'oxygène dans son éprouvette, le savant ne songe pas plus à l'éternelle justice que la cuisinière en allumant son fourneau. Et cependant l'un et l'autre commettraient une faute s'ils négligeaient leurs « devoirs » quotidiens. Chacun de leurs actes fait partie d'un système qui a sa moralité : mettre en œuvre ses facultés, gagner son pain, collaborer à la vie matérielle et intellectuelle de l'humanité, ce sont des prescriptions de la justice. Au moment où il réalise un détail de son programme, l'homme peut oublier le principe général de sa conduite, mais le détail n'en est pas moins déduit du principe. Les actions dites insignifiantes sont si réellement obligatoires qu'il est interdit de les omettre : on pécherait contre soi-même si l'on oubliait ou refusait de boire, de manger, de travailler. En étouffant l'étincelle qui vient de jaillir sur mon tapis, je n'ai pas eu conscience d'être un juste ; mais si je n'avais pas agi, mon propriétaire, lésé par l'incendie, m'aurait fait payer ma négligence. Je lui évite une peine indue, j'ai le devoir d'agir. Ainsi, les actions moralement indifférentes ne font pas échec à notre hypothèse : ou bien elles sont involontaires — et alors leur fin ne nous préoccupe pas —, ou bien elles sont volontaires, mais alors elles paraissent permises, voire obligatoires ; elles sont destinées à éviter une peine injuste ou à procurer une juste récompense. Leur fin n'est donc pas en dehors du cercle de la justice.

IV

Est-ce vers la justice que se dirigent les héros et les

saints? leur idéal n'est-il pas plus élevé? Les plus méritants veulent être les plus malheureux : n'est-ce pas le contraire de la justice? — Mais qu'en pensent-ils eux-mêmes? Ont-ils conscience d'aller au delà du juste? Jamais. « Je n'ai fait que mon devoir », disent-ils. Et en effet ceux qui croiraient ajouter au devoir une sorte de supplément montreraient plus de vanité que d'héroïsme. Les vrais héros font leur devoir jusqu'au bout, mais comment iraient-ils « au delà »? Que signifie cette expression : aller au delà du devoir? Elle n'a qu'une valeur objective : vous qui n'êtes pas un saint, vous jugez que le devoir s'arrêtait en deçà de l'héroïsme ; mais subjectivement le devoir ne connaît pas cette limite. Guyau raconte[1] que, un ouvrier étant tombé dans un four à chaux, cinq de ses camarades, sans hésiter, se jettent tour à tour dans le foyer. Les assistants retiennent le dernier et un magistrat lui remontre la vanité de sa tentative. Pour le public, pour le magistrat, l'acte dépassait la limite du devoir, mais pour l'ouvrier, le sacrifice n'était que juste.

Le sacrifice est de stricte obligation lorsqu'il est imposé par une autorité légitime. Abraham immolant son fils pour obéir à Jéhovah, François d'Assise se dépouillant de ses biens dès qu'il a lu dans l'Évangile: « Ne prenez ni or ni argent ni monnaie dans vos ceintures[2] », Vincent de Paul se dévouant pour les misérables, les pécheurs et les galériens parce que l'idée « vient de Dieu », Jésus acceptant le calice que son Père lui envoie, tous les esprits religieux croiraient faire tort à Dieu s'ils violaient sa loi pour sauver

---

1. *Esquisse d'une Morale sans obligation ni sanction*, p. 118 (Paris, F. Alcan).
2. P. Sabatier, *Vie de saint François d'Assise*, p. 78.

leur fortune ou leur vie. D'autres accomplissent, pour obéir aux lois de leur patrie terrestre, les actes dictés aux premiers par l'autorité céleste. D'autres, en recherchant la douleur ou la mort, seront préoccupés d'imiter Dieu, d'imiter Jésus-Christ, d'imiter un héros dont la vie les remplit d'enthousiasme : les souffrances qu'un être supérieur à moi n'a pas cru devoir éviter, pourquoi les éviterais-je, moi qui suis digne d'un sort inférieur au sien ? La liste des actes héroïques serait courte si l'on en retranchait les actions inspirées par le désir d'obéir ou par le désir d'imiter. Or, en obéissant à l'autorité légitime, en imitant leurs égaux ou leurs supérieurs, les hommes croient se soumettre à la loi de justice. Ainsi la charité la plus sublime ne se présente pas à la conscience des saints comme un « devoir large » : elle a pour eux tous les traits de la stricte justice.

Juste par sa forme, l'action héroïque paraît encore juste par sa matière. Elle est destinée à prévenir ou à guérir des souffrances imméritées. Tel est, par exemple, l'idéal d'un Vincent de Paul. Les enfants abandonnés sont condamnés à une mort que leur « innocence » ne mérite pas : il veut les sauver. L'état des prisons inflige aux galériens un traitement plus cruel que ne l'ont ordonné leurs juges : il veut améliorer leur sort. Les criminels, les hommes qui de tous ont le plus grand besoin des secours spirituels, en sont dépourvus : il veut leur prêcher l'évangile. Lui fait-on remarquer que les paysans ont moins de prêtres que les citadins [1] ? il fonde un ordre pour le salut des

---

1. V. de Broglie, *Saint Vincent de Paul*, p. 83.

paysans. Répartir équitablement les biens matériels et spirituels, telle paraît être sa devise : c'est l'idée de justice qui, dans les prisons, les hôpitaux ou les asiles, conduit ce génie de la charité.

Irait-elle jusqu'à la « folie altruiste »[1], la charité n'en paraîtrait pas moins juste. M. Tarde raconte qu'au temps où il était juge d'instruction, il reçut la visite d'un homme qui voulait se faire emprisonner pour convertir les criminels. « Ils ne sont sensibles, disait-il, qu'aux exemples et aux exhortations de leur propre monde. Il faut donc être incarcéré comme eux et auprès d'eux pour agir efficacement sur ces âmes closes. » Et comme le juge refusait de lui indiquer un « délit honnête », il en découvrait dans le Code et se faisait arrêter comme vagabond. Il n'était pas à son premier « accès », car, ayant entendu dans une église une jeune fille pleurer sur son honneur perdu, il l'avait épousée. Cet homme est-il un fou? Du législateur qui crée des « délits honnêtes » ou du philanthrope qui les fait servir au bien d'autrui, quel est le plus sage ? En tout cas, sage ou fou, cet homme est un juste. Il ne croit pas dépasser son devoir strict : son mariage lui paraît une chose « si simple que c'est tout à fait incidemment qu'il en parle dans ses écrits autobiographiques ». Pourtant ne va-t-il pas au delà de la justice puisqu'il fait le bien à ceux qui ont fait le mal? Mais il croit sans doute, comme d'autres saints, que « nul n'est méchant volontairement » ou que les méchants « ne savent ce qu'ils font ». Dès lors n'est-il pas injuste de les punir? Au lieu de leur infliger un châti-

---

1. *Archives de l'Anthropologie criminelle*, t. X, p. 139.

ment qui les irrite, ne vaut-il pas mieux les éclairer et les corriger? Il ne suffit pas de leur pardonner; cette forme de la charité, l'indulgence, est encore imparfaite : tendre la joue droite à qui vient de souffleter la gauche, c'est fournir à la violence une seconde occasion de s'exercer : à cette attitude passive il faut préférer l'acte de bienfaisance positive qui dessillera les yeux de l'agresseur. Si vous appelez de vos vœux l'ère sans violence, ne vous contentez pas de subir le mal, rendez le bien pour le mal. Tel est le raisonnement des saints. Sans doute ils souffrent eux-mêmes une peine imméritée, mais ils n'en savent rien: ils n'ont d'yeux que pour les souffrances des autres. Le Bouddha qui s'offre à la dent d'un tigre affamé se dit sans doute que le tigre vaut l'homme : puisque l'un doit être sacrifié, pourquoi serait-ce le tigre? Le raisonnement est discutable, mais l'acte n'en est pas moins destiné à reconnaître un droit.

Obligatoire comme la justice, la charité s'efforce, comme la justice, de proportionner les émotions aux actions. Nos actes volontaires n'ont pas de fin plus sublime que la justice.

V

L'idée de justice, étoile des saints, est-elle aussi le guide des pécheurs? Les crimes volontaires[1] sont-ils destinés, dans

---

[1]. Par crime volontaire, nous entendons tout crime commis avec conscience et avec plaisir. Nous excluons de cette catégorie les crimes commis sans motif conscient et les crimes des impulsifs : ceux-ci éprouvent bien un plaisir, mais c'est un plaisir physique (la satisfaction d'un besoin) accompagné d'une souffrance morale. Le crime volontaire est accompagné, au contraire, d'un plaisir mental.

l'esprit de leurs auteurs, à répartir équitablement les biens et les maux ? Le criminel croit-il que son acte est obligatoire ou permis ?

Si l'on se rappelle que tout acte, si répugnant qu'il nous paraisse, le parricide, l'inceste, le cannibalisme, a été imposé comme une obligation dans l'une ou l'autre des sociétés humaines, l'affirmation que tout criminel conscient de ses actes croit exercer un droit ou accomplir un devoir semblera moins contraire à l'évidence. Aussi bien l'apparente évidence est-elle trompeuse. Du dehors nous estimons que le criminel dépasse son droit comme nous estimons, du dehors, que le saint dépasse son devoir. Mais qu'en pense le criminel ?

Il se croit dans son droit. Avant d'agir, il opte entre deux alternatives dont l'une paraît en deçà, l'autre au delà du juste : et c'est la première qu'il choisit. « Il y a un cri qu'on entend souvent dans les prisons : J'ai voulu rester honnête femme ! j'aurais mieux fait de me mal conduire ! »[1] Ayant à choisir entre le vol et la débauche, des femmes croient bien faire en volant. D'autres placent ailleurs la limite du permis et du défendu : « Vous n'avez jamais compris ce qu'il y a de honteux à vivre de la prostitution d'une femme ? demande un magistrat à l'assassin Kaps. — Ma foi non. J'aime mieux ça que voler[2]. » Tel vole qui ne tuerait pas, tel tue qui ne volerait pas. « L'assassin méprise presque toujours le voleur et réciproquement[3]. » Le criminel ne donne pas de son droit la même définition que

---

[1]. Puybaraud, *La Femme criminelle*, dans la *Grande Revue*, mai 1899, p. 413.
[2]. *Archives de l'Anthropologie criminelle*, t. V, p. 167.
[3]. *Id.*, t. VIII, p. 326. *Souvenirs et impressions d'un condamné.*

l'honnête homme, mais il croit agir dans la plénitude de son droit.

Ignore-t-il donc les lois qui font le départ entre le permis et le défendu ? Cette ignorance est plus fréquente qu'on ne suppose. Une criminelle de treize ans « avait appris le catéchisme sans y voir l'interdiction de tuer et de voler[1]. » Mais admettons que le criminel connaisse les lois positives : pourquoi, s'il les trouve injustes, voulez-vous qu'il les respecte ? Au-dessus du droit positif, il proclame, lui aussi, l'existence d'un droit naturel. « Je ne pensais à rien et ne trouvais dans ma conduite rien de répréhensible, écrit un inverti sexuel[2]... Je ne faisais que céder à ma nature qui a voulu que je fusse ainsi... Et pourquoi aurais-je honte de ce que j'ai fait? N'est-ce pas la nature qui a fait la première faute...? » De même Ravachol reconnaît ses crimes et, sans les excuser puisqu'il les croit justes, déclare qu'il a été poussé à les commettre par « cette grande loi de la nature, cette voix impérieuse qui n'admet pas de réplique, l'instinct de la conservation[3] ». Ce droit naturel est parfois un droit divin. « Dieu nous pardonnera ». « Dieu m'a pardonné[4] », disent certains criminels. Condamnée, une femme, qui avait voulu brûler les yeux de sa victime, s'écrie : « Allons ! le bon Dieu n'était pas assez grand ![5] » Et l'abbé Crozes disait de Troppmann : « Je ne suis pas éloigné de croire qu'il avait fini par se persuader, en voyant

---

1. *Arch. d'Anthr. crim.*, t. VIII, p. 493. A. Bérard, *Un assassin de treize ans*.
2. *Id.*, t. X, p. 133, 229, 230. *Le Roman d'un inverti*.
3. *Id.*, t. VII, p. 614. Sur le « droit au meurtre », cf. Tarde, *Philosophie pénale*, p. 370.
4. *Id.*, t. XI, p. 60. Cf. Guillot, *Les Prisons de Paris*, p. 149.
5. Joly, *Le Crime*, p. 267, note 3.

que le succès couronnait si pleinement ses efforts, que la Providence l'avait protégé[1] ». De même, les compagnons de Dostoïevsky chantent :

> « Dieu le Créateur céleste est avec nous,
> Nous ne périrons pas ici[2]. »

Mais la grande raison qui justifie à leurs propres yeux les criminels, c'est qu' « ils font comme les autres ». Puisque les riches sont oisifs, pourquoi les pauvres devraient-ils travailler ? Puisque les riches s'amusent, pourquoi les pauvres n'auraient-ils pas le droit de s'amuser ? La richesse crée-t-elle un mérite pour qu'on lui réserve le monopole des récompenses ? M. Tarde fait remarquer que « les départements les plus riches, les plus civilisés sont les plus féconds en crimes[3] » ; rien de surprenant, car c'est là qu'est le plus souvent donné l'exemple de l'oisiveté et du plaisir. Et si l'opinion se répand que le vice et le crime sont communs même dans les classes dites honnêtes, le nombre des délits croîtra dans les autres : « A présent, qui n'a mérité les galères ? » disait un forçat[4].

Le criminel n'imite pas seulement autrui : il s'imite. Sa propre impunité, comme l'impunité des autres, lui fait croire à l'existence d'un droit. Puisque je n'ai pas été châtié, c'est que j'avais le droit d'agir. Ce n'est pas seulement dans les prisons, c'est dans les écoles, c'est partout où règne une loi qu'on entend ce raisonnement ; surpris par une punition qui frappe une récidive sans avoir frappé la première faute

---

1. Joly, *Le Crime*, p. 168.
2. *Souvenirs de la maison des morts*, tr. fr., p. 166.
3. *Revue philos.*, février 1895, p. 154.
4. Lauvergne, *Les Forçats*, p. 323.

l'enfant, comme le malfaiteur, se croit lésé : le précédent créait un droit. Par cette imitation de soi-même, on prend l'habitude de la faute ; l'habitude émoussant le plaisir, on cherche des jouissances de plus en plus vives et le besoin devient insatiable sans cesser de paraître légitime. On commence par voler un ruban dans un grand magasin : « c'est pour attacher mon paquet », se dit-on ; ou : « ils peuvent bien me faire ce cadeau : je suis assez bonne cliente », ou encore « je ne vais pas attendre une heure à la caisse pour payer deux sous : qu'ils dédoublent leurs caisses ». Si ce léger larcin demeure impuni, on prend, la fois suivante, un ruban plus cher : puis le vol devient de plus en plus grave[1], mais la voleuse continue à se croire couverte par la jurisprudence de l'impunité.

Il est possible que le délinquant ne pense pas que son acte est permis, mais il ne pense pas non plus qu'il soit défendu. Un homme peut préméditer son crime sans songer que c'est un crime. L'idée de cet acte s'impose à lui sans être contredite par aucune autre idée : elle le fascine. Et cependant il prépare avec minutie les détails de l'exécution, il garde dans le choix de ses moyens d'action toute sa liberté d'esprit. Parfois le cas est plus compliqué : l'idée que l'acte est défendu s'est d'abord présentée, et tant qu'elle est demeurée vive elle a empêché le malheureux de prendre sa criminelle résolution ; mais peu à peu elle s'obscurcit, l'idée de l'acte envahit la conscience et « fait la nuit autour d'elle[2] » : l'homme prend nécessairement pour fin l'unique

---

1. Témoignage d'un inspecteur du Bon Marché, recueilli par M. Joly (*Le Crime*, p. 262).
2. Liégeois, *Hypnotisme et criminalité*, in *Revue philos.*, 1892, t. I, p. 239.

fin qu'il conçoit. C'est un hypnotisé : il est victime d'une sorte d'involontaire autosuggestion. Sans aller, avec M. Tarde[1], jusqu'à voir dans cette « obsession » l'antécédent régulier de l'acte criminel, nous pouvons croire qu'elle précède tous ceux de ces actes qui occupent la zone frontière entre le volontaire et l'involontaire[2].

Pleinement volontaires, par contre, sont les crimes que leurs auteurs croient obligatoires. Il est juste d'obéir aux chefs, pensent certains bandits, et c'est la conscience tranquille qu'ils tueront par ordre. L'acte qu'exige de lui sa maîtresse prend aux yeux d'un malheureux un « caractère sacré » : il la tue pour lui obéir[3]. La plupart des régicides croient avoir à remplir une « mission divine » qui sera « couronnée par le martyre »; parfois des personnages surnaturels leur apparaissent dans une lumière de rêve et leur dictent des ordres; Poltrot de Méré, Balthazar Gérard veulent tuer un ennemi de l'Évangile et gagner le Paradis; Ravaillac veut empêcher Henri IV de faire la guerre au pape et de transférer le Saint-Siège à Paris; Staaps, en tuant Napoléon, voulait, sur l'ordre de Dieu, rendre la paix au monde[4]. Et nous pourrions allonger cette liste des criminels qui se croiraient injustes s'ils désobéissaient à l'ordre de Dieu.

Par sa matière comme par sa forme, le crime paraît juste

---

1. Tarde, *Philosophie pénale*, p. 258. — Cf. ce que Taine (*Revue philos.*, nov. 1900, p. 477) appelle la « démoralisation dans le rêve. On a tué ou violé et on trouve la chose toute *naturelle* ».
2. Cf. Saleilles, *Individualisation de la peine*, p. 65 (Paris, F. Alcan), l'acte paraît volontaire, parce qu'il est prémédité; mais la préméditation porte sur les moyens : l'agent n'en est pas moins « obsédé » par une idée.
3. *Arch. de l'Anthropol. crim.*, t. IV, p. 102.
4. *Id.*, t. V, p. 5 et suiv.; t. X, p. 61, 62.

à son auteur. Il s'imagine distribuer avec équité les joies et les souffrances. Certains criminels sont altruistes : ils veulent éviter à leur semblable une douleur imméritée. Combien de malheureux volent ou tuent pour nourrir leurs enfants! A une commère qui lui reproche ses crimes, la Voisin répond : « Tu es folle! le temps est trop mauvais. Comment nourrir mes enfants et ma famille? J'ai dix enfants sur les bras[1]. » Et Ravachol : « J'ai travaillé pour vivre et faire vivre les miens : tant que ni moi ni les miens n'ont pas trop souffert, je suis resté ce que vous appelez honnête...[2] ». — Le même altruisme se révèle chez les criminels qui veulent procurer à leurs semblables un plaisir légitime. Un bandit corse, Rocchini, avoue qu'il a tué un homme par reconnaissance pour son ami Giovanni qui, un jour, par erreur, l'a délivré d'un ennemi[3] : n'est-il pas juste de rendre service pour service? Des femmes volent pour leur amant et des hommes pour leur maîtresse[4]. — L'acte paraît sans doute moins reluisant mais il paraît toujours juste quand il s'agit d'infliger à autrui une peine méritée. Les parents qui tuent leurs enfants, les hommes qui tuent leurs femmes ou leurs maîtresses croient volontiers exercer une magistrature domestique[5]. La vengeance, facteur important de la criminalité[6], prend aisé-

---

1. Funck-Brentano, *Le drame des poisons* (*Revue de Paris*, 1ᵉʳ avril 1899, p. 567).
2. *Arch. d'Anthropol. crim.*, t. VII, p. 614.
3. *Arch. d'Anthropol. crim.*, t. III, p. 595.
4. *Id.*, t. III, p. 572. Cf. Puibaraud, art. cité, p. 405.
5. V. Corre, *Ethnographie criminelle*, p. 204 : cas de deux Indiens qui tuent leur femme et se croient « dans leur droit ».
6. M. Lacassagne estime à 9 pour 100 en France le nombre des empoisonnements causés par la vengeance (*Arch. d'Anthropol. crim.*, t. I, p. 260-264). Mais l'empoisonnement n'est pas le procédé favori de ceux qui se vengent :

ment le manteau de la justice. La femme jalouse qui tue l'infidèle ou le traître se regarde « comme une justicière. » « Les mots : ma conscience ne me reproche rien, sont très fréquents sur ses lèvres. Elle se repaît de sa vengeance et ce souvenir, loin de la hanter quand la justice l'a frappée, est presque une pensée consolatrice pour elle en prison[1]. » Le criminel tient à se venger des injures les plus futiles. L'un tente d'assassiner son père et se justifie en disant : « Alors pourquoi ne voulait-il pas me donner d'argent?[2] ». A ses yeux, son père manque au devoir, lui vole l'argent de la famille, lèse son droit : il se venge. Un autre assassine une femme qui le traitait « comme un gosse[3] ». Un troisième brûle une meule de foin dans un village où, trois ans auparavant, on lui a refusé l'aumône[4]. Lacenaire déclare qu'amené à choisir entre le suicide et le crime il a choisi le crime parce qu'il s'est cru « victime de la société ». Sans aller jusqu'à dire, avec le magistrat qui obtenait de lui cette déclaration : « c'est un raisonnement que font tous les criminels[5] », on peut croire que beaucoup estiment, comme Lacenaire, qu'ils ont subi une peine imméritée dont ils ont le devoir de se venger. Parfois, sans

---

ils sont trop sûrs de leur droit pour cacher leur action. D'après une statistique française, sur 100 assassinats, 22 ont pour mobile la haine, le ressentiment, la vengeance (Joly, *Le Crime*, p. 48). En outre, 40 pour 100 des meurtres sont dus à des discussions domestiques, à l'adultère, etc. : la vengeance joue son rôle dans ces crimes. On peut donc dire qu'un tiers au moins des crimes sanglants est dû à ce sentiment.

1. Puibaraud, *art. cité*, p. 407.
2. *Arch. d'Anthropol. crim.*, t. III, p. 572.
3. *Id.*, t. V, p. 157.
4. Assises d'Ille-et-Vilaine, session de février 1900. Cf. *Arch. d'Anthrop. crim.*, t. I, p. 259 : incendie volontaire causé par la manie de la persécution.
5. Joly, *Le Crime*, p. 316.

avoir à se venger, ils croient que le traitement qu'ils infligent à leur victime n'est pas illégitime : un voleur trouve que ses clients sont décidément « trop bêtes » et qu'il est impossible de résister à la tentation de les voler : « ils n'ont que ce qu'ils méritent[1] ».

Mais c'est surtout pour s'attribuer un plaisir dont il ne se croit pas indigne que le criminel accomplit ses forfaits. En premier lieu, il se croit digne de vivre : il a droit à l'existence, même aux dépens d'autrui. « Quel mal vous avait fait cette pauvre femme? demande-t-on à un assassin. — Aucun! Elle a eu la mauvaise chance de se trouver sur notre route : nous étions affamés après avoir erré trois jours, et elle avait de l'argent... Alors, selon toi, nous aurions dû nous laisser mourir de faim[2] ! » Non seulement il a droit à l'existence, mais il a droit à la paresse. « Celui qui travaille est un imbécile[3] », déclare un meurtrier. Ce n'est pas sans raison que « pègre » vient de pigritia[4]. Non seulement il a droit à la paresse, mais il a droit à la volupté : dans les raffinements parfois sanglants de la débauche il voit ce qui fait la supériorité de l'homme, ou, comme il dit, ce qu'il est « chouette »[5] de faire. « J'étais fier de moi-même, du plaisir que j'avais donné et de celui que j'avais reçu » lisons-nous dans la confession d'un inverti[6]. — Altruiste ou égoïste, l'action n'en est pas

---

1. Joly, *Le Crime*, p. 166. — Cf. cette femme qui assassine un vieillard en lui criant : « Jean-Marie, vous êtes si vieux ! C'est le plus grand service que nous puissions vous rendre ! » (Guillot, *Les Prisons de Paris*, p. 149).
2. *Temps* du 26 février 1897: observation d'un forçat sibérien.
3. *Arch. de l'Anthropol. crim.*, t. V, p. 165.
4. Cf. Joly, *Le Crime*, p. 36 et notes.
5. *Arch. de l'Anthropol. crim.*, t. V, p. 157.
6. *Id.*, t. X, p. 228.

LAPIE.

moins accomplie pour donner à quelqu'un l'émotion qu'il mérite : elle est faite en vue de la justice ; telle est du moins l'opinion de l'agent. Cette opinion est-elle fondée ? comment s'est-elle formée ? nous le verrons plus tard ; nous n'avons pour l'instant qu'à constater son existence : à tort ou à raison le criminel se croit juste.

On nous reprochera sans doute de croire trop naïvement aux confessions des criminels : ne sont-ils pas intéressés à présenter leurs actes sous l'aspect le plus favorable ? et ne sont-ils pas tentés de chercher après coup des excuses ou des justifications qui dénaturent leurs mobiles véritables ? — Mais dans nos exemples l'aveu cynique est plus fréquent que l'excuse. En outre, admettons que les justifications tentées après l'acte n'en reproduisent pas les motifs. Mais quels sont ces motifs ? Étaient-ils conscients ? qu'on nous les montre et nous promettons de les ramener à l'un ou à l'autre des modes de la justice. Étaient-ils inconscients ? Alors l'acte n'est pas volontaire : il ne le devient qu'au moment où la justification tente de le motiver. Si l'assassin a commis son crime sans motif, il n'a fait qu'obéir à une impulsion : mais quand il essaie de se justifier en disant : « c'était mon droit ! » alors seulement son acte est voulu. L'acte a beau précéder la justification, il n'est volontaire que par elle : en s'excusant le criminel se condamne puisqu'il accepte la responsabilité d'un acte volontaire tandis que son silence laisserait croire qu'il a été victime d'une impulsion morbide. Nous pouvons donc, pour étudier sa conscience, accepter, en le critiquant, son témoignage.

On pourra dire encore : si les criminels se croient juste

c'est parce qu'ils sont criminels. Mais l'honnête homme a conscience de ses péchés, il sait qu'il n'agit pas toujours en vue de la justice. — Il est vrai que l'honnête homme a plus de scrupules que le criminel. Mais à quel moment sa conscience commence-t-elle à le tourmenter? Après l'action. Il s'aperçoit alors qu'il a mal visé, mais son but était la justice. Au moment d'agir, il a été trompé par l'illusion d'un droit, mais c'est le droit qu'il poursuivait. Peut-être a-t-il mis en doute la légitimité de son acte : il a vaguement soupçonné qu'il aurait à s'en repentir ; la décision à peine prise, il a même éprouvé des remords. Mais s'il s'est décidé, c'est qu'en définitive l'action lui paraissait bonne : quel est le vice qui ne revêt pas l'apparence d'une vertu? Quand nous nous dirigeons vers le mal, ce n'est pas le mal lui-même, c'est, dans le mal, l'apparence du bien qui nous séduit. L'instant d'après, nous rougissons de notre faute : mais c'est l'instant d'après. Pendant la minute où nous choisissons notre fin, elle nous paraît juste[1]. L'objection qu'on nous oppose n'est pas fondée sur l'expérience : nous avons souvent conscience d'avoir commis des injustices, nous n'avons jamais clairement conscience d'en commettre.

Et même si, avant d'agir, nous savions, de toute certitude, que notre action doit être injuste, la justice n'en serait pas moins notre idéal. Les phrases banales qu'on oppose à cette thèse en les présentant comme l'expression du sens commun, loin de la contredire, la confirment : « Video meliora... deteriora sequor ». La volonté de Médée

---

[1]. Nous chercherons plus tard les causes de ces illusions.

paraît prendre pour fin l'injustice : mais c'est une illusion :
probo meliora, dit-elle.

> « Je ne fais pas le bien que j'aime
> Et je fais le mal que je hais. »

On nous répète ce distique comme s'il prouvait que volontairement l'homme recherche le mal. Mais ne prouve-t-il pas au contraire qu'au moment où l'homme fait le mal il le « hait » et n'a d'amour que pour le bien ? Il s'incline devant une force majeure, cède à la nécessité des lois physiques, à l'entraînement des coutumes sociales, à la fatalité de sa passion, mais tandis que le destin l'emporte vers le mal, il détourne les yeux et contemple le bien. Pourquoi, sachant quel est l'idéal, il ne réussit pas à le réaliser, nous le verrons plus tard. Mais nous voyons dès maintenant pourquoi, sachant quel est l'idéal, il ne tente pas de le réaliser : c'est qu'il le juge irréalisable. La décision volontaire est l'œuvre de deux jugements : « cet acte est bon », « cet acte est possible. » Dans tous les cas où volontairement l'homme paraît faire fi de la justice, c'est qu'il croit impossible d'être juste. Mais ce n'est pas qu'il ait devant les yeux un autre idéal que la justice.

Admettons pourtant que l'homme, de même qu'il croit violer les lois de la nature par un acte libre, veuille accomplir un miracle moral en violant la loi de justice. A peine a-t-il commis l'iniquité qu'il tend à la justifier ou à la détruire. Bien que la pesanteur nous attache à la terre, il ne nous est pas interdit de sauter ; mais la loi de la gravitation ne tarde pas à nous ramener sur le sol. De même, nous pouvons vouloir l'injuste, mais à peine cette intention est-elle formulée que l'injuste se transfigure : il prend l'apparence du juste; nous nous découvrons le droit ou le devoir de l'accomplir. Sinon nous effaçons de la conscience l'intention qui ne réussit pas à trouver des titres ; après avoir traversé l'esprit, elle disparaît sans obtenir le consentement de la volonté. Seule une force étrangère au moi peut détourner l'âme de son idéal comme une force extérieure peut seule détourner de la direction du Nord l'aiguille de la boussole.

Sans doute les hommes ne recherchent pas toujours le plus juste, mais ils recherchent toujours le juste. Les uns ne croient jamais lever les yeux assez haut pour voir briller la justice, les autres confondent sa splendeur avec la pâle clarté des abîmes ; les uns font de la zone du juste un cercle étroit dont les autres reculent à l'infini la circonférence, mais tous s'imaginent qu'ils s'orientent vers elle. Il y a dans le monde des hommes qui ne se croient jamais au bout de leur devoir et des hommes qui ne se croient jamais au bout de leur droit, mais tous agissent au nom du droit et du devoir. « Il n'y a que deux sortes d'hommes, dit Pascal : les uns justes qui se croient pécheurs ; les autres pécheurs qui se croient justes[1]. »

VI

Pourquoi les pécheurs se croient justes et pourquoi les justes se croient pécheurs; pourquoi, l'idéal étant le même

---

1. *Pensées*, éd. Brunschwicg, 534; éd. Havet, XXV, 71.

pour tous, la variété des actions volontaires est infinie, nous ne le saurons complètement qu'à la fin de notre étude, mais nous pouvons dès maintenant le deviner : la variété des actions n'est pas plus grande que la variété des erreurs commises dans le calcul de la justice. L'humanité tout entière marche à la même étoile, mais la plupart des hommes s'égarent en chemin.

S'ils s'égarent, c'est souvent qu'abusés par une ressemblance ils s'orientent vers une fausse justice. Tel acte est bon parce qu'il est juste. Mais, à son tour, qu'est-ce que la justice? Tous les hommes n'attribuent pas à cette notion la même compréhension. Tel se croit juste quand il applique avec exactitude la loi du talion. Tel autre trouverait injuste la violation d'une coutume. — « Ne fais pas à autrui ce que tu ne voudrais pas qu'on te fît à toi-même », cette règle contient pour les uns toutes les prescriptions de la justice tandis que les autres tiennent à la compléter par la formule : « Fais à autrui ce que tu voudrais qu'on te fît ». — « A chacun selon son mérite »; « à chacun selon ses besoins » : deux écoles contraires nous recommandent ces maximes et chacune prétend posséder seule le secret d'être juste. — Si la charité bien ordonnée commence par soi-même, à plus forte raison une sage justice consistera-t-elle à défendre son droit : telle est une première opinion ; la justice exige que nous fassions abstraction de nous-mêmes pour décider, arbitres impartiaux, entre l'intérêt d'autrui et le nôtre : telle est la seconde. — Fiat justitia, pereat mundus! c'est le cri des enthousiastes. Mais les prudents ripostent : « primum vivere... : avant d'être juste, il faut être : à quoi servirait de faire régner la justice sur le néant? » Ainsi chacun découpe dans le royal domaine de la justice un petit champ à son usage : l'erreur ici consiste à rétrécir la définition de l'idéal. On croirait que l'étoile s'est brisée et que chaque homme s'attache à suivre dans le ciel la chute d'un de ses débris.

En revanche les hommes étendent la notion de la justice au point d'y faire entrer nombre d'iniquités. Ils voient le but, mais d'une vue confuse. Ils appliquent la loi, mais en la faussant. Il est juste, par exemple, que mon égal subisse, dans les mêmes circonstances, le traitement que j'ai subi. A une condition cependant : à la condition que ce traitement ne m'ait pas causé d'injustes souffrances. Mais nous oublions cette condition, et, quand nous avons souffert de l'injustice, nous l'infligeons volontiers à nos semblables. « Parmi les plus grands défenseurs des abus, dit Bain, on trouve souvent ceux qui en ont le plus souffert[1]. » Les brimades sont conservées dans les écoles par les élèves les plus brimés. De même, il est juste, si je n'ai pas démérité, que j'éprouve aujourd'hui les mêmes plaisirs qu'hier. A condition toutefois que je n'aie pas, hier, joui d'un plaisir excessif. Mais nous oublions cette condition, et, quand nous avons bénéficié d'une faveur, nous croyons avoir acquis un droit. Ceux qui ne doivent qu'à la prescription la possession de leurs biens se considèrent comme de légitimes propriétaires. Qu'une compagnie de chemins de fer, qu'un directeur de théâtre suppriment les billets à demi-tarif ou les billets gratuits qui sont accordés à certains privilégiés : ceux-ci crieront à l'injustice. La coutume imite la justice comme, au dire de

---

1. *Émotions et volonté*, trad. fr., p. 116 (Paris, F. Alcan).

Leibnitz, elle imite la raison. Mais de même qu'elle n'est pas toujours raisonnable elle n'est pas toujours juste. Dans tous les cas de ce genre, les hommes tirent d'un corollaire de la loi de justice des conséquences sophistiques. Ils ne se trompent pas sur le texte de la loi mais ils l'appliquent hors de propos.

Dans d'autres cas, la loi est mal comprise. Il est juste, aux yeux d'un chrétien, d'obéir aux préceptes de la Bible et de l'Évangile. Mais on peut donner de ces préceptes des interprétations multiples. Le repentir est méritoire, proclame le Christ. Mais pour se repentir il faut avoir péché : le crime, condition du repentir, est donc méritoire comme lui : telle était, selon Bentham[1], la conclusion de certains fanatiques danois qui inventaient les crimes les plus épouvantables pour gagner plus sûrement le ciel. Au lieu de commettre une induction fautive et d'attribuer à la cause les vertus de l'effet, on pèche souvent par déduction. « Fuyez les plaisirs de la chair », dit l'Église à ses fidèles. Et des moines, dans le couvent de Saint-Bernard, se croient tenus, pour obéir à cette règle, de refuser toute nourriture agréable au goût et de corrompre la saveur des plats par un mélange amer, afin que le palais eût sa souffrance comme les autres sens[2]. Par une conversion illogique, ils transposent le précepte religieux ; « fuyez les plaisirs de la chair », leur dit-on, et ils comprennent : « recherchez les douleurs de la chair ». — « Tu ne jureras point », dit le Décalogue ; l'interprétation littérale de ce précepte conduit la *Société des Amis* à repousser le serment sous toutes ses formes. » — De même,

---

1. *Traités de législation civile et pénale*, édition Dumont, 1830, t. II, p. 26.
2. Vacandard, *Vie de saint Bernard*, abbé de Clairvaux, t. I, p. 78.

à l'encontre de l'opinion courante, « quelques personnes pensent que l'obligation de la monogamie en tant qu'institution chrétienne doit empêcher les parties de se marier une seconde fois.[1] » — Tandis que les uns donnent un sens si étendu au précepte : « Tu ne tueras point » qu'il leur paraît proscrire la guerre et la peine de mort, les autres soutiennent que cette règle connaît des exceptions. — En résumé, même si deux hommes reconnaissent la même loi, leurs actes ne sont pas nécessairement identiques puisqu'ils peuvent commettre dans l'interprétation de cette loi un ou plusieurs contresens[2].

C'est pourtant lorsque le devoir est fixé par une loi que les divergences sont le plus rares dans la conduite des hommes : la loi n'est-elle pas destinée à supprimer ces divergences en imposant à tous les mêmes résolutions? Aussi les erreurs sont-elles plus nombreuses dans les cas où notre idéal ne nous est pas indiqué par un texte précis. Nous savons, par exemple, quel modèle nous devons ou pouvons imiter. Mais ses paroles ou ses actes sont souvent plus difficiles à interpréter que les mots d'un Code religieux ou politique ; nous n'avons pour nous guider dans cette exégèse ni l'enseignement d'une Église, ni l'avertissement de la jurisprudence ; à peine, s'il s'agit de modes ou de pratiques mondaines, pouvons-nous recourir à l'autorité d'un arbitre des élégances ou d'un manuel du savoir-vivre. Nos contresens, dans l'imitation volontaire, ne sont pas toujours aussi grossiers que celui de ce chef malais qui

---

1. Bain, *Les Émotions et la Volonté*, tr. fr., p. 279 (Paris, F. Alcan).
2. Selon Max Müller, la coutume qui pousse les veuves hindoues à se brûler sur le tombeau de leur mari repose sur un contresens dans l'interprétation de la loi (*Origine de la religion*, p. 77).

crucifiait les mutins parce que c'est « l'usage anglais » tel qu'il est exposé dans le « livre sacré de l'Angleterre[1] ». Mais si l'erreur peut aller jusqu'à ce point, elle n'a pas de limites. Même si deux hommes s'attachent à copier le même modèle, leur conduite n'est pas nécessairement identique puisqu'ils peuvent commettre dans l'interprétation de ses actes une infinité de contresens.

A plus forte raison les hommes se trompent-ils quand, pour déterminer leur idéal, ils sont livrés à leurs seules ressources et ne peuvent s'appuyer sur aucune autorité, sur aucun modèle étranger. Souvent ils prennent pour la voix de la conscience le cri de la passion. Les moralistes leur donnent, pour les distinguer, les critères les plus ingénieux : pour être tout à fait sûr de ne pas faillir involontairement, il suffit, dit Kant, de rejeter comme immorale toute action séduisante. Mais le remède est héroïque et peu d'hommes sont disposés à l'employer. Est-il souverain ? Ce n'est pas toujours pour leur plaisir que les hommes les plus cruels ont commis leurs crimes : bien qu'ils n'aient trouvé aucun charme à l'ordre de leur conscience, ils se sont trompés sur sa nature. Ainsi le même homme, dans deux circonstances identiques, animé des mêmes intentions droites, choisira deux fins différentes s'il donne au dictamen de sa conscience deux interprétations contraires.

Le jugement : « Cet acte est bon » signifie : « cet acte est juste. » La justice, c'est l'établissement d'une exacte proportion entre les actions (a) et les sanctions (s). Elle est réa-

---

[1]. Spencer, *Introduction à la science sociale* (Paris, F. Alcan), éd. fr., p. 16. (Boyle, *Bornéo*, p. 116.)

lisée quand, dans la formule $x = \dfrac{a}{s}$, l'inconnue désigne une quantité constante. Mais tous les hommes n'écrivent pas correctement la formule. Nous venons d'entrevoir quelques-unes des erreurs qu'ils commettent en posant x. Nous devons chercher maintenant par quels procédés ils déterminent a et s et dans quelles fautes, à cette occasion, ils risquent de tomber. Ces erreurs expliqueront pourquoi, malgré l'apparence, les volontés humaines n'ont pas d'autre idéal que la justice.

CHAPITRE II

PREMIÈRE BRANCHE DE LA RÉGRESSION (suite).
SECOND MOMENT (1)
JUGEMENTS SUR LA VALEUR DES ACTIONS

L'établissement de la justice suppose deux jugements de valeur (évaluation des actions, évaluation des sanctions).
La valeur de l'activité se mesure à son intensité.
  I. — La valeur de l'activité est en raison directe du nombre de ses effets.
  II. — Elle est en raison inverse du nombre de ses auxiliaires.
  III. — Elle est au maximum quand les deux conditions se réunissent, au minimum quand elles s'opposent.
  IV. — Erreurs sur le nombre des effets.
  V. — Erreurs sur le nombre des causes auxiliaires.
CONCLUSION. — Divergences des fins humaines provoquées par des divergences dans l'estimation de la valeur.

Avant d'accomplir une action volontaire, nous déterminons sa fin par un jugement : nous ne voulons un acte que s'il nous paraît bon, c'est-à-dire juste. Mais ce jugement suppose à son tour des jugements. Puisque la justice est l'équation d'un acte et d'une émotion, nous ne pouvons pas dire qu'une volition sera juste si nous n'avons, au préalable, apprécié la valeur des deux termes : pour savoir que la récompense est égale au mérite, il a fallu mesurer la récompense et le mérite. Nous pouvons donc poursuivre notre régression vers les antécédents logiques de l'acte volontaire en cherchant, derrière le jugement : « Cet acte est juste » qui précède le : « je veux », les deux jugements nécessaires pour provoquer l'affirmation « cet acte est juste ».

Ces deux jugements sont des jugements de valeur Qu'est-ce qu'un jugement de valeur? En un sens, tout jugement est un jugement de valeur, une évaluation, un ἀξίωμα : toute proposition attribue une « qualité » à un sujet. Logiquement, il n'y a pas de différence entre cette proposition : « Napoléon était supérieur à Bernadotte » et cette autre : « Napoléon était plus petit que Bernadotte »; logiquement, ces deux phrases : « l'or est précieux — l'or est pesant » présentent des caractères identiques. Mais ces jugements n'ont pas le même sens : que signifient les jugements de valeur? pourquoi disons-nous qu'un homme a plus de valeur qu'un autre? qu'un plaisir vaut mieux qu'un autre plaisir? Par quelle méthode arrivons-nous à formuler de telles appréciations ? à quelles erreurs sommes-nous exposés dans l'évaluation des hommes et des choses ?

Soit d'abord la valeur des hommes[1]. Comment la mesurons-nous ?

Il suffit, pour le savoir, de se rappeler la définition de l'activité. Activité, c'est causalité. Un acte, un agent a d'autant plus de valeur qu'il est plus véritablement un acte ou un agent, c'est-à-dire qu'il est plus véritablement une cause. Mais comment se mesure une cause? D'abord elle est en raison directe du nombre de ses effets : plus la lumière devient intense sur l'écran, plus la source lumi-

---

1. On peut réunir dans un même chapitre les jugements relatifs à la valeur des actes et les jugements relatifs à la valeur des agents. Au point de vue psychologique, en effet, le moi agissant n'est pas un être métaphysique, c'est un système d'actions, de même que le moi pensant n'est pas une substance mystérieuse, mais un système d'idées.

neuse doit être abondante. Ensuite, elle est en raison inverse du nombre de ses auxiliaires : si plusieurs sources projettent leur lumière sur l'écran, aucune ne peut être considérée comme la cause suffisante de la sensation. Si donc un agent a d'autant plus de valeur qu'il est plus agissant, sa valeur dépend de deux conditions : elle est d'autant plus grande qu'il produit plus d'effets et qu'il a moins d'auxiliaires. Quand ces deux conditions sont réunies, quand un homme est à la fois cause efficace et cause suffisante, sa valeur atteint le plus haut degré. Elle diminue si ces deux conditions se contrarient. Telles sont les propositions que nous voudrions démontrer.

I

Est-il vrai, d'abord, que nous mesurions la valeur d'un agent à l'efficace de son activité ?

A tout instant, nous portons sur nous-mêmes un jugement de valeur. Nous sommes contents ou mécontents de nous ; nous nous sentons supérieurs ou inférieurs au niveau moyen de notre dignité. Tantôt nous avouons que « nous ne valons pas cher » et tantôt, nous comparant à autrui, nous déclarons que « nous le valons bien ». Pourquoi portons-nous ces jugements ? Je crois valoir mieux quand mes muscles peuvent faire des mouvements plus nombreux, quand je me sens maître de mon corps : je crois valoir moins quand mes muscles refusent d'agir. Je suis fier de moi quand je réussis à faire un mouvement compliqué : mais un mouvement compliqué c'est un mouvement qui suppose le jeu d'un grand nombre de muscles : c'est encore d'après le nombre de mes effets qu'en pareil cas j'apprécie ma valeur. Je suis fier de moi quand je me sens maître de mon esprit, quand les émotions, les idées, les raisonnements se succèdent à flots pressés, quand je suis capable de faire des opérations compliquées, c'est-à-dire de synthétiser des idées nombreuses ; mais si ma tête est vide, je suis bien obligé de m'avouer ma déchéance. L'atonie intellectuelle m'inspire la même mélancolie que l'atonie physique. Parfois nous apercevons non seulement les effets prochains mais les effets lointains de notre activité : plus ils sont nombreux, plus notre valeur paraît croître. Un explorateur s'enthousiasme en songeant aux champs d'épis que son voyage créera dans le désert. Un savant s'enorgueillit en songeant aux révolutions que ses découvertes introduiront dans la vie des hommes. Un général analyse « le sentiment élevé » qu'on éprouve en exerçant le commandement dans une bataille. La tension de l'esprit, dit-il, est « divinement grande » : pourquoi ? Le général « sait que le sort de la bataille et par conséquent les destinées de la Patrie peuvent dépendre des ordres qu'il donne[1] » : il voit dans l'avenir les effets innombrables de son initiative, les multiples séries d'événements qui dériveront de son acte : demain l'invasion ou la retraite, une province conquise ou une province perdue, et, pour un avenir indéterminé des foules soumises ou soustraites aux lois de son pays, des millions

---

1. Manteuffel, cité par Guyau : *Esquisse d'une morale sans obligation ni sanction*, p. 148. Le général ajoute une autre explication : il sait que « la balle de l'ennemi peut vous appeler à tout instant devant le tribunal de Dieu » ; — mais cette idée peut venir au dernier troupier sans exalter sa personnalité : elle n'explique pas « le sentiment élevé » du commandant.

d'hommes atteints dans leur corps et dans leur âme par les ricochets de sa victoire ou de sa défaite. C'est le sentiment de sa puissance qui lui inspire sa fierté. De même, c'est le sentiment de sa puissance qui inspire au criminel son orgueil : n'est-il pas assez fort pour détruire l'œuvre de Dieu ? Après le forfait, remarque M. Tarde, « son orgueil s'enfle comme celui de l'amant après la conquête, du général après la victoire, de l'artiste après le chef-d'œuvre [1] ». Mais M. Tarde soutient que l'orgueil du meurtrier vient de son isolement : « un abîme s'est creusé, une faille soudaine entre ses compatriotes et lui ». L'explication est incomplète : nous verrons qu'en effet l'isolement peut accroître la vanité, mais si la vanité prend naissance dans l'âme du criminel, c'est surtout que l'effet de son crime lui paraît immense : ainsi le général est fier d'une victoire dont les conséquences vont à l'infini. — Mouvements utiles ou inutiles, gracieux ou disgracieux, idées justes ou idées fausses, crimes ou bienfaits, joies ou douleurs, tout ce que nous produisons contribue à accroître notre bonne opinion de nous-mêmes. Il est vrai — et nous dirons pourquoi — que le jugement est plus favorable quand c'est l'utile, le beau, le vrai ou le bien qui résulte de notre activité, mais nous sommes déjà contents de nous quand nous créons de la laideur, de l'erreur et de la souffrance parce que la valeur est, croyons-nous, en fonction de la puissance.

*
* *

Si nous ne pouvons pas dénombrer les effets de notre

---
1. *Philosophie pénale*, p. 257 et suiv.

activité, du moins possédons-nous un signe intérieur de notre pouvoir causal : c'est le plaisir. Si j'ai du plaisir, c'est que mon activité n'a pas rencontré d'obstacle : son effet s'est donc réalisé. Et si je souffre, au contraire, c'est que mon activité est arrêtée par une résistance : elle ne produit donc pas son plein effet. Notre valeur se mesure-t-elle au degré de notre plaisir?

Distinguons deux cas : tantôt l'émotion est voulue, tantôt elle ne l'est pas. Quand il nous surprend, le plaisir nous révèle un mérite inconnu : le succès nous rend orgueilleux : même s'il est fortuit, nous nous imaginons qu'il était mérité et nous nous découvrons toutes les vertus qui imposaient au destin le devoir de nous récompenser. Nous valons mieux que nous ne le supposions puisque notre activité réussit sans effort à produire un effet imprévu. Même si nous attribuons notre bonheur à l'aveuglement de la fortune ou à la bienveillance de Dieu, nous n'en concluons pas moins que ce don gratuit rehausse notre dignité. Réciproquement, une douleur imprévue nous dégrade : nous croyons qu'elle révèle une imperfection, c'est-à-dire une impuissance. Sans doute, à la réflexion, nous nous insurgeons parfois contre la souffrance, nous prétendons qu'elle est injuste. Mais nous avons commencé par sentir, sous le coup de la douleur, une diminution de nous-mêmes. Et il arrive que cette impression demeure : nous cherchons alors si nous n'avons pas commis, par imprudence ou par maladresse, des fautes inconscientes. Depuis la mort d'Henri II, dit Monluc, « je n'ai eu que traverses, qu'il a semblé que je fusse cause d'icelle et que Dieu m'en voulust punir¹ ». « Pour des crimes commis dans cette vie ou pour les fautes d'une existence précédente, lit-on dans les Lois de Manou, quelques hommes au cœur pervers sont affligés de certaines maladies ou difformités...² ». Après l'incendie de Londres en 1666, le peuple anglais réclame des mesures contre les athées et les sacrilèges³ : la conscience collective obéit aux lois de la conscience individuelle : les peuples, comme les hommes, sont toujours disposés à considérer la douleur inattendue comme le signe d'une imperfection cachée.

Tout autre est notre jugement si l'émotion était escomptée. Puisque l'évènement s'accorde avec nos prévisions, nous n'avions pas trop présumé de nos forces : le succès vient confirmer l'estime où nous nous tenons. Quant à la douleur elle n'est plus le symptôme d'un vice ; elle n'est plus un échec puisqu'elle est voulue : vouloir ou simplement accepter la douleur, c'est montrer une singulière puissance causale, c'est égaler sa propre force à la résistance extérieure : preuve de puissance, la douleur voulue est une preuve de supériorité⁴.

En résumé, il est possible que Descartes ait eu tort d'identifier le plaisir et la douleur à des jugements de valeur⁵, mais il n'est pas douteux que ces émotions nous dictent de tels jugements ; le plaisir imprévu ou prévu, la douleur prévue nous font croire à l'efficacité de notre cause interne :

---

1. *Commentaires*, éd. de la Société de l'Histoire de France, t. II, p. 327.
2. Cf. Corre, *Ethnographie criminelle*, p. 178.
3. G. Lyon, *La philosophie de Hobbes*, p. 26 (Paris, F. Alcan).
4. On verra qu'en outre la douleur nous prouve que nous sommes cause « suffisante » de notre action (§ II).
5. *Lettres à la princesse Élisabeth*, 1ʳᵉ p., lettre 6. — V. L. Dumont, *Théorie scientifique de la sensibilité*, p. 44 (Paris, F. Alcan).

nous jugeons alors que notre valeur augmente ; la douleur
imprévue nous fait croire à notre impuissance : nous jugeons
alors que notre valeur diminue. Nous avons donc pour
nous apprécier nous-mêmes deux moyens : compter les effets
de notre activité ou mesurer son intensité à l'émotion qui
l'accompagne ; mais c'est toujours le degré d'activité qui
nous indique le degré de valeur.

*
* *

Employons-nous la même mesure pour apprécier la
valeur d'autrui ? De même qu'à tout instant nous modifions
notre jugement sur nous-mêmes, de même à tout instant
nous changeons d'avis sur le compte d'autrui : il « monte
ou baisse dans notre estime ». Pourtant nous n'avons pas
pour le juger tous les éléments qui nous servent à nous
évaluer nous-mêmes : nous ne connaissons ni les émotions
qui accompagnent ses actes ni les effets psychiques qui les
suivent ; nous devons nous contenter de leurs effets extérieurs. Mais c'est d'après le nombre et l'importance de ces
effets que nous jugeons : si les documents sont moins
nombreux, la méthode est la même : la valeur d'autrui,
comme la nôtre, est en fonction de la puissance causale.

Il n'est pas d'activité plus efficace en apparence que la
force physique : aussi la force physique confère-t-elle la
dignité. Aux yeux des vaincus eux-mêmes les vainqueurs
sont des êtres supérieurs : aussi les différences de castes
correspondent-elles souvent à des différences de force : à
Madagascar, selon Grandidier[1], la caste inférieure a été

---

1. *Revue générale des sciences*, 30 janvier 1895.

deux fois subjuguée, tandis que la caste moyenne, après avoir vaincu les autochthones, a dû s'abaisser elle-même devant de nouveaux conquérants. Si les vaincus ne reconnaissent pas toujours la supériorité de leurs vainqueurs, c'est qu'ils ont conservé l'espoir de les vaincre à leur tour[1]. Même dans les pays sans castes, la force militaire est honorée : mais c'est encore parce qu'elle est efficace. Les effets de la puissance guerrière sont plus sensibles que ceux de l'activité pacifique : la mort d'un millier d'hommes, voilà qui se voit mieux que la lente poussée d'un million d'épis. Aussi le guerrier est-il estimé même s'il est inutile, même s'il est nuisible, parce qu'il détient la force. Sa puissance demeure-t-elle virtuelle, on sait qu'elle est énorme : même en temps de paix on l'honore en proportion de son efficacité possible.

Dans la famille comme dans l'État c'est à la puissance effective que se mesure la valeur. Si l'homme se croit supérieur à la femme, c'est que sa force physique est plus grande et le rayon de son activité plus étendu. Quand la femme peut vaincre l'infériorité physiologique que lui impose son sexe ou sa fonction maternelle, quand elle sort de son foyer et qu'elle agit dans un cercle égal ou supérieur à celui de l'homme, elle est, au jugement des hommes, leur égale ou leur supérieure. — La supériorité paternelle tient aux mêmes causes, est soumise aux mêmes vicissitudes que la supériorité maritale. Si absolue que soit la *patria potestas*, le père abdique dès que son fils arrive à la maturité. Dans l'ancien droit des Hindous, dit Summer

---

1. Ou bien c'est qu'ils leur attribuent des causes morales d'infériorité dont nous parlerons plus loin.

Maine, « la *patria potestas* était fondée sur la puissance non moins que sur la paternité ; et quand la puissance fait défaut, plus d'un signe annonce que l'autorité patriarcale s'évanouit[1] ». Le droit de tous les peuples ne sanctionne pas cette déchéance sénile. Mais peu de vieillards hésiteraient à reconnaître qu'ils valent moins au déclin de la vie qu'à son apogée. Pourtant, on accorde souvent au vieillard une éminente dignité. Mais c'est qu'on fait moins attention à sa stérilité actuelle qu'à son ancienne fécondité ; ce qu'on admire en lui, ce n'est pas l'usure, c'est la vigueur d'une force qui a résisté à tant de puissances ennemies, c'est l'énergie qui, durant de longues années, a produit effets sur effets.

Quand un homme a non seulement beaucoup d'années mais beaucoup d'enfants, il est l'objet d'un respect plus grand encore. Abstraction faite de son utilité sociale, la fécondité est honorée. En fait, les malthusiens n'avouent pas aisément une stérilité dont, en principe, ils devraient se louer : ils tiennent à déclarer qu'elle est volontaire. L' « impuissance » est ridicule parce qu'elle est une déchéance. Aucune activité n'est plus efficace que la génération d'un être vivant : c'est la fécondité par excellence : or, c'est à la fécondité, sous toutes ses formes, que nous mesurons la valeur.

La force physique n'est pas seule féconde : si les créations de notre esprit nous remplissent de fierté, nous apprécions aussi la valeur d'autrui d'après les effets visibles de son intelligence. Peu nous importe, semble-t-il, la valeur

---

1. *Études sur l'ancien droit et la coutume primitive*, trad. fr., p. 35.

logique d'une production de l'esprit ; c'est pour ainsi dire à sa valeur dynamique que nous jugeons l'auteur. Si l'on honore la science, c'est surtout lorsqu'on la croit faite de recettes merveilleuses pour accomplir des actes surnaturels ou mener à bien d'énormes entreprises. Mais si le mensonge et l'erreur avaient la même fécondité, on leur accorderait le même crédit : un menteur comme Ulysse, qui réussit à prendre Troie, n'est pas un homme à mépriser, et beaucoup sans doute le placeront au-dessus de cet Archimède qui, en définitive, n'a pas sauvé Syracuse. Le mensonge n'est méprisé que lorsqu'il est stérile ou qu'il stérilise l'activité. Si par exemple le menteur est découvert, son action sociale est arrêtée, « il est frappé de nullité », il n'a plus de valeur. Ce n'est donc pas la vérité que les hommes réclament de l'intelligence ; ce n'est pas non plus l'utilité de la science qui en fait le prix à leurs yeux : utiles ou nuisibles, vraies ou fausses, les pratiques du sorcier qui paraissent miraculeuses, les hypothèses des savants qui font de l'homme le maître de la nature confèrent à leurs auteurs une incontestable supériorité : ce que les hommes admirent dans l'intelligence, c'est la fécondité des idées.

Les sentiments ont leur puissance comme les idées : la valeur morale c'est la force morale. L'oisiveté n'est respectée que lorsqu'elle est signe de richesse ou de puissance ; elle-même on la méprise : c'est qu'elle est stérile. L'homme inconséquent n'est pas plus estimé que l'oisif : c'est qu'il est stérile comme lui : il agit, mais ses actes contradictoires se neutralisent réciproquement. En revanche, c'est une vertu appréciée que la constance, irait-elle jusqu'à l'entêtement ; elle permet à l'activité d'accumuler ses effets et de produire à peu de frais d'importants résultats. Un homme persévérant est un système d'actions qui toutes sont affectées du même signe ; un homme inconséquent est un système d'actions dont la moitié est affectée d'un signe (+) et l'autre du signe contraire (—) : quoi de surprenant si le total est, dans le premier cas, plus élevé que dans le second ? Il est vrai que ce total est tantôt positif et tantôt négatif, mais les hommes ne portent pas toujours leur attention sur le signe : il suffit que des termes s'additionnent pour qu'ils croient à la valeur du total.

Pour un motif semblable, ils mettent l'altruiste au-dessus de l'égoïste : le champ d'action du premier est plus étendu que celui du second. On dira que l'égoïste comme le philanthrope agit dans le monde extérieur, et que, s'il paraît inférieur, ce n'est pas qu'il soit stérile, c'est qu'il est inutile ou nuisible. Mais être inutile, c'est assister aux efforts d'autrui sans collaborer à sa tâche ; nuire, c'est empêcher d'agir. L'égoïste, préoccupé de jouir plus que d'agir, est souvent infécond ; mais, s'il ne l'est pas, il stérilise autrui : il omet de lui donner l'assistance qui permettrait à ses virtualités de s'épanouir ; il paralyse ou détruit son activité : le criminel qui tue pour vivre, qui supprime une source d'actions pour en conserver une autre, n'est qu'un égoïste immodéré. Au contraire, le philanthrope donne aux hommes le moyen d'agir : le pain nécessaire à la vie et par suite au travail ; le métier, l'instrument indispensable du labeur ; les remèdes contre le chômage ou la maladie. Un homme bienfaisant, c'est un homme dont l'activité est doublée par celles qu'il conserve ou crée autour de lui ; un homme bienfaisant, c'est un homme qui multiplie par le nombre de ses obligés sa propre fécondité. Au début de ce chapitre, le lecteur a pu croire que la « valeur » humaine dont nous parlions n'avait aucun rapport avec la valeur morale. Mais il voit maintenant que la notion de valeur morale ne désigne qu'une espèce de la valeur humaine. Nous dirions volontiers, en empruntant aux mathématiques leur vocabulaire, que le criminel a une valeur négative : sans doute, il croit sa valeur positive, car il connaît les effets de son activité. Mais aux yeux d'un spectateur perspicace, sa valeur est négative, puisque les effets de son activité détruisent, à l'infini, des activités. « Moins » multiplié par « plus » donne « moins ». L'action du criminel est affectée du signe « moins » (—). D'où il résulte que la suppression du criminel a une valeur positive : « moins » multiplié par « moins » donne « plus ». D'après la même notation, l'agent inerte et l'agent inconséquent valent zéro. L'égoïste inoffensif qui agit sans entraver l'action d'autrui, est affecté du signe « plus » (+) mais sa valeur positive est faible : l'égoïste est un homme qui ne donne pas toute sa mesure. Enfin la valeur du philanthrope est élevée à la seconde, à la troisième, à la n^o puissance suivant le nombre des sources d'action qu'il fait couler. La valeur morale est au sommet de l'échelle des valeurs : mais elle se mesure au même étalon que toute valeur.

Passons à la limite. Supposons que des effets en nombre infini se présentent à nos yeux : nous attribuerons à leur cause une valeur infinie : telle est, par hypothèse, la valeur de Dieu. Par le mot « infini » tous les hommes ne désignent pas la même idée : pour certains sauvages, le nombre infini c'est le nombre plus grand que trois ; le monde infini ce fut longtemps pour les hommes le monde plus grand que le disque tracé par l'horizon, et une force, pour paraître infinie, n'avait qu'à surpasser celle des êtres donnés dans cette expérience restreinte. Puis, à mesure qu'ils peuvent embrasser par la pensée un plus grand nombre de causes et former de l'infini une notion plus adéquate, les hommes modifient leur idée de Dieu ; ils ne le conçoivent plus comme plus puissant, mais comme tout-puissant ; sa valeur n'est pas seulement supérieure à la leur : elle est absolue.

* * *

Sans observer directement l'activité d'un être on peut la connaître si l'on discerne, à certains signes, la source d'où elle dérive. Si, en effet, la force physique, intellectuelle ou morale appartient en propre à l'individu et fonde sa valeur personnelle, il peut emprunter sa puissance — et sa dignité — à des forces étrangères. Un noble, par exemple, c'est un homme qui emprunte à ses ancêtres leur valeur. La parenté qui unit l'ancêtre au rejeton permet de supposer dans le rejeton la force physique, intellectuelle ou morale de l'ancêtre : même s'il n'a pas révélé sa valeur réelle, on peut lui attribuer une valeur virtuelle. Pour la même raison, nous dirons que l'action d'un individu honore ou déshonore (suivant qu'elle a une valeur positive ou négative) sa famille, sa ville natale, sa corporation ou sa patrie : ses parents, ses concitoyens, ses collègues et ses compatriotes lui ressemblent assez pour que son mérite réel révèle leur mérite virtuel. Ils lui empruntent sa valeur. Réciproquement chaque individu emprunte à son milieu social une force qui accroît sa propre valeur : on suppose que chaque membre d'un groupe possède les qualités qui font la force du groupe ou peut détourner cette force à son profit : voilà pourquoi, sans avoir de mérite personnel, on peut être estimé des hommes par le seul fait d'appartenir à un corps estimé. La valeur collective rejaillit sur la valeur individuelle comme la valeur individuelle augmente la valeur collective toutes les fois qu'entre les membres de l'agrégat social existe une parenté, une ressemblance, une imitation réciproque, une solidarité telles que l'activité de l'un fasse présumer l'activité des autres ou réciproquement.

Les hommes tiennent leur puissance, c'est-à-dire leur valeur, non seulement de leurs semblables mais des choses elles-mêmes. La possession de la richesse est un puissant moyen d'action : elle donne une supériorité : les philologues ont fait remarquer la parenté du mot « richesse » et du mot « Reich » qui veut dire « empire ». Plus un homme est riche, plus s'étend le champ où son activité se déploie sans obstacle, et plus s'accroît sa dignité. Voilà pourquoi les rois sont humiliés lorsqu'ils lèguent à leurs successeurs un empire diminué. « S'agrandir, disait Louis XIV à Villars, est la plus digne et la plus agréable occupation d'un roi[1]. » Et Bismarck, pour décider son maître à conquérir le Sleswig-Holstein, lui « démontre que tous ses prédécesseurs, à l'exception de son défunt frère, ont ajouté quelque morceau de territoire à la couronne de Prusse et lui demande

[1]. V. Lemontey, *Monarchie de Louis XIV*, p. 369, note.

s'il n'y veut rien ajouter [1]. » Les républiques pensent comme les monarchies et les individus comme les États : chacun tient à honneur d'agrandir son patrimoine, croyant multiplier sa valeur en multipliant sa puissance. Pourtant, ce n'est pas pour elle-même que la richesse est estimée : l'avare, en dépit de son or, est méprisé ; ce n'est pas leur utilité sociale qui place les riches aux premiers rangs, car leurs honneurs ne sont pas proportionnés à leurs services : c'est une question de savoir s'ils rendent des services, tandis qu'on ne met pas en doute qu'ils soient honorés même des pauvres. Ce qui procure à la richesse le respect universel, c'est sa force : la richesse multiplie la puissance causale et la misère stérilise l'activité.

De même encore, c'est la puissance causale, utile ou nuisible, qui donne de la valeur aux représentants de l'État. L'investiture politique détourne au profit d'un homme une abondante source d'effets. Bien que sa puissance ne soit pas personnelle, elle n'en est pas moins efficace ; plus s'élargit sa circonscription, plus il s'élève en dignité.

La puissance divine est supérieure aux puissances terrestres : aussi les représentants de Dieu l'emportent-ils en dignité sur les représentants des hommes. Quiconque a reçu d'une Église établie une mission sacerdotale rencontre le respect. Et quiconque accomplit un prodige surnaturel est assuré de la vénération populaire. Guérir les malades d'un mot, ou d'un mot ressusciter les morts, apaiser les tempêtes, arrêter le soleil, voilà qui révèle aux foules un caractère divin. Outre ses ambassadeurs officiels, Dieu a sur la

---

1. Maurice Busch, *Mémoires de Bismarck*, trad. fr., t. II, p. 96.

terre des envoyés qui n'ont que leurs miracles pour lettres de créance. Mais si les hommes ne mettent pas en doute l'authenticité de leur mission, ils leur accordent une valeur exactement proportionnée à celle de la Toute-puissance qui les envoie. — La valeur empruntée, comme la valeur personnelle, se mesure donc à la puissance.

*
* *

Dans un même individu peuvent se combiner ou s'opposer les divers signes de la puissance et de l'impuissance : la valeur doit varier suivant qu'ils s'additionnent ou se neutralisent. Inférieure par la force, une femme peut être supérieure à son mari par la richesse : même dans les pays où l'infériorité féminine est consacrée par la loi, l'opinion publique rétablit l'égalité. Et la loi même peut s'en ressentir. Dans l'ancienne Égypte, selon Letourneau[1], la femme a des droits supérieurs à ceux de l'homme lorsqu'elle est plus riche que lui. L'âge peut, à son tour, donner ce qu'ôte le sexe : dans une peuplade de l'Afrique méridionale, la sœur du roi a les mêmes prérogatives que son frère lorsqu'elle est son aînée[2]. De même, l'opposition peut éclater entre la valeur propre à l'individu et celle qu'il emprunte à une puissance extérieure : la puissance intellectuelle et la puissance économique ne sont pas toujours en fonction l'une de l'autre ; la puissance politique n'est pas toujours aux mains des plus intelligents. Au contraire, un même individu peut réunir toutes les formes de la puissance : sa valeur est

1. *Évolution du mariage*, p. 218 et suiv.
2. Bertrand, *Au pays des Ba-rotsi*, p. 154.

alors incontestée. Les combinaisons et les oppositions des divers signes de la fécondité causale sont assez nombreuses pour que nous puissions nuancer à l'infini nos jugements sur la valeur d'autrui.

Pourtant la hiérarchie que nous établissons entre les hommes n'est pas exclusivement fondée sur le nombre de leurs œuvres : mais c'est que le nombre des effets n'est pas le seul élément d'après lequel nous apprécions l'intensité d'une cause. Néanmoins, si cet élément n'est pas le seul utilisé, il est utilisé ; s'il n'est pas suffisant, il est nécessaire, pour évaluer un agent ou une action, de dénombrer ses effets : tout jugement sur la valeur d'un homme suppose une foule d'observations ou d'expériences dans lesquelles nous avons rattaché un phénomène à l'activité de cet homme comme à sa cause, une foule d'inductions destinées à découvrir en lui les signes de la fécondité causale.

II

Toute condition n'est pas une cause : la cause, c'est la condition suffisante. Un acte suivi de conséquences nombreuses n'est pas leur cause s'il n'est pas leur unique antécédent. Quelle que soit la fécondité d'un agent, il n'a guère de valeur s'il a besoin de nombreux auxiliaires. Si la valeur d'un homme croît et décroît en raison directe du nombre de ses œuvres, elle croît et décroît en raison inverse du nombre de ses collaborateurs.

Peut-être cette assertion n'exige-t-elle pas une longue démonstration : n'est-il pas évident que nous nous contentons, pour rabaisser le mérite d'un auteur, de lui découvrir ou de lui supposer des auxiliaires? « Il n'a pas fait cela tout seul », disons-nous. Pourtant d'autres faits tendraient à contredire notre thèse. Jamais nous n'avons plus de confiance en nous-mêmes qu'au moment où nous nous sentons appuyés par une autorité extérieure; jamais nous ne sommes plus sûrs de notre valeur qu'au moment où nous croyons collaborer à une œuvre collective; des moralistes, les stoïciens par exemple, ont vanté la sérénité que procure à l'âme la conscience de jouer sa partie dans le concert universel. Pourtant, le nombre de nos auxiliaires est alors infini; l'univers entier nous dicte notre rôle, les forces extérieures agissent en nous plus que nous-mêmes : nous ne sommes pas la cause suffisante de nos actions. — Cette objection n'est pas décisive : les faits qu'elle rappelle, nous aurions pu les rappeler, nous aussi, pour démontrer que la valeur se mesure à l'efficacité causale. Si l'homme qui a conscience de collaborer avec Zeus s'enorgueillit de sa dépendance, c'est qu'il se croit le représentant de Dieu, c'est qu'il s'attribue à lui-même une part de la valeur divine; de même, nous ne sommes fiers de trouver au dehors un appui que si la force extérieure paraît multiplier notre puissance. Si favorable qu'il soit, le jugement que nous portons sur nous-mêmes serait plus favorable encore si nous n'avions besoin, pour produire l'effet, d'aucun secours étranger. Le stoïcien peut se dire le collaborateur de Dieu, mais il n'a pas la prétention d'égaler Dieu, ou, s'il soutient que le sage est supérieur à Zeus, c'est précisément que Zeus n'est pas l'auteur de sa propre vertu tandis que le sage ne l'a reçue de personne.

Ainsi le sentiment de la dépendance ne grandit un homme que si l'autorité dont il dépend lui communique sa dignité ; dans les autres cas, il est déprécié si nous découvrons ou supposons qu'il n'est pas la cause suffisante de ses actes.

Ce n'est pas à dire que notre mépris grandisse parallèlement au nombre des causes adjuvantes. Entre ces causes, nous distinguons. Une œuvre est-elle signée de deux auteurs ? il est rare que l'admiration se divise en parties égales. Elle s'adresse surtout au plus illustre : pourquoi ? c'est qu'on le suppose capable de faire seul la besogne des deux : n'a-t-il pas fait ses preuves ? Les collaborateurs de Labiche ou de Dumas père demeurent inconnus ; c'est que les meilleurs écrits de ces auteurs sont leur œuvre propre, ou c'est que la qualité n'a pas varié comme variaient les auxiliaires : une cause principale, relativement indépendante des causes secondaires, paraît donc exister : c'est à la cause principale que revient la meilleure part de l'admiration.

Parmi les causes secondaires, nous établissons des degrés. Tantôt notre collaborateur n'attend pas nos instructions pour agir : il prend des initiatives ; ses mouvements sont relativement indépendants de notre volonté. Tantôt il obéit mécaniquement à nos ordres : il n'est entre nos mains qu'un instrument passif ; il n'est cause à aucun degré : il se borne à transmettre le mouvement que nous lui avons imprimé. C'est seulement dans le premier cas que notre valeur est en raison inverse du nombre des causes adjuvantes : nous partageons avec nos collaborateurs actifs l'honneur de l'entreprise. Dans le second, au contraire, notre puissance est d'autant plus grande qu'elle a mis en jeu un plus grand nombre de subordonnés : nous revenons à l'un des faits signalés dans la première partie de ce chapitre. Nos auxiliaires actifs ne sont pas toujours des hommes : une machine, bien que son mouvement demeure soumis au contrôle de l'ouvrier, possède une activité relativement autonome ; une fois mise en train, elle fait toute seule son ouvrage : voilà pourquoi l'on a pu dire que la machine dégrade l'ouvrier. Nos collaborateurs inertes ne sont pas toujours des instruments matériels : sous un régime autoritaire, les hommes sont plus passifs que des machines. Pour apprécier le rôle d'un individu dans une œuvre collective, il ne suffit donc pas de connaître le nombre de ses collaborateurs, il faut savoir s'ils étaient égaux, c'est-à-dire également actifs, et, dans le cas contraire, quelle était sa place dans la hiérarchie.

Sans nous astreindre à ce calcul, nous pouvons mesurer à des signes intrinsèques la part d'un agent dans la production d'un effet. Le premier de ces signes, c'est l'originalité de l'effet. Si j'accomplis les mêmes actes que mes concitoyens, il y a beaucoup de chances pour que ces actes me soient dictés par eux : je n'en suis donc pas l'auteur unique. Si au contraire mes actes ne ressemblent pas à ceux d'autrui, n'est-ce pas qu'ils ont en moi-même leur cause suffisante ? De même quand une idée se répète pour la millième fois dans mon esprit, il y a beaucoup de chances pour qu'elle soit, à sa millième apparition, le simple prolongement de la première ; mais toute idée qui apparaît pour la première fois semble être le produit spécial d'un acte de ma pensée. Ainsi l'originalité d'un acte prouve l'indépendance de l'agent : elle doit donc constituer sa valeur.

En effet, si je distingue dans ma vie physique ou mentale des moments où je vaux plus et des moments où je vaux moins, ce n'est pas simplement parce que mes mouvements ou mes idées sont en plus grand nombre dans les premiers cas que dans les seconds, c'est surtout parce que les mouvements sont nouveaux et les idées nouvelles. Bien plus, quand je fais le compte de mes mouvements et de mes idées, j'oublie, soit à dessein, soit à mon insu, les répétitions, je me borne à noter les nouveautés. L'homogénéité de deux mouvements ou de deux idées m'empêche de les distinguer. Quand, engourdi par la fatigue mentale, je regrette de n'avoir pas d'idées, je veux dire que je n'ai qu'une idée sans cesse répétée, et que je n'ai pas d'idées nouvelles. Quand, dans le feu de la conception, je me félicite de voir se multiplier les pensées, ce sont les pensées neuves que je compte. Or, je juge ce second état supérieur au premier : c'est que la nouveauté, l'hétérogénéité des faits de conscience me fait supposer que leur cause est en moi et n'est qu'en moi : je suis cause suffisante ; ma valeur est donc réelle.

Dans nos jugements sur autrui, la constatation d'une originalité semble produire un résultat tout opposé : nous raillons ceux qui se distinguent, ceux qui « ne veulent pas faire comme les autres ». « Différence engendre haine » remarque Stendhal. L'opinion publique n'aime pas les novateurs, et, dans certains pays, la loi les punit[1]. Mais cette sévérité s'explique. Elle ne s'exerce qu'au détriment de l'originalité fausse ou crue telle. Nous n'aimons pas

---

1. Cf. Bagehot, *Lois scientifiques du développement des nations*, p. 179 (F Alcan).

les hommes qui, étant comme nous, tiennent à se distinguer de nous, les hommes qui, étant nos égaux, agissent comme nos supérieurs ou nos inférieurs. Un novateur, c'est un révolté : il se soustrait à la loi ou à la coutume quand, à notre avis, il devrait s'y soumettre. Au contraire si nous jugeons que son originalité n'est pas mensongère, nous déclarons qu'elle est, en autrui comme en nous, une supériorité. C'est au nombre de ses exercices originaux que nous mesurons la valeur d'un athlète ou d'un écuyer ; c'est au nombre de ses idées neuves ou de ses expressions originales — plutôt qu'au nombre de ses idées justes ou de ses raisonnements logiques — que nous apprécions un écrivain ; c'est la nouveauté de ses conceptions, de ses dessins ou de ses tons que nous admirons dans un peintre ; c'est l'invention de nouveaux programmes qui nous séduit chez un homme d'État. Et qu'y a-t-il d'étonnant à nous voir prendre l'originalité pour signe de la causalité ? Comment les savants trouvent-ils les causes mieux que par la méthode de différence ? Toutes les conditions demeurant les mêmes sauf une, tous les effets demeurent les mêmes sauf un. Or, l'apparition d'une idée nouvelle dans un esprit, c'est un cas particulier et privilégié de la méthode de différence. Toutes les conditions demeurant les mêmes sauf une — la cause interne — tous les effets demeurant les mêmes sauf un : l'apparition de l'idée. Cette idée n'a donc pas sa cause en dehors du moi : si la valeur se mesure à la cause, l'originalité d'un acte, signe de causalité, est signe de valeur.

Voilà pourquoi les hommes qui veulent accroître leur dignité cherchent à se distinguer. Voilà pourquoi des philosophes, à la suite d'Aristote, disent que le bien pour chaque être c'est l'activité qui lui est propre[1]. Voilà, pourquoi, sans réfléchir comme Aristote aux conditions de la perfection, tous les hommes se demandent quel est « l'acte propre » de l'homme : c'est la raison, disent les uns, qui distingue l'homme de l'animal : la raison fait notre dignité. La raison n'est pas notre privilège, répondent les autres : « Supposez que vous ayez assez de subtilité et de science pour tout savoir, s'écrie saint François d'Assise : qu'y a-t-il là pour vous enorgueillir? Un seul démon en sait plus là-dessus que tous les hommes réunis. Mais il y a une chose dont le démon est incapable et qui est la gloire de l'homme : être fidèle à Dieu[2]. » La conclusion de saint François n'est pas la conclusion d'Aristote, mais le raisonnement du saint est, par sa forme, identique au raisonnement du philosophe : la distinction crée la dignité. De même au sein de l'humanité, le civilisé tient à se distinguer du sauvage, le Français de l'Anglais, le Breton du Normand, l'individu de l'individu. Ce n'est pas sans raison que « distinction », comme διαφορά, signifie à la fois différence et supériorité. Croire qu'on se distingue d'autrui, c'est croire qu'on produit par soi-même, à l'exclusion des causes auxiliaires, des effets qu'autrui ne produit pas : c'est juger qu'on lui est supérieur.

1. Dans l'*Éthique à Nicomaque*, Aristote consacre un chapitre aux définitions de la valeur (ἀξία, E. 6, 1131 a 24 et sq.). Ce qui la constitue, c'est, selon des théories variées, la liberté, la richesse, la noblesse ou la vertu. Chacune de ces définitions rentre dans la nôtre : la liberté, c'est le pouvoir de faire produire à l'activité tous ses effets ; nous avons montré comment la noblesse et la richesse se réduisent au pouvoir causal ; quant à la vertu dont parle Aristote, c'est le développement de l'activité propre à l'homme, dont il est question dans le texte.
2. P. Sabatier, *Saint François d'Assise*, p. 323.

L'originalité n'est pas le seul signe auquel nous reconnaissons qu'une œuvre est *notre* œuvre : l'effort nous renseigne sur l'importance de la cause interne. Un acte paraît d'autant plus méritoire qu'il est plus difficile ou même plus douloureux. Quand la cause interne agit seule, elle peut sans doute trouver dans son propre exercice une satisfaction, mais il y a beaucoup de chances pour qu'elle rencontre des résistances et recueille de la douleur. Si je me laisse emporter par une force extérieure ou par un instinct, j'éprouve un plaisir physique, mais si j'éprouve une douleur physique n'est-ce pas que, loin d'être encouragée par les causes externes, la cause interne trouve en elles des ennemies? Plus grandit la douleur, plus il est évident que la cause interne est indépendante et plus la valeur doit grandir.

En effet, les théories ne manquent pas qui voient dans l'effort, même douloureux, le signe de la valeur. Si l'obéissance au devoir augmente notre mérite, c'est qu'elle est rarement une vertu facile: Kant ne soutient-il pas qu'une action agréable n'est jamais moralement bonne? D'autres philosophes ramènent le sentiment d'obligation à un « sentiment de résistance[1] »: l'être résiste à l'impulsion de l'instinct : dans cette lutte il prend conscience de son autonomie. Le devoir n'est le devoir que parce qu'il est difficile. Aristote disait déjà que le plus haut degré de vertu consiste dans la bienfaisance parce que la bienfaisance est difficile[2]. De même, l'effort est le signe de la valeur pour les théoriciens modernes qui voudraient établir le salaire des travailleurs

---

1. Guyau, *Esquisse d'une morale sans obligation ni sanction*, p. 57.
2. *Eth. Nic.*, E. 3. 1130 a 6 : ... ἄριστος δ'οὐχ ὁ πρὸς αὑτὸν (χρώμενος) τῇ ἀρετῇ ἀλλ' ὁ πρὸς ἕτερον· τοῦτο γὰρ ἔργον χαλεπόν.

sur la durée du labeur ou, s'ils le pouvaient, sur l'usure physiologique produite par l'effort. Et, bien qu'il ne songe guère aux socialistes, William James s'accorde avec eux lorsqu'il déclare que l'effort est la mesure de la valeur : « measure, standard of worth »[1]. L'accord de ces penseurs serait étrange si leur opinion n'était pas fondée, mais elle est conforme à l'expérience. Tous les hommes qui s'imposent à eux-mêmes des souffrances excitent l'admiration, même si leurs actes paraissent inutiles ou inexplicables. Si nous admirons l'ascète dans sa Thébaïde et le religieux dans sa cellule, ce n'est pas seulement parce qu'ils prient pour nous, c'est parce que l'austérité même de leur régime prouve qu'il est choisi par leur seule volonté. Pour leur dénier tout mérite, il faudrait déclarer qu'ils ne sont pour rien dans leurs actes, qu'ils sont fous, c'est-à-dire que leur conduite s'explique, non par un choix volontaire, mais par un dérangement de la machine cérébrale. Tout être qui, malgré la douleur, lutte contre la nature[2], prouve non seulement sa puissance mais son autonomie, c'est-à-dire sa valeur.

Réciproquement, veut-on mettre à l'épreuve la supériorité d'un individu? on lui impose des douleurs. Marche raconte[3] que, dans une peuplade africaine, le fils du roi n'hérite de la couronne que s'il boit deux coupes de poison et ne recule pas devant la troisième : voilà une valeur bien éprouvée. De même, nous n'accordons de valeur aux

---

1. *Principles of Psychology*, t. II, p. 578. W. James considère comme autres signes, moins importants, de la valeur : la force, l'intelligence, la richesse, la chance : chacun de ces facteurs a trouvé place dans notre théorie.
2. V. par ex. Byron, pied-bot, traversant à la nage le détroit d'Abydos pour « convaincre la nature d'impuissance ». — Legouvé, *Soixante ans de souvenirs*, t. I, p. 88-89. Cité par Paulhan, *Les Caractères*, p. 44.
3. *Trois voyages dans l'Afrique occidentale*, p. 72.

hommes que si nous les voyons à l'œuvre et notre jugement est d'autant plus favorable que l'œuvre est plus difficile. Souvent même il suffit qu'une œuvre soit difficile, qu'elle ait demandé un long apprentissage ou de longs efforts pour que nous découvrions du mérite à son auteur. Beaucoup de gens n'admirent à l'Opéra que les vocalises de la cantatrice et les pointes de la danseuse, parce que ce sont des tours de force. On ne juge pas l'œuvre mais l'ouvrier : on lui mesure son mérite à sa patience ou à sa peine.

Toute action douloureuse est-elle donc l'œuvre du moi ? Il faut distinguer. Une action précédée de douleur est une action dictée par le besoin, par l'instinct ou par une force étrangère. Au contraire, quand une action, entreprise avec plaisir, ne s'accomplit qu'avec douleur, elle n'est ni l'œuvre des causes externes, ni l'œuvre de l'instinct. L'impulsif qui tue sa mère a ressenti, au début de l'accès, une souffrance aussi aiguë que la faim, et son acte est suivi d'une jouissance analogue à la satisfaction de l'appétit[1]. Au contraire, le soldat qui affronte la mort n'éprouve avant l'acte aucune peine physique, mais l'effort du combat lui réserve des souffrances. De même l'enfant dont un vent violent hâte le pas n'éprouve d'autre peine que la surprise d'être emporté malgré sa volonté ; au contraire, l'enfant qui résiste à la force du vent se réjouit de la lutte, mais après la lutte sentira sa fatigue. Quand nos actes sont précédés d'une peine et suivis d'un plaisir physique, nous n'en revendiquons pas la paternité ; nous croyons les produire, en re-

---

1. Cf. Maudsley. *Pathologie de l'esprit*, tr. fr., p. 364.

vanche, quand ils sont précédés d'une joie intellectuelle et suivis d'une peine corporelle : ce n'est pas toute douleur, c'est la douleur physique postérieure à la décision qui nous révèle l'indépendance de notre pouvoir causal.

Enfin, un troisième signe d'indépendance c'est la délibération : elle a, en effet, pour résultat de distraire l'agent des causes extérieures pour fixer son attention sur les causes psychologiques : ne voyant plus les autres causes, il incline à croire qu'il est seule cause. Réciproquement nous tenons pour des êtres inférieurs non seulement ceux qui, par nature, ne peuvent pas délibérer, comme les animaux, mais ceux qui, comme certains hommes, soit entêtement, soit fermeté, refusent de discuter. « Ce n'est pas un homme, c'est une barre de fer ! » Une telle formule est à la fois un éloge et une raillerie : un éloge puisqu'on reconnaît la force d'une volonté persévérante jusqu'à l'obstination ; une raillerie puisqu'on refuse à cette volonté l'initiative de ses actions : elle est inerte comme la matière, les idées n'ont sur elle aucune prise. Il arrive pourtant que la délibération soit une preuve de faiblesse : c'est quand elle ne trouve pas de conclusion. Indécis, l'homme cherche autour de lui des conseils ou des directions ; par lui-même il ne peut rien. Il semble qu'une force extérieure lui interdise de passer à l'acte. Mais si la délibération aboutit, l'acte qu'elle détermine semble avoir plus de valeur que l'acte instinctif. En effet, l'acte délibéré paraît libre. Or, un acte libre, c'est un acte dont on croit être la condition suffisante. Un acte vraiment libre aurait une valeur absolue, il n'aurait qu'une cause, le moi : si la valeur d'un être augmente à mesure que diminue le nombre des causes adjuvantes, elle devient absolue quand ce nombre est zéro : le moi, n'ayant pas d'auxiliaire dans la production de l'acte libre, atteindrait une valeur supérieure à toute autre. Dieu lui-même ne serait pas une cause plus adéquate, car si l'efficacité de son action s'étend sur un plus grand domaine, Dieu n'est pas plus indépendant qu'un être libre vis-à-vis des causes auxiliaires. Même si la liberté n'est qu'une illusion, la délibération qui crée cette apparence relève le taux de notre dignité.

Originalité, difficulté, liberté, voilà les signes auxquels nous reconnaissons qu'un être est seul à produire ses effets. Comme les signes de la puissance, les signes de l'indépendance se combinent ou se contrarient. Si l'originalité s'acquiert parfois au prix d'efforts prémédités, elle résulte souvent d'une spontanéité instinctive. Si le « génie est une longue patience », la patience ne donne pas toujours le génie. Les combinaisons de ces divers signes de la valeur nous permettent de nuancer à l'infini nos jugements sur les hommes. Pourtant la hiérarchie des êtres n'est pas exclusivement fondée sur leur autonomie : il faut tenir compte de leur fécondité.

III

Si la valeur d'un être est en raison directe du nombre de ses œuvres, en raison inverse du nombre de ses auxiliaires, elle doit atteindre son maximum quand ces deux conditions sont réunies et descendre au minimum quand elles sont en opposition.

Nous aurions pu signaler au passage l'accord des deux conditions. L'être auquel nous attribuons la valeur suprême est à la fois cause infinie et cause absolue, c'est-à-dire que le nombre de ses effets dépasse par hypothèse toute mesure et que son indépendance est par hypothèse sans restriction. Même puissance et même autonomie, à un degré inférieur, soit chez le monarque absolu dont les décisions arbitraires mettent en mouvement des millions d'hommes, soit chez le penseur ou l'artiste original dont les œuvres agitent des milliers d'esprits. Mais, eût-on le même nombre de sujets, il est moins glorieux d'être souverain constitutionnel que d'être souverain absolu : c'est que la Charte enlève au roi l'initiative de ses décisions. Et de même, si l'on trouve dans un ouvrage la trace d'une imitation, en dépit du renom de l'auteur, on n'aura plus pour lui la même estime. Il est donc vrai que la valeur d'un être augmente à nos yeux quand nous constatons qu'il est à la fois cause féconde et cause suffisante.

C'est pour ce motif que nous attribuons beaucoup de valeur aux êtres qui paraissent agir en vue d'une fin. Que la finalité soit un signe de perfection, ce n'est pas douteux. Selon Wundt[1], les mots qui, dans diverses langues, expriment l'idée de bonté ou de vertu, signifient proprement « adaptation » : « *gut* » vient de *Gatte*, conjoint; *Tugend*, de *taugen*; ἀρετή d'ἀρετάω, être propre à ; *gerecht* veut dire : « ajusté, approprié à une fin ». Aussi croit-on souvent que la finalité est le signe unique de la valeur. On dit qu'un être est supérieur à un autre quand il sait mieux

---

1. *Ethik*, p. 18, 22, 27, 31, etc.

adapter des moyens à des fins, on dit qu'un homme est supérieur à un autre quand il sait mieux adapter des moyens à des fins humaines, c'est-à-dire quand il est plus utile à l'humanité. Pourtant, nous l'avons vu, l'admiration se dirige souvent vers des œuvres inutiles mais fortes ou vers des êtres nuisibles mais puissants. Non seulement les hommes aiment le beau, qui n'est pas toujours utile, mais ils s'extasient devant la force qui parfois est aveugle. C'est donc qu'ils ont, pour apprécier la valeur, un autre critère que la finalité. Mais il reste vrai que les deux notions sont voisines : si la finalité n'est pas le signe de toute valeur, elle est le signe d'un haut degré de valeur. En effet, un être qui agit en vue d'une fin est à la fois plus fécond et plus indépendant. Plus fécond, car l'efficacité de nos actes est multipliée quand nous coordonnons nos efforts : des actes accomplis sans dessein se neutralisent les uns les autres ; les résultats d'une activité incohérente sont vite effacés par les activités voisines, comme les gouttes d'eau lancées de droite et de gauche sur un sol brûlant ne tardent guère à s'évaporer. Une activité aveugle prend beaucoup de peine pour rien. Au contraire l'activité consciente de sa fin économise les efforts, les concentre et les accumule en un même point : à peu de frais elle obtient de grands résultats ; elle fait des miracles, si le miracle est un effet disproportionné à sa cause ; l'homme de talent semble créer son œuvre e nihilo. L'activité consciente de sa fin est aussi plus indépendante, ou du moins elle paraît l'être, car la conception de la fin est un phénomène interne qui paraît avoir le rôle prépondérant dans la production de l'effet. Et puisqu'elle réunit les deux conditions de la valeur, il n'est pas surprenant que l'action faite à dessein paraisse méritoire.

En revanche, qu'une activité indépendante soit inefficace ou qu'une activité féconde soit dépendante : la valeur diminue, les jugements que nous portons sur elle sont hésitants. Dans le premier cas, cependant, notre jugement n'est pas trop sévère : l'activité stérile mais autonome passe pour virtuellement féconde. Qu'un écrivain se borne à critiquer les œuvres d'autrui, nous croyons cependant qu'il serait capable d'en produire. Nous sommes indécis, mais nous penchons vers l'admiration.

Nous inclinons vers le mépris en présence d'êtres féconds mais dépendants. Leur puissance aura beau s'accroître à l'infini : notre jugement ne suivra pas cette progression. Et même, plus elle croîtra plus elle rendra sensible leur « insuffisance » : au mépris se joindra la gêne morale qu'on éprouve devant une injustice. C'est ainsi que l'efficacité sociale qu'un homme doit à sa richesse ou à sa situation politique, la supériorité qu'une femme doit à sa beauté, le crédit qu'on accorde aux impulsifs courageux ne nous empêchent pas de juger avec sévérité ceux qui, possédant ces qualités, n'y joignent pas celles qui viennent de la source intérieure. Si puissant que soit un homme d'État, on l'estime peu quand on sait que l'initiative de ses actes ne vient pas de lui mais de ses supérieurs ou même de ses inférieurs : et si l'on peut se prouver à soi-même qu'il n'est qu'un jouet entre leurs mains, on le trouvera d'autant plus ridicule qu'il sera plus grand. De même si la richesse donne l'honneur il faut remarquer cependant qu'on a moins d'estime pour l'héritier oisif que pour le laborieux conquérant de la fortune[1] : c'est que le premier n'est pas l'auteur véritable des actes que sa richesse lui permet d'accomplir : il n'est qu'un instrument. Pareillement encore, les hommes admirent la beauté féminine : source d'émotions esthétiques, source virtuelle d'émotions sexuelles, elle est cause, elle a de la valeur. Mais la femme n'est pas cause de sa propre beauté ; elle n'a pas l'initiative des effets qu'elle produit : si donc elle n'agrémente pas sa beauté naturelle par sa coquetterie, son enjouement, son affabilité ou son esprit, le jugement qu'on portera sur sa valeur esthétique ne balancera pas celui qu'on portera sur sa non-valeur intellectuelle. — Enfin, si merveilleux que soient les effets du courage, on sera tenté d'en diminuer le mérite si le héros est inconscient, s'il est poussé par un instinct comme par un ressort extérieur. Toutes les fois donc que les deux conditions de la causalité se font mutuellement obstacle, notre jugement de valeur est indécis : n'est-ce pas une nouvelle preuve qu'il dépend de nos jugements de causalité ?

En résumé, rien n'étant changé à la dépendance ou à l'indépendance d'un être, nous jugeons que sa valeur augmente ou diminue quand augmente ou diminue le nombre ou l'importance de ses œuvres ; rien n'étant changé à son efficacité causale, nous jugeons que sa valeur augmente ou diminue selon qu'augmente ou diminue son autonomie ; réunissez l'efficacité et l'indépendance : la valeur est doublée ; joignez au contraire l'efficacité et la dépendance, ou

---

[1]. Noter l'opinion contraire d'Aristote et le préjugé défavorable aux « parvenus ». Leur fortune, dit Aristote, n'est pas « naturelle ». Ce jugement s'explique par des raisonnements complexes : on suspecte, par exemple, l'origine d'une fortune rapidement acquise.

l'inefficacité et l'indépendance : la valeur est mutilée. Toutes ces propositions reviennent à dire que la valeur se mesure à la causalité.

On voit maintenant ce que signifient ces expressions : « tel homme est supérieur, égal, inférieur à tel autre, — les hommes sont égaux, — les hommes sont inégaux. » Les hommes sont égaux si, livrée à elle-même ou appuyée sur un nombre égal d'auxiliaires, leur activité produit le même nombre d'effets identiques ou équivalents. L'égalité serait absolue si, pour toute œuvre, tous les hommes pouvaient se substituer l'un à l'autre. L'égalité n'est que partielle si la substitution n'est possible que dans des cas déterminés : Socrate peut remplacer sur le champ de bataille n'importe lequel des Athéniens : il est à ce point de vue l'égal de ses concitoyens; aucun Athénien ne peut remplacer Socrate dans les entretiens philosophiques : il est, à cet égard, leur supérieur. Il peut se faire qu'un homme soit, dans sa spécialité, supérieur à ses semblables tandis qu'il leur est inférieur dans les autres domaines de l'activité : supérieur d'une part, inférieur d'une autre, il est, au total, leur égal. Les hommes sont égaux si les supériorités partielles compensent les infériorités partielles ; ils sont inégaux dans le cas contraire. Mais toute égalité est une équivalence d'action ; valoir autant, plus ou moins, c'est pouvoir autant, plus ou moins. Entre les jugements ordinaires et les jugements de valeur, la différence est la même qu'entre la perception (ou constatation d'un fait) et l'induction (ou découverte d'une cause). Dire : « Bonaparte est petit... » c'est constater un fait. Mais dire : « Bonaparte est un homme supérieur » c'est découvrir une cause. Une simple perception, tout au plus la comparaison de plusieurs perceptions, voilà l'opération mentale qui suffit pour affirmer la présence d'un attribut dans un sujet. Il est nécessaire, par contre, de multiplier les inductions, d'expliquer telle, telle et telle victoire par le génie de Napoléon pour conclure qu'il est un homme supérieur. Ces inductions qui nous servent à juger la valeur d'autrui ou la nôtre nous les recommençons à tout instant ; tout acte aperçu dans une vie humaine est un fait nouveau qui nous oblige à reviser un procès. Même si nous croyons que les inégalités se compensent et que les hommes sont égaux, nous établissons entre eux une hiérarchie que nous détruisons à tout instant pour la reconstruire l'instant d'après suivant le résultat de nos nouvelles expériences et de nos nouvelles inductions. Précisément parce qu'ils sont des jugements de causalité, les jugements de valeur varient comme varie la causalité.

IV

Si les jugements de valeur sont des jugements de causalité, nous sommes exposés, en les formulant, à tous les dangers de l'induction. Quels sont ces dangers ? Quels sophismes risquons-nous de commettre dans l'évaluation des actions et des agents ?

En premier lieu, nous sommes presque fatalement condamnés à nous tromper sur le nombre des effets produits par une cause humaine. Ce nombre, pour chaque cause, est infini : tout être agit *in aeternum*. Mais tantôt les forces produisent un mouvement ; tantôt, arrêtées par des forces égales ou supérieures, elles ne continuent d'agir qu'en opposant à leurs rivales une résistance : faisons abstraction de ces forces inertes, limitons notre enquête aux effets visibles des activités humaines : leur nombre ainsi réduit est encore trop grand pour être facilement connu. Si les astronomes anciens avaient pu prévoir l'effet de leurs spéculations sur la marche de milliers de navires, s'ils avaient vu les millions d'hommes sauvés du naufrage par leurs calculs, quelle n'eût pas été l'immensité de leur orgueil ? Supposez qu'Aristote ait prévu ses générations de disciples, les bibliothèques formées par les commentaires de ses livres, les luttes suscitées par son nom, toutes les lèvres remuées par les mots qu'il a créés : comment ne se serait-il pas cru plus divin qu'Alexandre? — Mais si nous ne savons pas rattacher à notre activité tous ses effets, réciproquement nous lui attribuons des effets qu'elle ne produit pas. C'est une question de savoir si la prospérité d'un pays dépend de son gouvernement, mais le gouvernement n'en doute pas. Le général qui commande dans la bataille s'imagine que les destinées de la patrie dépendent de l'ordre qu'il va donner, mais n'est-ce pas une illusion? et le Koutouzof de Tolstoï qui laisse au hasard le soin de commander à sa place ne se fait-il pas une plus juste idée de son importance ? De même, tout écrivain qui voit dans les mœurs ou dans les lois se produire un changement qu'il a souhaité, croira volontiers, même si ses livres ne sont pas lus, que la lecture de ses livres est la cause de ce changement. Tout professeur contemple son œuvre dans les succès de ses élèves même les plus indociles. La liste des effets médiats de notre activité est donc souvent trop courte ou trop longue : premier groupe de sophismes, première manière de fausser les « tables de présence » et les « tables d'absence » à l'aide desquelles nous construisons notre induction.

La liste des effets immédiats de notre activité est-elle plus souvent exacte? Voici des cas où elle est trop courte : certains mélancoliques, qui se jugent « indignes de vivre », croient avoir perdu une partie de leur corps : ils disent, par exemple, que leur pharynx, que leurs intestins sont fermés[1]. C'est, expliquent les médecins, que le pharynx ou les intestins sont anesthésiés. Mais, quelle que soit la cause de l'illusion, notons son effet : l'impuissance apparente de leur organisme leur suggère l'idée de leur « indignité ». L'apparente impuissance de l'esprit produit le même résultat. « Où suis-je? je ne comprends pas... je ne sais plus... ma tête est vide... je suis morte![2] » s'écrie une malade de M. Pierre Janet. Et, à ce moment, au lieu de résister à la volonté du médecin, elle lui obéit : elle n'a plus confiance en elle-même. Pareillement n'arrive-t-il pas aux hommes les plus normaux de manifester une modestie excessive parce qu'ils n'ont pas noté l'importance de leurs efforts physiques ou moraux? Ce sont les plus forts qui font sans y penser les travaux les plus rudes; c'est aux plus intelligents qu'il appartient de découvrir naturellement les idées les plus ingénieuses : mais par cela même qu'elle est spontanée, leur activité n'attire pas leur attention : en additionnant ses effets, ils sautent des chiffres.

D'autres comptent deux fois le même chiffre. Maudsley

1. Maudsley, *Pathologie de l'esprit*, trad. fr., p. 402.
2. P. Janet, *Névroses et idées fixes*, t. I, p. 182 (Paris, F. Alcan).

signale comme deux symptômes ordinaires de la manie d'une part une « confiance sans bornes en soi-même » et d'autre part la « succession rapide d'idées imparfaitement associées ou complètement incohérentes »[1]. Le maniaque, dit-il encore, « se sent une puissance mentale illimitée, il manifeste une exaltation et une suprême confiance en lui-même[2] ». L'un de ces symptômes n'est-il pas la cause de l'autre? Si le malade porte sur son propre compte un jugement trop flatteur, n'est-ce pas qu'il exagère sa « puissance mentale » ? En tout cas il a l'illusion de se donner à lui-même le spectacle d'une incessante fulguration d'idées : « ma mémoire était facile, et rien n'entravait mon esprit »[3], dit un malade guéri par Maudsley. La manie paraît donc produite par un sophisme inverse de celui qui produit la mélancolie. Mais ce sophisme n'est pas le monopole des fous : aux esprits les plus sensés il arrive d'exagérer leur force physique ou leur puissance intellectuelle : le néophyte de la science ou de la foi se grise d'une ivresse orgueilleuse : c'est qu'il s'imagine opérer dans sa pensée ou dans sa vie une révolution. Il s'exagère le nombre des idées provoquées par sa conversion ou par sa découverte ; il s'exagère l'importance des effets qu'il en attend. Son exaltation, comme celle du maniaque, vient de ce qu'il augmente, par un artifice inconscient, le nombre de ses œuvres.

Mêmes erreurs si nous joignons à l'observation de l'activité présente le souvenir de nos actes passés. L'oubli nous inspire une modestie exagérée, tandis que la vanité naît dans

---

[1]. *Pathologie de l'Esprit*, trad. fr., p. 419.
[2]. *Id.*, trad. fr., p. 421.
[3]. *Id.*, ibid. — Cf. p. 465.

LAPIE.

tout esprit qui joint sans le savoir à ses souvenirs réels des fictions imaginaires : le fou qui croit s'appeler Napoléon mêle à ses propres actions celles dont le récit l'a jadis enivré. Pour apprécier ma valeur actuelle je la compare à ma valeur ancienne. Le fossé qu'aujourd'hui je puis franchir est-il plus large ou plus étroit que le fossé franchi l'an passé ? Ma mémoire retient-elle un nombre de vers plus ou moins grand ? les leçons que je professe sont-elles plus ou moins claires, plus ou moins vraies ? Mais comment cette comparaison serait-elle exacte puisqu'un seul terme en est perçu[1] ? Je puis bien mesurer le fossé que je viens de franchir, compter les vers que je viens de réciter, apprécier la clarté ou la justesse de ma dernière leçon. Mais quant aux événements de l'an dernier, la mémoire les mutile ou les surcharge ; elle pèche par défaut ou par excès et m'expose à deux erreurs de sens contraire dans l'évaluation de mes progrès.

Si le compte de mes œuvres est difficile à établir, à plus forte raison est-il difficile de recenser les effets d'une activité étrangère. Le dénombrement est nécessairement incomplet : jamais les échos éloignés des paroles d'autrui ne sont tous perçus par notre oreille. Or, il serait indispensable, pour savoir si la valeur est positive ou négative, de connaître les effets les plus éloignés de son activité. L'effet immédiat d'une action militaire, c'est le massacre et la dévastation ; l'effet médiat, c'est peut-être la création d'un État populeux et prospère ; jugez l'action d'après ses premiers

1. Encore n'est-il pas toujours perçu : nous ne sautons pas le fossé ; nous supposons que nous pourrions le franchir ; nous ne jugeons pas d'après l'expérience immédiate, mais d'après la moyenne des expériences passées. Or, notre force a pu croître ou décroître à notre insu.

effets et vous lui attribuerez une valeur négative tandis que, d'après les effets ultérieurs, sa valeur serait positive. Qui peut se flatter d'établir exactement, par doit et avoir, le bilan d'une vie humaine? Réduits à l'hypothèse pour prévoir l'avenir le plus proche, nous devons nous contenter de présomptions fragiles pour affecter du signe « plus » ou du signe « moins » la valeur de nos semblables.

Connaissons-nous, du moins, les effets immédiats de leur activité? Non, car nous n'assistons pas à leur vie tout entière, nous n'en connaissons que des fragments. Admettons que, durant les moments où nous les voyons vivre, nous ne soyons victimes d'aucune illusion. Il n'en est pas moins vrai que nous ne possédons de leurs actions qu'une liste incomplète. Comment en combler les lacunes? Ou bien nous faisons appel au témoignage d'un tiers, mais il serait nécessaire d'appliquer à ce témoignage les règles de la critique, et nous ne les connaissons pas toujours. Ou bien nous généralisons notre observation : et nous péchons contre les lois de l'induction. Que dans une inspection isolée, un chef trouve tous ses subordonnés à leur poste : il croira à leur ponctualité habituelle même si elle n'est qu'exceptionnelle. Qu'un seul manque à l'appel : il le taxe de négligence, même si son absence est accidentelle. Faute de répéter l'expérience, il se trompera sur la valeur de son personnel. Or, quand il s'agit de juger notre prochain, nous ne prenons pas toujours la peine de répéter l'expérience : un acte nous paraît révéler une habitude. Pourtant l'habitude, loi générale d'une série d'actions, n'est pas plus facile à connaître que les autres lois générales de la nature : il est rare qu'on puisse logiquement passer d'un seul fait à une loi. En particulier, il est dangereux de fonder une négation sur une expérience unique. Toute négation est une proposition générale : s'il suffit de voir un homme boire pour dire : il boit, il ne suffit pas de l'avoir vu s'abstenir pour dire : il ne boit pas. Une observation suffit pour reconnaître une qualité à un sujet, mais il faut multiplier les observations pour avoir le droit de la lui refuser. Nos observations sur la vie d'autrui sont donc trop fragmentaires pour que nous puissions dresser le répertoire complet de ses actions.

Encore si ce répertoire incomplet ne contenait que des articles exacts. Mais, de même que nous ornons notre biographie de détails imaginaires, de même nous attribuons à nos semblables des actions imaginaires. Nous sommes tous victimes de véritables hallucinations : nous croyons qu'un passant nous regarde alors qu'il est plongé dans sa rêverie. Saint Augustin raconte dans ses Confessions l'amusante aventure d'Alype, son ami, pris par la foule en flagrant délit de vol bien qu'il n'eût pas volé[1]. Il est vrai que les apparences lui étaient contraires : n'était-il pas sur le lieu du vol ? et ne tenait-il pas à la main l'outil du voleur ? Or, nous jugeons sur les apparences ; nous ne prenons pas le loisir d'éliminer les coïncidences : toute coïncidence est érigée en cause nécessaire. Avec une telle méthode, on peut aboutir à l'apologie du criminel comme au martyre de l'innocent : c'est sans surprise qu'il faut apprendre que le héros de la charité, saint Vincent de Paul, fut un jour traité de voleur[2].

Omission d'actes réels, fiction d'actes imaginaires, telles

1. Livre VI, chap. IX.
2. *Saint Vincent de Paul*, par Emm. de Broglie, p. 23.

sont, en résumé, les deux sources d'erreurs dans l'observation directe de l'activité humaine. Si nous oublions des actes positifs ou imaginons des actes négatifs, nous estimerons trop bas la valeur de l'agent. Nous l'estimerons trop haut si nous oublions des actes négatifs ou si nous imaginons des actes positifs.

Mais l'observation directe de la puissance causale n'est pas la plus mauvaise méthode pour déterminer la valeur : si nous la calculons d'après des témoignages indirects les chances d'erreur vont se multiplier. Le bonheur nous fait croire à notre puissance et la douleur imprévue nous déprime. Pourtant ces signes ne sont pas infaillibles. Si le succès est l'effet ordinaire de la valeur, il peut arriver que le hasard ou l'artifice décerne le bonheur à l'incapable et fasse échouer l'homme de valeur[1]. Maudsley cite des mélancoliques devenant maniaques, des humbles devenant vaniteux sous l'influence des soins qu'on leur prodigue : « le malade qui commence par avoir un délire triste et se croit la victime d'une persécution persistante et mystérieuse finira par s'imaginer qu'il est un grand personnage. Il ne peut comprendre que l'on fasse tant de signes mystérieux partout où il va ou qu'on prenne tant de peine pour éviter de le blesser ou de lui nuire s'il n'est pas un individu d'une plus grande importance qu'on ne le prétend; et il arrive peut-être à se croire d'origine royale et privé de ses droits de naissance par une conspiration extraordinaire[2] ». N'est-ce pas à un degré supérieur le sophisme

---

1. Cf. *Logique de Port-Royal*, IIIe p., ch. 20. Des faux raisonnements qui viennent des objets mêmes, v-vii.
2. *Pathologie de l'Esprit*, p. 444.

commis par tous les favoris de la fortune qui ne manquent pas d'attribuer à leur mérite personnel le bonheur que leur vaut leur richesse ou leur naissance, leur situation, leur beauté, en un mot leur succès? Ils confondent le signe et la chose signifiée et croient, possédant l'un, tenir l'autre. Mais, d'autre part, le malheur inspire l'humilité. Tout en sachant bien qu'on n'en est pas la cause directe, on s'imagine avoir commis, parfois sans le vouloir, des actes qui l'attirent. Une mère, qui voit mourir son enfant après avoir tout fait pour le sauver, s'imagine qu'elle est responsable de son malheur[1]. Une névrosée est obsédée de remords parce qu'elle a perdu son chat : ne l'aurait-elle pas tué par mégarde[2]? Saint Bernard, après l'échec de la deuxième croisade, en recherche les causes : « Avons-nous fait preuve de témérité ou de légèreté? non. Nous avons marché en suivant les ordres de Dieu ». Mais l'échec de la croisade est le châtiment des croisés : « Qu'étaient les croisés? interrogez-les. A quoi bon répéter ce qu'ils avouent eux-mêmes? Si les Hébreux ont péri en punition de leurs iniquités, quoi d'étonnant que ceux-ci, après avoir commis les mêmes fautes, aient reçu le même châtiment[3]? ». Depuis saint Bernard, on nous a répété ce raisonnement[4] : il est familier aux gens d'église. Mais il ne leur est pas particulier : il nous suffit de percevoir en nous-mêmes ou de supposer en autrui une émotion, effet ordi-

---

1. Léon Dumont, *Théorie scientifique de la sensibilité*, p. 149 (Paris, F. Alcan).
2. P. Janet, *Névroses et idées fixes*, t. II, p. 145, 146.
3. *Vie de saint Bernard*, par Vacandard, t. II, p. 419-421.
4. V. par ex. Joseph de Maistre qui explique les malheurs des émigrés par la part que les nobles ont prise à la préparation de la Révolution. — Cf. encore le sermon du P. Olivier, au lendemain de l'incendie du Bazar de la Charité.

naire d'une action, pour que, derrière l'effet, nous découvrions la cause, l'action derrière l'émotion. Double sophisme quand nous nous trompons sur l'émotion hypothétique[1]. Simple sophisme si le succès et l'échec, effets ordinaires, ne sont pas les effets nécessaires de la capacité et de l'incapacité.

Nous pouvons répéter, à propos de tous les signes de la puissance, les remarques relatives au plaisir. Deux sortes d'erreurs sont possibles : ou bien nous attribuons une valeur véritable à qui ne possède qu'un signe de la valeur; ou bien nous attribuons la possession du signe à qui ne détient que l'apparence d'un signe. La force physique est un élément de la valeur; le volume des muscles est un signe de la force physique : on se trompera cependant si l'on évalue la force uniquement d'après le volume des muscles. Mais on se trompera doublement si les muscles sont postiches. La force physique est plus grande en général chez l'adulte que chez l'enfant, plus grande chez l'homme que chez la femme : ce serait pourtant une erreur de croire que toute femme est moins robuste que tout homme et tout enfant que tout adulte; ce serait une autre erreur de conclure de l'absence du signe à l'absence de la chose signifiée : tel est robuste qui conserve dans l'âge mûr un visage de femme et une voix d'enfant. Et une troisième erreur consisterait à refuser toute valeur à qui serait privé de toute force physique. — De même, la puissance intellectuelle est un élément de la valeur. Et les diplômes sont faits pour témoigner de l'intelligence des diplômés. Mais il n'en est pas

1. V. chapitre suivant.

moins sophistique de croire à la valeur de tout diplômé, à la non-valeur de tout non-diplômé. Autant vaudrait juger l'intelligence des hommes à la facilité de leur élocution, c'est-à-dire à l'intensité de leur bavardage : il est vrai que ce sophisme n'est pas rare.

L'erreur est plus fréquente quand le signe de la puissance peut être détaché du sujet : tel est le cas pour les insignes du pouvoir social. Rien de plus facile que de croire ou de faire croire qu'on possède la réalité de ce pouvoir quand on n'en détient que l'apparence. Tirer vanité non de la richesse mais des efforts qu'on fait pour paraître riche, c'est commettre un double sophisme. L'argent n'étant qu'un signe médiocre de la valeur, il est déjà sophistique de mesurer la valeur d'un homme à son argent. Mais l'élégance du costume n'étant qu'un signe médiocre de la richesse, il est doublement sophistique de mesurer la valeur d'un homme à la coupe de son habit.

Mêmes sophismes quand on se décore soi-même du mérite d'autrui. L'un s'enorgueillit de ses ancêtres et l'autre de ses compatriotes ; un législateur condamne toute une famille, toute une race pour le crime d'un de ses membres ; le conquérant brûle tout un village pour un coup de feu tiré sur ses troupes. Sans doute, en vertu des lois de l'hérédité et de la solidarité, il est possible qu'un descendant des croisés soit valeureux, qu'un Parisien ait l'esprit de Voltaire, que le fils d'un criminel soit criminel et que tous les habitants du village aient toléré, voire approuvé le coup de feu tiré sur l'ennemi. Possible, mais non nécessaire. Les « lois » de l'hérédité et de la solidarité ne sont pas des lois : elles connaissent trop d'exceptions. Fondée sur une apparence de vérité, la théorie de la valeur et de la responsabilité collectives n'en est pas moins une généralisation téméraire, c'est-à-dire un sophisme. Et le sophisme est double quand on prend pour signe de la valeur une qualité qui n'est que le signe d'un signe : il n'est pas sûr que le mérite soit héréditaire ; il n'est pas sûr que le nom d'un homme soit celui de ses ancêtres réels : se glorifier de son nom, c'est donc se tromper deux fois : on peut porter le nom d'un héros sans être son descendant, de même qu'on peut l'avoir pour ancêtre sans être soi-même un héros.

Mêmes sophismes à craindre quand on attribue à des humains une délégation de la puissance divine. Les puissances terrestres donnent à leurs représentants des mandats dont il est facile de vérifier l'authenticité : encore arrive-t-il à des fraudeurs d'usurper une fonction publique. Mais Dieu ne revêt pas ses délégués d'insignes matériels : aussi n'est-ce pas une opération des plus simples que la vérification d'un mandat divin. Pour savoir si le prêtre d'une Église établie est véritablement l'homme de Dieu, il ne suffit pas de rechercher s'il a été consacré selon les rites, il faut voir si ces rites sont d'institution divine : le livre où ils sont prescrits a-t-il été dicté par Dieu ? l'Église est-elle demeurée fidèle à ses prescriptions ? Appliquer les règles de la critique à un événement récent, la consécration du prêtre, à tous les événements qui constituent la tradition ecclésiastique, à l'événement lointain et merveilleux qui a donné naissance à l'Église, voilà ce qui serait nécessaire pour vérifier le mandat du prêtre. Quant à ceux qui, revêtus ou non d'une dignité sacerdotale, croient recevoir directement l'inspiration céleste, ils ne peuvent prouver leur prétention que par un miracle : pour vérifier leurs titres, il est donc nécessaire de savoir s'ils ont fait un miracle ou s'ils ont bénéficié d'un miracle. Le phénomène qu'ils appellent de ce nom est-il réel? Saint François d'Assise voit la statue du Christ s'animer : est-il ou n'est-il pas victime d'une hallucination? Si le phénomène est réel, est-il extraordinaire? Longtemps les hommes ont lu dans leurs rêves des avis surnaturels : mais le songe s'explique aujourd'hui sans l'intervention des dieux ou des esprits. Rancé, constatant que la nature humaine est égoïste, attribue une origine surnaturelle à ses pensées désintéressées[1] : ne commet-il pas un cercle vicieux? Deux fois victime dans le même mois des voleurs parisiens, Rancé voit dans cette malchance une intention providentielle[2] : le calcul des probabilités paraît en défaut : une volonté supérieure a dérangé le cours des choses. Mais cette hypothèse est-elle nécessaire? Saint Bernard, invité par les Milanais à s'asseoir sur le siège épiscopal, laisse à Dieu le soin de dicter sa réponse : selon que son cheval se dirigera vers le centre ou vers l'extérieur de la ville, il doit accepter ou refuser[3]. Mais est-il sûr que la volonté de Dieu prenne pour s'exprimer ce langage étrange? De même, c'est par un sophisme qu'on attribue à Dieu toutes les idées qui suivent dans l'esprit la récitation d'une prière : on prend une simple séquence pour une relation nécessaire. On fait passer pour merveilleux un phénomène soumis aux lois de la nature. Ce n'est jamais sans les précautions les plus minu-

---

1. *Histoire de l'abbé de Rancé et de la Réforme*, par l'abbé Dubois, t. I, p. 193.
2. *Id.*, t. I, p. 138.
3. *Op. cit.*, t. I, p. 381.

tieuses — même si l'on croit à la possibilité de la révélation — que l'on doit reconnaître une valeur divine à une action ou à un agent : mais ces précautions sont gênantes : on s'en passe et l'on se trompe.

A ce catalogue d'erreurs il faudrait joindre toutes celles que nous commettons en comparant entre eux les signes de la valeur. Nous établissons des équivalences entre une infériorité physique et une supériorité morale, ou réciproquement. Mais où prenons-nous l'unité de mesure? Combien la femme doit-elle posséder d'argent, combien d'années ou combien de talent pour compenser la supériorité que le mari tient de son sexe? Quelle dose de mérite personnel le pauvre doit-il apporter pour balancer la supériorité que le riche tient de sa fortune? Entre ces divers aspects de la puissance existe-t-il une commune mesure? Entre ces divers signes de la valeur, existe-t-il une hiérarchie? En tout cas, nous ne le cherchons guère : nous nous contentons d'approximations : autant vaut dire que nous nous résignons à l'erreur.

Voilà donc trois séries de sophismes dans l'évaluation de l'efficacité causale : sophismes dans l'observation des actions et des agents ; sophismes dans l'interprétation des signes de la puissance ; sophismes dans la comparaison de ces signes. Or, nous n'avons encore examiné qu'un des éléments du calcul de la valeur.

V

La valeur d'un agent est en raison inverse du nombre de ses collaborateurs comme elle est en raison directe du nombre de ses effets. Après avoir compté les effets, il faut compter les auxiliaires : ce second calcul est-il plus facile que le premier ?

Trois sortes d'erreurs, dans le second comme dans le premier, sont à craindre : erreurs dans l'observation directe des agents, erreurs dans l'interprétation des signes de l'autonomie, erreurs dans la comparaison de ces signes.

Nous nous trompons dans l'observation de nos propres actes : volontiers nous faisons abstraction de certains auxiliaires. Il est douteux que nous allions jusqu'à nous imaginer que nous créons *e nihilo* de la force. L'acte libre, tel qu'il se présente à la conscience, n'est pas une absurdité : nous savons bien qu'un être fini ne peut rien tirer du néant : c'est seulement lorsqu'il est multiplié par l'infini que zéro peut donner une quantité positive. Aucun de nos actes n'est fait sans collaboration. Mais nous ne voyons pas le rôle de nos collaborateurs passifs : nous omettons, dans la liste de nos auxiliaires, les éléments matériels dont nous avons éprouvé la résistance plus que l'assistance : ils ont pourtant dans notre œuvre leur part de responsabilité. De même, nous ne rangeons pas parmi nos auxiliaires ceux de nos collaborateurs dont nous accusons la maladresse d'avoir contrecarré nos projets : mais notre accusation est-elle toujours justifiée ? Ainsi, bien qu'il paraisse simple de dénombrer nos coadjuteurs, l'erreur se glisse dans ce calcul. A plus forte raison se glisse-t-elle dans le recensement des collaborateurs d'autrui.

En second lieu, nous pouvons nous tromper en appréciant le rôle de chacun dans l'œuvre collective. Ce n'est pas sans raison que Maquet et Dumas père, Erckmann et

Chatrian n'étaient pas d'accord sur la valeur comparée de leurs apports. Toute association peut amener de tels malentendus. N'est-ce pas ce malentendu qui est au fond de la question sociale? Quelle est la valeur comparée du capital, du travail, de la direction technique dans la vie d'une usine? A quel étalon mesurer ces grandeurs qui peut-être n'ont pas d'unité commune : l'argent, l'effort musculaire, l'intelligence? Dès lors l'un estimera trop haut, l'autre trop bas la valeur de sa collaboration. Le librettiste touche autant de droits d'auteur que le musicien et croit sans doute mériter sa part. Jusqu'à présent l'impossibilité de trouver l'unité de travail autorise toutes les fantaisies dans le raisonnement par lequel nous apprécions le rôle de chacun dans la vie sociale.

Pourtant on établit parfois une hiérarchie parmi les causes d'un fait social : on distingue un auteur principal, des collaborateurs actifs et des auxiliaires passifs. Mais l'erreur possible consiste alors soit à prendre l'agent principal pour un de ses collaborateurs ou l'un de ses collaborateurs pour l'agent principal, soit à prendre le collaborateur actif pour un auxiliaire inerte ou l'auxiliaire inerte pour un collaborateur actif. S'il est difficile de mesurer la valeur il est possible de la qualifier : mais cette opération demeure téméraire : si nous ne confondons pas les degrés nous confondons les espèces et nous risquons encore de nous tromper sur la valeur respective des divers collaborateurs.

Sans compter les causes qui produisent un effet, on peut apprécier, d'après des signes intrinsèques, l'originalité d'une œuvre humaine. Mais ces signes ne sont pas très sûrs. Nous croyons être l'auteur unique des actions distinguées.

Mais il nous arrive de croire banale une action distinguée et distinguée une action banale. Nos mouvements et nos idées ont toujours avec les mouvements et les idées d'autrui certain air de famille ; si nombreuses qu'elles puissent être, les combinaisons de nos attitudes physiques ou mentales sont soumises à des lois régulières et, vues d'un certain biais, présentent de l'uniformité. Aussi pouvons-nous être frappés des ressemblances qui nous rapprochent d'autrui plus que des différences qui nous en séparent : nous sommes alors invités à la modestie ; pendant l'exécution d'une œuvre intellectuelle, l'auteur est souvent découragé par la banalité de son travail : c'est qu'il saisit le lien qui le rattache à la tradition, à une école, à l'humanité. Mais réciproquement, aux moments d'enthousiasme, il ne voit de son idée que l'aspect individuel : il oublie ses études, ses lectures, ses modèles, et, tout entier à son travail, sent si vivement son propre effort qu'il s'imagine créer même lorsqu'il imite. C'est qu'en effet jusque dans l'imitation, pourvu qu'elle ne soit pas une copie volontairement fidèle, se manifeste une originalité. Mais le sophisme consiste à exagérer soit la ressemblance, soit la différence de la copie et du modèle, à croire qu'un écho est une source sonore ou qu'une source sonore n'est qu'un écho.

En outre, l'originalité n'est que l'un des signes de la personnalité. Un acte peut être « mien » sans être distinct des actes d'autrui. Et réciproquement un de mes actes peut se distinguer de ceux d'autrui sans être mon œuvre propre. C'est donc un sophisme de confondre le signe et la chose signifiée. Ce sophisme, le criminel le commet quand, enivré de son crime, il se croit « affranchi » de toutes les servitudes, supérieur au reste du monde dont il vient de se séparer par un abîme. En tant que son orgueil, selon l'hypothèse de M. Tarde, s'explique par son isolement[1], il s'explique par cette confusion de la distinction et de la valeur, du signe et de la chose signifiée. Même confusion dans l'esprit du mondain qui tire vanité de la couleur spéciale de ses cravates ou de la grâce particulière de ses gestes. Même sophisme chez les hommes qui, remarquant que l'homme cherche le plaisir tandis que l'animal le trouve sans le chercher[2], s'imaginent que l'humanité, pour se distinguer du règne animal, doit poursuivre volontairement le plaisir. Même sophisme chez ceux qui se croient déshonorés si, par un seul trait, ils ressemblent aux animaux : tels ces sauvages qui arrachent leurs incisives centrales « parce qu'elles ressemblent à celles du zèbre[3] » ou « parce que c'est bon pour les chevaux de manger avec toutes les dents[4] ». Même sophisme chez cette névrosée qui voudrait s'épiler pour détruire ce qu'elle considère comme des « ornements de sauvage[5] ». Sophiste enfin le pharisien qui remercie Dieu « de ne l'avoir pas fait comme les autres hommes ». La distinction n'est signe de la valeur que lorsqu'elle est l'effet spontané de l'activité : en la recherchant pour elle-même, nous ne pouvons nous donner que l'apparence de la supériorité : il est vrai que nous nous laissons prendre à cette apparence.

Par suite, il n'est pas surprenant que cette apparence

---

1. *Philosophie pénale*, p. 257.
2. Mantegazza, *Physiologie du plaisir*, p. 377.
3. Bertrand, *Au pays des Ba-rotsi*, p. 95.
4. Westermarck, *Origine du mariage dans l'espèce humaine*, p. 161.
5. P. Janet, *Névroses et idées fixes*, t. II, p. 435.

égare nos jugements sur autrui : l'étrangeté nous paraît être une supériorité. La première fois que certains sauvages virent un bouledogue ils en firent un Dieu[1]. Nous n'allons pas toujours jusqu'à l'apothéose, mais nous accordons l'auréole du talent au publiciste qui nous scandalise par ses paradoxes, à l'artiste qui violente nos goûts. On n'échoue, dans de telles tentatives, que si le public découvre, sous l'apparente bizarrerie, la pure banalité ou ne confond pas la supériorité avec son signe.

L'agent paraît être la cause unique de son acte non seulement quand l'acte est original mais quand il est difficile ou douloureux. Mais ce signe n'est pas plus sûr que le précédent. Il est donc excessif de croire que toute action douloureuse suppose un agent indépendant. Et cependant on recherche souvent la difficulté, voire la douleur, croyant que la valeur viendra par surcroît. C'est comme si l'on recherchait l'or en s'imaginant qu'il se changera de lui-même en substance assimilable. Le prince de Condé, implorant de Louis XIII la grâce de Boutteville le duelliste, impute son « erreur » à l'antique « coutume du royaume qui fait consister l'honneur en des actions périlleuses[2]. » Le cardinal de Retz avoue dans ses Mémoires qu'il a comploté la mort de Richelieu, mais prétend que le danger du complot en neutralisait l'infamie[3]. C'est un sophisme de criminel. On pourrait dire que l'existence des lois pénales est, aux yeux du meurtrier, l'excuse ou la justification du crime. Si le supplice ne menaçait pas l'assassin, l'assassinat

---

1. Letourneau, *Physiologie des passions*, p. 50.
2. P. de Ségur, *Boutteville le duelliste* (*Revue de Paris*, 1er janvier 1899, p. 139).
3. Ed. Feillet, t. 1, p. 146.

serait déshonoré car il cesserait d'être dangereux. Pour décider un novice, les vétérans du crime lui reprochent d'avoir peur. Sans l'échafaud, aucun criminel ne prendrait l'attitude d'un héros. Ce n'est pas à dire que la suppression des châtiments ferait disparaître le crime, mais elle en ternirait l'éclat. C'est seulement pour les honnêtes gens que l'échafaud fait la honte : il fait la gloire des assassins. Mais la confusion de la douleur et de la valeur produit parfois des effets moins funestes. On se borne à chercher la difficulté pour elle-même : tel cet impulsif dont parle Maudsley, à qui « ce qui était le moins agréable semblait le plus obligatoire[1] » : n'est-ce pas après tout le raisonnement de Kant lorsqu'il nous conseille de rejeter comme immoral ou amoral tout acte qui nous paraîtrait agréable? Depuis le moraliste le plus austère jusqu'au pire criminel, tous les hommes sont donc exposés à confondre le signe et la chose signifiée.

De tous les signes de la valeur humaine, le plus parfait semble être la finalité des actions puisqu'une action faite avec intention est à la fois efficace et personnelle. Mais que d'erreurs possibles sur la cause intentionnelle !

D'abord, nous voyons des intentions qui n'existent pas et nous ne voyons pas toutes celles qui existent. Nous attribuons à des causes intentionnelles les effets de causes mécaniques. Il suffit qu'un acte nous procure une émotion, agréable ou désagréable, pour que nous lui supposions pour cause une intention bienveillante ou malveillante. D'une part, en effet, nous savons que le plaisir et la douleur sont parfois produits par de telles intentions : nous généralisons et nous affirmons

---

1. *Pathologie de l'esprit*, p. 335.

que toute émotion est produite par une intention. D'autre part, il nous semble que la cause et l'effet doivent être homogènes, nous ne comprenons pas la production de l'effet s'il n'est pas analytiquement renfermé dans sa cause : nous imaginons la cause sur le modèle de l'effet et nous lui supposons un caractère agréable ou désagréable selon que l'effet lui-même est agréable ou désagréable. De là toutes les croyances qui attribuent aux pierres, aux arbres, aux forces de la nature des intentions bonnes ou mauvaises. Le sauvage qui tombe en passant devant un chêne majestueux gourmande l'arbre — ou l'adore ; l'enfant rend au meuble le coup qu'il en a reçu. Pour mainte peuplade, la mort n'a pas de cause naturelle : dans ces tribus on finit ordinairement sa vie sous la dent d'un animal ou sous le fer d'un ennemi ; généralisez cette proposition : il vient : la mort d'un vivant est toujours le fait d'un autre vivant, la mort n'a que des causes sociales. Survient une mort naturelle, on recherche ses causes sociales : les Australiens attribuent la mort de leurs parents à des maléfices jetés par une tribu voisine[1] ; certains nègres en accusent les sorciers non patentés de leur propre tribu[2]. Faut-il aller jusqu'en Australie pour trouver de telles croyances ? Nos maisons d'aliénés nous en fourniraient de nombreux exemples : « Un phtisique s'imaginait qu'il était malicieusement brûlé par un feu secret et c'est de la sorte qu'il interprétait l'augmentation de sa température[3]. » En effet, elle ne pouvait venir ni de sa

1. Cf. Guyau, *Esquisse d'une morale...*, p. 55 (Paris, F. Alcan). — Ribot, *Psychologie des sentiments*, p. 286 note (Paris, F. Alcan).
2. V. *Tour du Monde*, 8 mai 1897, p. 149 (Étude sur les Fiotes du Congo). Cf. Corre, *Ethnographie criminelle*, p. 104 ; Marche, *Trois voyages dans l'Afrique occidentale*, p. 129, 158, 263.
3. Maudsley, *Pathologie de l'esprit*, p. 228.

volonté ni de la chaleur ambiante : elle vient donc d'un ennemi. Raisonnement sophistique parce qu'on peut concevoir une quatrième hypothèse à laquelle le malade ne songe pas. Pendant tout le moyen âge, malgré l'autorité d'Aristote, on attribue les monstruosités à des maléfices [1]. En Bretagne, à l'aube du xx° siècle, certains paysans ont cru, paraît-il, que Vacher, l'éventreur de bergères, était soudoyé par la reine Victoria [2]. Sans tomber dans cet excès, nous commettons les mêmes sophismes : qu'un de nos amis prononce sans mauvaise intention une parole qui nous chagrine ; qu'il oublie de nous saluer ou que, distrait, il nous salue avec moins de cordialité que d'ordinaire, et nous supposerons qu'il est irrité contre nous. Dans la société la plupart des froissements, voire des querelles, n'ont d'autre origine qu'un tel sophisme. En revanche, le même sophisme nous inspire de l'estime pour des êtres qui n'en méritent pas : Napoléon décorait parfois le messager qui lui apportait la nouvelle d'une victoire, même s'il n'avait joué dans la bataille qu'un rôle insignifiant (réciproquement, nous gardons rancune aux porteurs de mauvaises nouvelles, même s'ils ne sont pour rien dans l'accident) ; le matelot, disait Adam Smith, conserve de la reconnaissance pour la planche qui l'a sauvé [3]. Événements nécessaires, actions involontaires, tout ce qui nous paraît agréable ou pénible nous paraît intentionnel : et comme la finalité est un signe de la valeur,

---

1. Cf. Adam, *La philosophie de Bacon*, p. 65 (Paris, F. Alcan).
2. Il manque sans doute un terme à l'enchaînement des idées : on sera passé de Vacher à Jack l'Éventreur, de Jack aux Anglais, des Anglais à leur reine ; puis on aura réuni le premier et le dernier terme pour établir entre eux un lien de causalité.
3. *Théorie des sentiments moraux*, part. II, sect. 3. — Cité par Garnier, *Traité des facultés de l'âme*, t. I, p. 296.

nous nous trompons sur la valeur en nous trompant sur l'intention.

Aux erreurs sur l'existence, il faut joindre les erreurs sur le sens de l'intention. Nous ne lisons pas directement dans les consciences : c'est d'après leurs signes extérieurs que nous devinons les intentions. Mais les attitudes naturelles qui répondent aux divers sentiments varient avec chaque individu selon la conformation de ses organes et l'orientation de ses habitudes : il suffit d'avoir la mâchoire lourde pour paraître brutal même lorsqu'on veut être gracieux ; il suffit de froncer le sourcil — ne serait-ce que pour favoriser l'attention — pour paraître grincheux même lorsqu'on veut être bienveillant. En outre, les mêmes attitudes naturelles servent à exprimer des intentions variées, voire contraires : la timidité et la vanité se traduisent par les mêmes mouvements : on se tient à l'écart, le timide de peur d'être opportun, le vaniteux pour se distinguer. D'autre part, le langage artificiel varie avec chaque pays, avec chaque village. Telle parole qui serait chez nous de bon augure passe chez les Arabes pour funeste : un Arabe du peuple croira que vous voulez du mal à son enfant si vous vantez sa beauté. Au Cambodge, selon Corre, « il ne faut pas toucher la tête d'un enfant : cela lui porterait malheur ! »[1] n'allez pas le caresser : votre mort seule pourrait « conjurer le sort ». Les Wahabites déposent leur culotte pour prier[2] : cette intention pieuse serait-elle comprise de tous les dévots? Seul un Montaigne pourrait rappeler toutes les contradictions au moins apparentes du cérémonial

1. *Ethnographie criminelle*, p. 242.
2. Pellissier, *Description de la Régence de Tunis*, p. 173.

usité par les divers peuples : de ces contradictions naissent les malentendus les plus graves entre les hommes. Les Anglais ne croyaient pas injurier leurs cipayes en leur ordonnant de porter à leurs lèvres la graisse de leurs cartouches. De même, les citadins et les paysans, les Parisiens et les provinciaux, les maîtres et les domestiques, les patrons et les ouvriers n'ont ni le même langage ni le même Code pour interpréter les signaux qu'ils s'adressent mutuellement : ils s'attribuent les uns aux autres des intentions imaginaires, ils ne s'estiment pas à leur valeur. « Je vous confesse, écrivait Rancé, que je ne me lasse point d'admirer et de plaindre en même temps l'aveuglement de la plupart des hommes qui ne font non plus de difficulté de dire : cet homme est hérétique ou schismatique, que s'ils disaient : il a le teint pâle ou le visage mauvais »[1]. Rancé a raison : ces jugements sont d'ordre différent. Pour dire qu'un homme a le teint pâle, il a suffi de le regarder ; pour connaître ses intentions secrètes, il faut remonter des mots et des gestes aux pensées qu'ils expriment ; il faut posséder non pas la science générale de l'expression des émotions, mais la loi particulière de leur manifestation chez l'individu qu'on veut juger: il faut vivre sa vie, observer ses mouvements et penser ses idées pour déterminer le rapport qui unit non pas l'esprit et le corps mais *son* esprit et *son* corps. Nous ne prenons pas toutes ces précautions : nous portons sur autrui des jugements téméraires [2].

---

1. *Op. cit.*, t. 1, p. 327.
2. Cf. *Logique de Port Royal*, IIIᵉ p., ch. xx. Des faux raisonnements qui naissent des objets mêmes, § III : « C'est un défaut très ordinaire parmi les hommes de juger témérairement des actions et des intentions des autres et l'on n'y tombe guère que par un mauvais raisonnement par lequel, en ne

En résumé, nous pouvons répéter à propos de la finalité toutes les remarques que nous avons faites sur l'interprétation des autres signes de la valeur. Un acte intentionnel vaut mieux qu'un acte aveugle ; l'agent qui sait où il va a plus de valeur que l'agent poussé par une force mystérieuse. Pourtant la valeur n'est pas proportionnelle à l'intention. De là un premier sophisme qui confond le signe et la chose signifiée. Mais le sophisme est double si, avant de remonter par un raisonnement incorrect de la finalité à la valeur, nous avons mal interprété les signes de la finalité. C'est par une double induction qu'on passe des paroles ou des gestes à l'intention, et de l'intention de l'agent à sa valeur : il y a donc deux degrés dans l'erreur comme il y a deux moments dans l'inférence.

Si, aux erreurs d'observation et aux erreurs d'interprétation, nous joignons celles qui résultent de la comparaison des divers signes, nous pourrons conclure qu'il est aussi délicat d'apprécier l'autonomie que la puissance d'une cause humaine. Entre la manie et la mélancolie, entre le délire excitant et le délire déprimant, entre la vanité et le mépris de soi, c'est une vraie chance si nous tombons sur une connaissance à peu près exacte de notre valeur, c'est une vraie chance de louvoyer entre les sophismes pour découvrir, entre deux inductions péchant par excès ou par défaut, la vraie valeur d'autrui. En général, nous nous accordons à nous-mêmes une plus-value. Quel est, en effet, l'être dont

connaissant pas assez distinctement toutes les causes qui peuvent produire quelque effet, on attribue cet effet précisément à une cause lorsqu'il peut avoir été produit par plusieurs autres ; ou bien lorsque l'on suppose qu'une cause qui, par accident, a eu un certain effet en une rencontre et étant jointe à plusieurs circonstances, le doit avoir en toutes rencontres. »

la puissance causale nous est le mieux connue, l'être à propos duquel nous répétons les plus nombreux jugements de causalité? C'est nous-mêmes. L'ami le plus cher a des pensées que j'ignore ; même s'il m'associe à ses idées, que de détails restent secrets ! que de créations de son esprit demeurent dans le laboratoire intime de sa conscience ! Au contraire ma conscience assiste à l'élaboration de mes pensées : malgré toutes les erreurs que je commets sur mon propre compte, c'est encore de mon être que me viennent, sinon les plus exactes, du moins les plus nombreuses impressions. Il est donc naturel que je m'estime au plus haut prix. Sauf exceptions, l'homme est donc porté à se placer au-dessus d'autrui. L'égoïsme naît d'un sophisme. En revanche, nous estimons d'autant plus nos semblables que nous pénétrons davantage dans leur conscience. Voilà pourquoi l'idée d'égalité se répand à mesure que les hommes multiplient leurs relations[1]. Voilà pourquoi nos amis, nos parents, nos compatriotes profitent de l'estime privilégiée que nous nous accordons à nous-mêmes, tandis que l'étranger, inconnu, est méprisé. L'homme puissant qui choisit ses collaborateurs parmi ses parents ou ses amis croit sincèrement à leur valeur : il ne les croit pas inférieurs aux hommes qu'il ne connaît pas. De même, c'est très sincèrement que le cavalier dédaigne le fantassin et que le fantassin dédaigne le cavalier, que le méridional se croit supérieur à l'homme du Nord et l'homme du Nord au méridional ; c'est très sincèrement que chaque nation pourrait adopter la prière usitée, paraît-il, en Angleterre :

---

1. Bouglé, *Les idées égalitaires* (Conclusion). (Paris, F. Alcan.)

« Sois remercié, Seigneur, qui nous as exaltés au-dessus des nations.[1] »

* * *

Les jugements sur la valeur des agents nous fournissent l'un des éléments de notre idéal. Dans la formule $x = \dfrac{a}{s}$, nous connaissons a. La variété des actions volontaires ne tient pas seulement aux contresens commis dans la traduction de l'x, elle tient encore aux variations subies par le numérateur a. Même s'ils calculaient sans faute la valeur des actions, les hommes établiraient entre les êtres, depuis Dieu jusqu'à la matière, une hiérarchie aux échelons multiples, et, comme la justice ordonnerait d'attribuer à chacun de ces êtres une récompense proportionnée à son mérite, les actes réellement justes se diviseraient en autant d'espèces qu'il y aurait de degrés dans la hiérarchie : a pouvant désigner un nombre infini de valeurs, s représenterait un nombre infini de sanctions justes. Mais beaucoup plus considérable est le nombre des actes inspirés par l'apparence de la justice. A côté de la hiérarchie fondée sur la réelle valeur des êtres, les sophismes des hommes établissent des hiérarchies sans nombre fondées sur des valeurs illusoires. Voilà pourquoi des hommes réellement égaux n'aspirent pas aux mêmes honneurs, ne choisissent pas les mêmes modèles, ne rendent pas également justice au même mérite, ne sont pas également sensibles aux mêmes injures. Voilà pourquoi des hommes réellement égaux n'ont ni les

---

1. Chevrillon, *R. Kipling* (*Revue de Paris*, 1ᵉʳ avril 1899, p. 649, note 2).

mêmes droits ni les mêmes devoirs s'ils paraissent être inégaux. Il semblait juste aux nobles de l'Ancien Régime de payer moins d'impôts ou moins d'amendes que les vilains, puisqu'ils se croyaient de race supérieure. Il semblait juste aux clercs anglais d'échapper aux lois pénales puisque leur instruction les plaçait au-dessus de la foule. Un contrat léonin ne paraît pas injuste au « lion ». L'infanticide ne paraît pas un crime à la mère qui ne reconnaît pas un être humain dans la chair qu'elle vient de mettre au monde. Jamais la guerre ne paraît injuste au souverain tout-puissant pour qui la moindre raillerie est un sacrilège et pour qui la conquête est une obligation. Non seulement les êtres de l'univers n'ont pas tous même valeur, mais le sophisme peut varier à l'infini la valeur apparente de chacun : et chaque fois varie l'apparente justice ; dans l'équation $x = \dfrac{a}{s}$, (x étant une constante) s est soumise à toutes les fluctuations de a. Bien que tous les hommes aient en vue la justice, ils s'orientent dans des directions très diverses par cela même qu'ils attribuent aux actes de leurs semblables ou à leurs propres actes des valeurs aussi nombreuses que leurs sophismes.

CHAPITRE III

PREMIÈRE BRANCHE DE LA RÉGRESSION *(fin)*.
SECOND MOMENT (II)
JUGEMENTS SUR LA VALEUR DES SANCTIONS

Comment évaluer l'effet émotionnel d'une action ?
I. — Évaluation de nos émotions futures.
II. — Évaluation des futures émotions d'autrui. — Valeur « réelle » et valeur « personnelle ».
III. — Erreurs sur la valeur des sanctions.
Conclusion. — Divergences des fins humaines provoquées par des divergences dans l'évaluation des sanctions.

Juger qu'un acte est bon, c'est croire qu'il sera suivi d'une sanction proportionnée à sa valeur, c'est mesurer par avance le mérite et la récompense de l'agent. Nous savons grâce à quels raisonnements et au risque de quelles erreurs les hommes évaluent le mérite. Voyons par quelle méthode ils évaluent la sanction. Dire : « cet acte est juste », c'est dire : « Cet acte apportera à un homme (à mon semblable ou à moi-même) telle quantité de plaisir ou de peine précisément égale au degré de sa valeur. Nous savons comment se mesure la valeur ; voyons comment se mesure le plaisir ou la peine.

Il ne s'agit pas de chercher les causes réelles de l'émotion mais la cause des jugements que nous portons sur les émotions futures. Tout différent est le problème ordinairement posé par la psychologie. Cette science remonte des effets aux causes : soit une douleur au doigt ; le psychologue se demande en fonction de quels phénomènes elle varie. Au contraire, l'homme qui cherche à évaluer le profit qu'il tirera d'une action descend des causes aux effets : il construit une hypothèse sur la fécondité émotionnelle de ses actes. Comment cette hypothèse est-elle construite ? quelle est sa valeur logique ? tel est notre problème.

I

Ce problème est plus facile à résoudre que le problème de la valeur humaine. Il n'est pas évident que celle-ci se mesure à la puissance causale ; au contraire, il est évident qu'un acte paraît promettre du plaisir ou de la douleur lorsqu'il semble être la cause de cette émotion : qui contesterait cette tautologie ? Mais cette tautologie n'est pas insignifiante. Elle nous apprend que la prévision des sanctions de nos actes est le résultat d'une induction ou plutôt d'une série d'inductions : prévoir qu'un acte apportera du plaisir ou de la douleur, c'est affirmer soit qu'il est la condition nécessaire et suffisante de cette émotion, soit plutôt qu'il est la condition nécessaire et suffisante d'un effet qui produit à son tour l'émotion. Nos actions ne déterminent jamais une émotion sans se servir d'un intermédiaire physique ; l'effort mental d'attention ne me procure une fatigue que parce qu'il met en mouvement les muscles de mes yeux, les cellules de mon cerveau ; entre ces deux termes extrêmes, l'action et l'émotion, se déroule une chaîne courte ou longue, de mouvements ; pour prévoir que l'action sera suivie de l'émotion, il faut donc établir un rapport de causalité entre l'action et le premier mouvement, entre le premier mouvement et le second, entre le dernier mouvement et l'émotion. Par quels raisonnements établissons-nous ces rapports?

Soit d'abord à prévoir l'effet que produira notre action sur notre propre sensibilité.

La mémoire nous fournit des matériaux pour cette prévision. Projetons-nous d'accomplir un acte? nous nous rappelons les émotions qui jadis ont suivi un acte identique. Si l'idée me vient d'entreprendre une excursion, le souvenir des joies ressenties pendant les promenades antérieures me prédit les mêmes plaisirs. Mais comment puis-je mesurer l'intensité des plaisirs et des souffrances d'autrefois? Depuis l'enquête de M. Ribot[1] sur la mémoire affective, nous savons qu'il est relativement rare de réveiller l'émotion au point de la sentir : la plupart d'entre nous ne souffrent pas au souvenir d'une rage de dents ; ceux qui peuvent mesurer la sensation passée par l'intuition directe de la sensation remémorée sont des privilégiés ; le plus souvent c'est par un raisonnement que nous reconstituons, à l'aide des données purement intellectuelles de la mémoire, notre émotion d'autrefois. Quelles sont ces données? Nous nous rappelons le nombre des émotions qui ont accompagné ou suivi notre action : je me rappelle la fatigue éprouvée dans telle ascension, le bavardage des compagnons de

---

1. *Psychologie des sentiments*, 1re partie, chap. xi. — Cf. Bain, *Les émotions et la volonté*, trad. fr., p. 88 et suiv.; Lehmann, *Die Hauptgesetze des menschlichen Gefühlslebens*, § 25, p. 20.

route, la joie du sommet, l'appétit du soir et la courbature du lendemain. Nous nous rappelons la durée des émotions passées comme leur nombre. Et si la qualité de l'émotion échappe à la mesure, elle est du moins en corrélation étroite avec des phénomènes physiques et psychologiques dont la mesure n'est pas impossible. On a remarqué que « dans la terminologie de la douleur tous les peuples ont cherché à rattacher la sensation toute subjective de douleur à des impressions objectives [1] ». C'est que l'esprit mesure les douleurs — et les plaisirs — d'après leurs antécédents, leurs concomitants ou leurs conséquents objectifs. Telle douleur s'est localisée dans le doigt tandis que telle autre a rayonné dans tout le corps ; tel plaisir chatouillait l'épiderme tandis que tel autre faisait frémir l'être tout entier. Un deuil a pu ébranler l'esprit au point de le stériliser ou de l'affoler. Une joie profonde a jadis provoqué dans mon imagination toute une série de rêves heureux. Le retentissement de l'émotion dans le corps ou dans l'esprit peut se mesurer : j'ai pu compter les éléments physiques et psychologiques mis en mouvement par la joie ou la douleur : le souvenir de ce dénombrement me permet d'apprécier à distance l'intensité de cette émotion. Ainsi, sauf exception, ce n'est pas par une vue immédiate de l'émotion remémorée que je mesure la sanction d'une action antérieure ; mais en me rappelant le nombre et la durée des émotions qui l'ont suivie, le nombre des concomitants physiques ou psychiques de ces émotions, je reconstruis par un raisonnement le phénomène affectif, comme un

---

1. Beaunis, *Les sensations internes*, p. 175 (Paris, F. Alcan).

mathématicien reconstruit une courbe à l'aide des abscisses et des coordonnées.

Que l'acte et l'émotion aient été une fois seulement accouplés dans notre expérience, cela suffit souvent pour que le souvenir de cette coïncidence nous promette le retour de l'émotion après le retour de l'action. A plus forte raison attendrons-nous l'émotion après l'action si plusieurs fois déjà l'expérience nous les a montrées réunies. Et si jamais nous n'avons accompli l'une sans goûter l'autre, le souvenir de toutes ces expériences concordantes nous inspire une confiance absolue dans notre prévision.

Pourtant le plaisir attendu n'est pas toujours proportionnel au plaisir remémoré. Une symphonie m'a jadis procuré de vives joies esthétiques : si j'en lis le titre au programme d'un concert, le souvenir du plaisir me décide à prendre un billet. Mais ce souvenir n'aurait pas le même résultat si j'affirmais que mon plaisir passé était dû au caprice de mon goût plus qu'à la beauté de la symphonie, si je croyais que mon jugement a pu être surpris par l'excessive habileté des exécutants, si je pensais avoir épuisé d'un coup cette source d'émotions esthétiques, si je savais que je suis mal disposé pour goûter cette musique ou que le chef d'orchestre est changé. En d'autres termes, je ne crois pas que l'action de prendre un billet pour ce concert soit la condition suffisante de l'émotion future ; mais si je crois que les autres conditions sont remplies, j'égale mon plaisir futur à mon plaisir passé. Et malgré le souvenir du plaisir passé je n'attends qu'un plaisir médiocre ou nul si je crois qu'elles font défaut. — De même, le souvenir d'une douleur ne suffit pas toujours à faire prévoir une douleur. Je n'aime guère les figues, c'est-à-dire que je ne me rappelle pas avoir trouvé plaisir à manger de ces fruits. Pourtant leur réapparition sur ma table après une longue absence me suggère l'idée qu'il serait agréable d'en goûter. Peut-être le souvenir des fâcheuses expériences d'autrefois s'est-il effacé, mais sûrement il n'est pas éteint. Pourquoi donc ai-je l'espoir que mon action ne sera pas désagréable ? C'est que je me dis à moi-même : les expériences d'autrefois ont été faites dans des conditions différentes ; toutes les figues n'ont peut-être pas la même saveur ; mes goûts se sont peut-être modifiés : répétons l'expérience dans de nouvelles conditions : le résultat sera différent.

En résumé, quand nous évaluons l'émotion qui suivra notre acte d'après l'émotion qui l'a déjà suivi, deux cas peuvent se présenter : ou bien nous nous bornons, le plus souvent par un raisonnement, à mesurer l'émotion passée pour attribuer à l'émotion future la même intensité, ou bien nous joignons à ce premier raisonnement deux autres recherches : les circonstances subjectives et objectives qui ont précédé l'émotion en sont-elles les conditions nécessaires et suffisantes ? étant donné que, par hypothèse, les conditions subjectives n'ont pas varié, les circonstances objectives se retrouvent-elles dans le cas présent? Dans le premier cas, l'intensité de l'émotion prévue est en raison directe de l'intensité de l'émotion remémorée (c'est-à-dire du nombre de ses concomitants physiques ou psychologiques). Dans le second, elle varie en fonction de deux autres facteurs.

Quand nous projetons une entreprise, nous ne pouvons pas toujours invoquer un précédent : à défaut d'un acte identique, nous cherchons dans notre mémoire un acte analogue. Lorsqu'on nous présente un fruit exotique, nous ne pouvons pas nous rappeler son goût, mais le goût des fruits connus qui lui ressemblent. Si les Parisiens résistèrent aux efforts de Parmentier pour vulgariser la pomme de terre, c'est, paraît-il, qu'elle avait le tort de ressembler à la belladone[1]. Voilà donc une seconde source de matériaux pour notre induction. Le raisonnement devient plus compliqué. Nous commençons par nous rappeler l'émotion qui a suivi l'acte analogue à l'acte projeté : les Parisiens à qui s'adressait Parmentier se rappelaient les sensations qui suivent l'absorption de la belladone ou ce qu'ils avaient appris à ce sujet. Nous évaluons cette émotion passée soit, si nous le pouvons, en la faisant revivre, soit plutôt en nous rappelant le nombre de ses concomitants physiques ou psychiques. Nous apprécions, en second lieu, le degré de l'analogie : de l'agrément d'un voyage à Rome je puis aisément conjecturer l'agrément d'un voyage à Naples mais moins aisément celui d'un voyage à Londres. En troisième lieu, nous nous demandons si les conditions de l'émotion dans l'acte passé étaient des conditions nécessaires et suffisantes et enfin nous cherchons si elles sont encore remplies. Si l'agrément d'un voyage tenait moins au pays visité qu'aux dispositions subjectives du voyageur, la visite d'un autre pays, quelle que soit son analogie avec le premier, ne saurait lui promettre le même plaisir. Quand la prévision se fonde sur une expérience identique, l'intensité du plaisir prévu est en fonction de trois variables : l'intensité du plai-

---

1. Richet, *L'homme et l'intelligence*, p. 53.

sir rappelé, la nécessité du lien causal entre l'acte et le plaisir, l'identité des circonstances objectives dans le présent et dans le passé. Quand la prévision se fonde sur une analogie, l'intensité du plaisir prévu est en fonction de quatre variables : l'intensité du plaisir rappelé, la nécessité du lien causal entre l'acte analogue et le plaisir, l'identité des circonstances dans le présent et dans le passé, le degré de l'analogie entre l'acte passé et l'acte futur.

Ce n'est pas toujours dans notre expérience, c'est parfois dans celle d'autrui que nous cherchons les éléments de nos prévisions. L'enfant qu'on mène pour la première fois voir Guignol ignore le plaisir qu'il y goûtera, mais ses parents ou ses camarades lui ont tant vanté ce spectacle qu'il est tout fiévreux de sa joie future. Ce n'est plus le souvenir de nos propres émotions, c'est la perception ou le souvenir des émotions d'autrui qui fournit à notre raisonnement ses prémisses. Mais nous ne percevons pas directement les émotions d'autrui; notre conscience ne pénètre pas sa conscience pour y compter le nombre ou mesurer la durée de ses plaisirs et de ses peines ; nous ne connaissons même pas tous les concomitants physiques de ses émotions, mais nous apercevons les plus apparents de ces phénomènes, nous assistons aux manifestations extérieures de la joie et de la souffrance, nous entendons le langage par lequel elles se traduisent. Depuis le sourire jusqu'au spasme, depuis la moue jusqu'à la convulsion, le langage émotionnel possède une infinité de nuances, et la parole imite cette échelle d'expression en combinant ses comparatifs et ses superlatifs. Si donc nous constatons que l'action d'autrui a été suivie du signe d'une émotion, nous supposerons qu'elle a provoqué cette émotion, et quand nous serons sur le point d'accomplir le même acte nous en attendrons le même effet. Tel est du moins le raisonnement le plus simple que nous puissions bâtir sur l'expérience d'autrui : de la vue de ses gestes nous inférons son émotion ; nous constatons qu'elle est précédée d'un acte : nous supposons que cet acte l'a produite, et, pour l'éprouver à notre tour, nous imitons l'action d'autrui.

Mais le raisonnement est souvent plus compliqué. Nous n'utilisons que rarement la perception actuelle des signes de l'émotion d'autrui : c'est le plus souvent du souvenir de cette perception que nous tirons parti : pour interpréter la scène qu'il a jouée devant nous il faut au préalable l'avoir reconstituée. Ce n'est pas tout : nous nous demandons, comme s'il s'agissait de notre propre expérience, si l'émotion d'autrui est l'effet nécessaire ou seulement le conséquent fortuit de son acte. Nous n'attendons pas un effet identique si l'acte d'autrui n'est pas identique à celui que nous projetons : s'il n'est que semblable, notre prévision devient incertaine. Elle est incertaine si le milieu dans lequel s'est accomplie l'action d'autrui n'est pas identique à celui dans lequel nous allons agir. Et surtout elle est d'autant plus incertaine que nous ressemblons moins à l'être dont nous observons la vie : nous savons tous que les goûts varient avec les individus, et nous n'attendons aucun plaisir des actions qui plaisent à ceux dont nous ne partageons pas les goûts. Supposez qu'un ivrogne ait assisté à la mort d'un cobaye tué par une injection d'alcool. Au moment de boire, il se rappelle les convulsions de l'animal, leur nombre, leur violence, leur durée, leur fin : c'est le premier moment de son raisonnement. De ces signes remémorés il infère les souffrances éprouvées par le petit animal : second moment. Il affirme que l'introduction de l'alcool dans l'organisme a provoqué ces souffrances : troisième moment. Mais il se dit (quatrième affirmation) : je ne suis pas un cobaye ; ce qui tue l'animal ne tue pas nécessairement l'homme ; et d'autre part (cinquième jugement) : il n'y a aucun rapport entre l'absorption de l'alcool par le tube digestif, son conduit naturel, et l'injection sous-cutanée. Enfin (sixième assertion) l'alcool de l'expérience est un poison ; mais celui que je bois est meilleur. Conclusion : je boirai et je n'en mourrai pas. Une induction pour reconstruire d'après nos souvenirs actuels la scène jouée jadis par autrui ; une induction pour remonter des signes de son émotion à la chose signifiée ; une induction pour apprécier le lien qui unit l'acte à sa sanction ; une inférence pour mesurer la distance qui me sépare d'autrui ; une inférence pour mesurer la distance qui sépare son acte du mien ; une inférence pour constater que les circonstances auxiliaires sont dans les deux cas identiques ou différentes : tels sont les moments du raisonnement par lequel nous prévoyons en ce cas notre émotion future.

Enfin, il peut arriver que, pour prévoir la sanction d'un acte futur, nous ne fondions notre induction sur aucune expérience. Nous nous bornons à constater l'intensité de notre désir et la possibilité de sa réalisation : a priori nous jugeons que l'acte sera agréable. L'enfant qui arrive à la puberté sans avoir reçu de son entourage aucun avertissement ne connaît pas le sens des impulsions que subit sa chair : il lui semble cependant que les mouvements qu'elles déterminent lui procureront une jouissance. Par cela même qu'aucun de nos actes n'est entièrement identique à ceux de notre vie passée, nous allons vers l'inconnu toutes les fois que nous agissons, et cependant nous prophétisons le bonheur ou le malheur que nous rapportera notre action. Quel que soit le nombre des livres que j'ai lus, je ne puis me fonder sur mon expérience pour bien ou mal augurer du livre nouveau que je reçois : pourtant j'émets un jugement, au moins provisoire, sur le plaisir ou l'ennui qu'il me réserve. Quel que soit le nombre des sommets que j'ai gravis, je ne puis me fonder ni sur mon expérience ni sur celle d'autrui pour prévoir les joies d'une ascension nouvelle : pourtant je me promets, avant de l'entreprendre, une certaine somme de plaisir. Comment en pareil cas, se forme l'induction? Elle n'est pas entièrement à priori : si je n'emprunte rien à ma mémoire, rien à l'expérience d'autrui, je connais par intuition l'intensité de mon désir et les moyens de le satisfaire. D'après le titre de l'ouvrage nouveau, je sais qu'il répond ou ne répond pas à mes préoccupations actuelles ; d'après son format et son épaisseur, je sais que la lecture en sera longue ou brève, facile ou difficile. De même, je n'ai qu'à m'interroger pour savoir si j'ai ou si je n'ai pas grande envie d'escalader un pic, et la simple inspection de sa taille et de ses formes m'annonce que l'ascension en sera facile ou difficile. L'intensité du plaisir ou de la douleur en perspective varie en fonction de ces deux évaluations.

L'évaluation du désir actuel ne paraît pas exiger de nombreux raisonnements : tout désir ne se présente-t-il pas à la conscience avec une intensité qu'elle aperçoit immédiatement? N'est-ce pas par une simple intuition que je découvre ma préférence pour un ami plutôt que pour un autre, pour un projet plutôt que pour un autre? Mais nous possédons aussi des moyens indirects d'apprécier nos tendances : leur intensité paraît dépendre de leurs effets sur notre corps ou sur notre esprit : la peur qui détermine un léger tremblement est inférieure à celle qui paralyse ou à celle qui provoque une fuite précipitée; l'amoureux dont les représentations conservent leur cours normal est moins passionné que celui dont l'esprit est fiévreux ou transi. Comme le plaisir, le désir est accompagné de phénomènes physiques ou psychiques qui nous permettent d'évaluer indirectement son intensité.

Quant aux moyens de réaliser le désir, bornons-nous à remarquer[1] que leur connaissance nous fournit une méthode pour mesurer notre désir : l'intensité du désir varie avec les moyens de le satisfaire. Si l'on ne trouve aucun moyen de réaliser son idéal, on en vient à l'abandonner. Si l'on croit au contraire qu'on possède un moyen sûr de le réaliser, le désir est pour ainsi dire satisfait par avance, affadi déjà par la satiété : nous sommes tellement sûrs, en général, de pouvoir respirer que nous ne prenons pas la peine de le désirer. Mais entre la certitude absolue de pouvoir réaliser son désir et l'absolue certitude de ne pouvoir le réaliser, il existe de nombreux degrés de croyance qui correspondent à des degrés de désir : dès que luit l'espérance, le désir naît; tant qu'on a foi dans sa réalisation, il

---

1. Sur la méthode employée pour les connaître, v. le chap. suiv.

grandit : loin d'être atténué, il est excité par tout obstacle qui ne paraît pas insurmontable. Le désir atteint sa plus grande intensité non pas au moment où il se satisfait, mais au moment où la satisfaction est imminente, au moment où se joint à l'espoir un minimum de crainte. De même que l'eau n'atteint pas sa plus haute densité à zéro mais à quatre degrés, de même ce n'est pas la certitude absolue mais la quasi-certitude de la réalisation qui donne au désir son intensité maxima. Pareillement, si je suis certain que tout danger a disparu, ma crainte s'évanouit ; elle est vive si je suis certain que le malheur se produira ; mais elle est plus vive encore si je demeure dans l'incertitude : la certitude me permettait de m'adapter aux circonstances, de « me faire à mon malheur » ; l'incertitude ne me fournit pas cette consolation ; les despotes les plus redoutés, remarque Bain, ne sont pas les plus cruels mais les plus capricieux[1]. La réalisation d'un désir est considérée comme impossible quand on ne voit aucun moyen de réussir ; elle est difficile quand les moyens sont rares ; facile quand ils sont nombreux ; certaine quand, en outre, aucun obstacle ne surgit. Dans le premier cas, nous prévoyons un plaisir nul, dans le second un plaisir faible, dans le quatrième un plaisir intense, mais c'est dans le troisième que le plaisir prévu atteint son maximum. Ainsi, quand nous prévoyons, sans le secours de notre mémoire ou de l'expérience d'autrui, l'émotion que nous réserve une entreprise, c'est surtout d'après le nombre des moyens, c'est-à-dire d'après la facilité ou la difficulté de l'action, que nous évaluons le plaisir futur.

1. Bain, *Les émotions et la volonté*, trad. fr., p. 158.

✝ Le calcul de l'émotion future, tel que nous le décrivons, ressemble à l'arithmétique hédonistique de Bentham. La rencontre n'a rien de surprenant : l'idéal de l'activité humaine, selon Bentham, c'est le plaisir, et le plaisir est pour nous l'un des éléments de l'idéal. Le calcul de Bentham doit donc être l'une des parties du raisonnement par lequel l'homme conçoit la fin de sa volition. Il est vrai que nous essayons de décrire le raisonnement réellement exécuté par les hommes tandis que Bentham trace les règles d'un calcul idéal ; mais de même que l'addition faite spontanément par un ignorant n'est pas différente de l'addition d'un mathématicien, de même Bentham s'est borné à codifier le calcul usuel de l'émotion future. Un plaisir sera d'autant plus grand, selon Bentham, qu'il sera plus intense, plus durable, plus certain, plus proche, plus pur, plus fécond et plus étendu. Faisons abstraction de l'étendue : elle dépend du nombre d'individus sur lesquels se répercute l'émotion de l'agent : or nous n'étudions en ce moment que les effets de l'activité sur notre propre conscience. Tous les autres caractères de l'émotion future dépendent de notre croyance relative à l'intensité de notre désir et aux moyens de le satisfaire. L'intensité prévue du plaisir futur est en fonction du désir actuel ; j'estime que j'aurai grand plaisir à manger parce que je constate que j'ai grand'faim ; j'estime que j'aurai demain grand plaisir à une réunion d'amis parce que je connais mon affection pour eux. Elle est en fonction de mes ressources : j'estime que j'aurai plaisir à manger quand je connais le menu du repas. La durée du plaisir futur dépend à son tour de l'intensité de mon désir et du nombre des moyens dont je dispose : plus l'appétit sera vif et le menu long, plus sera durable, du moins je l'imagine, le plaisir du festin. Un plaisir est fécond lorsqu'il entraîne à sa suite d'autres plaisirs ; mais ces plaisirs ultérieurs, qui sont les effets du plaisir visé, sont, par suite, les effets de ses causes : je puis donc les prévoir en examinant ces causes, c'est-à-dire en mesurant mon désir actuel et en comptant mes moyens de le satisfaire. Un plaisir est pur lorsqu'il n'est ni accompagné, ni suivi de douleur ; si les moyens dont je dispose ne sont pas en grand nombre, si des obstacles menacent de s'opposer à ma satisfaction, mon plaisir ne sera pas pur : mon jugement dépend encore de la quantité de mes ressources. Si la route est courte entre le désir et sa réalisation, si les intermédiaires sont peu nombreux, le plaisir est proche : cette qualité dépend donc de la même condition que les précédentes. Enfin, le plaisir est d'ores et déjà certain si les routes sont nombreuses pour aboutir au but désiré, si nous disposons non seulement d'une série mais de plusieurs séries de moyens. Nous nous sommes donc bornés à résumer et à systématiser le calcul hédonistique de Bentham quand nous avons affirmé que l'émotion future est en raison du désir actuel et des moyens de le satisfaire. Pourtant, les résultats de notre analyse diffèrent, par un détail, des propositions de Bentham. Le plaisir le plus grand que nous puissions prévoir n'est, d'après notre examen, ni le plus pur ni le plus certain ; même si l'on sait, de toute certitude, qu'on respirera sans douleur on n'attend pas une vive jouissance de la respiration ; le plaisir serait plus vif si l'on prévoyait une douleur à affronter, un obstacle à vaincre avant de recueillir le fruit de l'effort. Il n'en est pas moins vrai que le raisonnement par lequel nous prévoyons l'émotion future sans faire appel à l'expérience passée se fonde sur l'expérience actuelle de notre désir et des moyens dont nous disposons pour le satisfaire.

II.

Soit maintenant à prévoir l'effet que produira notre action sur la sensibilité d'autrui.

Nous avons quelque expérience des causes qui produisent des émotions dans l'esprit de nos semblables. Nous nous rappelons quelles paroles ont provoqué la colère ou la gaieté d'un de nos amis : si nous voulons produire le même effet, ne devrons-nous pas prononcer les mêmes mots ? Malgré l'apparence, ce raisonnement est compliqué. Nous attribuons à nos paroles d'autrefois un rôle décisif dans la production de l'émotion ; nous supposons qu'elles étaient ses conditions nécessaires et suffisantes : première induction. Nous mesurons l'émotion d'autrui d'après ses manifestations extérieures ; nous allons du signe à la chose signifiée : seconde induction. Nous supposons que nous sommes maintenant dans les mêmes circonstances qu'alors : troisième raisonnement. Et si le moyen par lequel nous espérons agir sur autrui n'est pas simple, la prévision de l'émotion d'autrui suppose encore que nous établissons un rapport de cause à effet non seulement entre le moyen employé et l'émotion souhaitée, mais entre notre acte et l'emploi de ce moyen. Plus nous aurons confiance dans la valeur de ces raisonnements, plus nous serons sûrs de provoquer en autrui tel ou tel degré d'émotion positive ou négative.

Même raisonnement si nous nous fondons sur une analogie. Étant donné qu'une action a produit sur quelqu'un un effet agréable, nous supposons qu'une action analogue produira sur lui un effet analogue. Aux inductions déjà notées il faut seulement joindre celle qui sert à mesurer l'analogie. Plus sera faible la ressemblance perçue entre les deux actions, plus sera faible la ressemblance prévue entre les deux émotions.

Même raisonnement si nous fondons la prévision sur l'expérience d'un tiers. Étant donné qu'une action a produit un effet agréable sur un individu, pourquoi serait-elle désagréable à un autre si le second ressemble au premier ? Toute la question est de savoir dans quelle mesure les deux hommes sont identiques ou semblables.

Mais dans l'évaluation des futures émotions d'autrui, le cas le plus intéressant se présente lorsque nous ignorons la vie affective de l'homme sur lequel nous voulons agir. De l'intensité de ses désirs et des moyens de les satisfaire nous n'avons aucune connaissance directe et particulière : et pourtant nous n'hésitons pas à le punir s'il fait le mal, à le récompenser s'il fait le bien. Le juge n'a pas mesuré la sensibilité individuelle du criminel, et pourtant il lui inflige un supplice qu'il croit juste : ce supplice n'est juste que s'il ne fait pas souffrir au coupable un excès de douleur; et comment le juge s'est-il assuré que la limite n'est pas franchie ? En pareil cas, dans l'impossibilité de fonder notre prévision sur une expérience précise, nous la construisons d'après le souvenir de nos émotions ou d'après notre expérience générale des émotions humaines.

Nous estimons parfois l'émotion d'autrui d'après celle

que nous éprouverions à sa place. Celui qui met au premier rang l'amour de l'argent estimera le bonheur d'autrui d'après sa fortune et ne croira jamais lui faire autant de plaisir qu'en lui donnant de l'argent. A la condition toutefois qu'il considère autrui comme son semblable. Sinon, la conclusion est toute différente : les hommes les plus durs pour les autres ne sont pas toujours les plus insensibles à la douleur, mais c'est qu'ils attribuent aux autres une sensibilité moins vive que la leur.

Dans d'autres circonstances, nous prévoyons l'émotion d'autrui en l'assimilant à un groupe d'individus dont nous connaissons approximativement la sensibilité. En gros nous savons que la même cause objective produit une impression plus vive chez les femmes que chez les hommes, chez les civilisés que chez les sauvages, chez les citadins que chez les paysans. Si nous parvenons, par des signes extérieurs, à ranger l'individu dont nous voulons provoquer l'émotivité dans l'une de ces classes générales, nous lui appliquerons les lois que nous avons découvertes pour la généralité de ses semblables. Doués d'une égale sensibilité, les hommes diffèrent entre eux par le caractère, c'est-à-dire que les uns donnent la prépondérance à tel désir que les autres relèguent au second plan, et réciproquement. De même que nous classons les hommes d'après l'épaisseur de leur épiderme nous les classons d'après la nature de leurs prédilections. Mantegazza distingue, à ce point de vue, trois types d'êtres humains[1] : le type vulgaire, qui n'éprouve qu'un minimum de jouissance à respirer le

---

1. *Physiologie du plaisir*, trad. fr., p. 371 et suiv.

parfum des fleurs, en trouve davantage dans l'exercice des muscles, davantage dans l'audition d'une musique élémentaire, davantage encore dans la satisfaction de la faim et de la soif, et qui demande le maximum de jouissance à l'ivresse alcoolique et à l'union sexuelle; le type moyen dont les émotions s'échelonnent depuis le travail musculaire jusqu'au plaisir charnel en passant par les plaisirs de l'odorat, du goût, de l'ouïe et de la vue; le type supérieur, qui relègue au dernier plan les plaisirs de la table, accorde plus de prix à la musique et reconnaît à la volupté le plus grand charme. Dans la vie courante nous faisons des distinctions analogues. Nous savons que certains hommes tiennent plus que d'autres à leur liberté, ou à leur richesse; nous savons que les mêmes causes objectives ne détermineront pas dans leur esprit les mêmes sentiments. Sans les connaître, sans avoir expérimenté directement sur leur personne, nous savons, d'après leurs habitudes, leur rang social, leur éducation, par quelle réaction ils sont susceptibles de répondre à une excitation, comme nous savons, à la simple inspection d'un morceau de plomb, sans avoir besoin d'expérimenter, qu'il tombera plus vite qu'un morceau de bois. Au lieu de prévoir l'émotion de ces hommes d'après notre propre émotion, nous les classons, d'après des signes extérieurs, dans l'un des groupes de l'espèce humaine et nous leur appliquons les lois générales de ce groupe.

Enfin nous évaluons l'émotion future d'un homme d'après l'effet que produirait notre acte sur la moyenne des hommes. En général, les hommes donnent à leurs besoins physiques le pas sur les besoins moraux : besoin d'air, besoin de nourriture, besoin de vêtements et d'abri, besoin d'exercice musculaire, appétit sexuel, besoin d'estime ou de respect, besoin d'affection, besoin de vérité, telle est la hiérarchie ordinaire de nos inclinations. Nous supposons par conséquent qu'un homme privé de pain est plus malheureux qu'un homme privé de logement ou d'habit, que celui-ci est plus malheureux qu'un homme privé de liberté et ainsi de suite. Réciproquement la satisfaction des désirs physiques, à l'exclusion des désirs moraux, paraît procurer à la plupart des hommes un bonheur plus complet que la satisfaction des désirs moraux à l'exclusion des désirs physiques. L'intensité de la peine ou de la joie future est fixée par la place occupée dans la hiérarchie des inclinations par le besoin auquel elle correspond. La peine qui consiste à arrêter pendant une seconde le mouvement du bras est moins forte que celle qui arrête pendant le même temps l'exercice du poumon. Et chacune de ces peines croît, lorsqu'on la fait durer (d'où l'intensité des peines perpétuelles); peut-être l'émotion croît-elle plus encore lorsqu'on réitère l'excitation en laissant entre chaque expérience des intervalles de repos : des peines ou des plaisirs périodiques sont plus intenses que des peines ou des plaisirs continus. Enfin, l'émotion d'autrui sera plus grande si, tout en s'annonçant comme possible ou même probable, elle demeure vaguement incertaine : la surprise augmente l'intensité de l'émotion. Telles sont les lois générales de la sensibilité que nous connaissons par l'observation courante et que nous appliquons, sans les vérifier méthodiquement, dans la prévision des émotions de nos frères inconnus. D'après ces lois nous établissons, à l'usage d'autrui, une échelle de peines et une échelle de récompenses. Arrêt momentané, prolongé, définitif d'une fonction superflue, d'une fonction utile, d'une fonction indispensable ; blessure passagère ou mutilation durable d'un ou de plusieurs organes : voilà déjà bien des degrés dans l'échelle des peines qu'on pourrait appeler négatives puisqu'elles consistent à tarir des sources de jouissances. Et au-dessus de ces degrés inférieurs de la peine se trouvent les supplices raffinés qui consistent à torturer en excitant à l'excès au lieu de l'arrêter l'exercice des fonctions naturelles, tenaillant les chairs sans les détruire ou forçant le cerveau à penser sans trouver de repos dans le sommeil. Mais si le jardin des supplices est douloureusement fertile, combien plus fertile est le jardin des jouissances depuis qu'il est cultivé par la science : le nombre des moyens mis à la disposition des hommes pour subvenir à leurs besoins augmente dans une proportion imprévue ; et tandis que l'industrie humaine multiplie les objets utiles ou agréables et les adapte aux goûts de chacun, l'invention de la monnaie, en créant une matière transmutable suivant les caprices individuels, permet à l'homme de faire rendre à la source d'émotions dont il dispose son maximum d'effet. Ce n'est pas seulement parce que un franc égale un franc que deux hommes qui reçoivent cette somme peuvent être regardés comme également heureux ; c'est surtout parce que chacun peut tirer de cette somme le parti qui lui convient et goûter autant de plaisir que son voisin, bien qu'il achète ou parce qu'il achète des objets différents. L'indétermination du moyen permet l'individualisation de la jouissance. — La hiérarchie des peines et des plaisirs étant ainsi fixée, il nous est possible d'évaluer l'émotion d'autrui.

En résumé nous employons, pour prévoir l'émotion d'autrui, les mêmes critères que pour estimer la nôtre : nous évaluons l'intensité de son désir et les ressources dont il dispose pour le satisfaire.

***

Comme les jugements sur la valeur des actions les jugements sur la valeur des sanctions sont des inductions ; pour dire : cet acte sera agréable, comme pour dire : cet acte sera méritoire, il faut saisir des rapports de causalité. Entre ces deux espèces d'inductions n'y a-t-il aucune différence ?

Elles n'élaborent pas les mêmes matériaux. Nous agissons ; notre action produit dans le monde matériel des séries de mouvements ; l'une de ces séries produit à son tour une émotion. Puis le cycle se répète : l'émotion provoque une réaction, qui est suivie de mouvements à la suite desquels reparaît une émotion. Et ainsi à l'infini. L'induction qui nous permet d'évaluer les agents s'attache au rapport des deux premiers termes : l'action et ses effets. L'induction qui nous permet d'évaluer les sanctions s'attache au rapport des derniers termes : les mouvements et l'émotion.

De cette différence dans les matériaux élaborés résulte une différence dans le rapport saisi par l'induction. A tort ou à raison, l'action paraît être la condition suffisante de ses effets : sa valeur est à ce prix. Elle semble entrer en jeu d'elle-même : elle est cause active. Au contraire, la cause immédiate de l'émotion, le mouvement de la matière, attend pour se mettre en branle une chiquenaude extérieure ; ce n'est pas d'elles-mêmes que les choses donnent aux hommes des émotions : sources de jouissances ou de souffrances, elles demandent à être captées. Tout jugement de valeur est un jugement de causalité ; entre ces deux propositions : « l'or est jaune », « l'or est précieux », il existe la même différence qu'entre ces deux propositions : « Napoléon était petit », « Napoléon était un grand capitaine ». Dire : « l'or est jaune », c'est affirmer qu'une certaine sensation visuelle est ordinairement associée aux sensations tactiles, musculaires, auditives dont le groupe constitue le lingot. Dire : « l'or est précieux », c'est affirmer que ce même groupe de sensations est pour les hommes une cause d'émotions agréables. De même, affirmer que Napoléon est petit, c'est ajouter un caractère aux traits qui composent la figure de Napoléon, tandis qu'affirmer sa valeur militaire, c'est rattacher à son esprit comme à leur cause une foule d'opérations importantes. Mais tandis que nous considérons Napoléon comme la cause active de ces opérations, si bien que nous n'avons pas besoin pour les expliquer de remonter aux causes de cette cause, nous ne regardons l'or comme une source de jouissances qu'à la condition qu'il soit utilisé par une cause active. A cette distinction vulgaire des causes matérielles et des causes efficientes correspond la distinction de la valeur des personnes et de la valeur des choses.

La distinction n'est pas absolue : les hommes empruntent parfois leur valeur aux choses et les choses tirent souvent leur valeur de l'effort humain. Plus un homme s'approprie de sources de jouissances, plus il augmente son pouvoir causal : la valeur des choses rejaillit sur sa personne. Réciproquement l'ombre de la personne humaine se projette sur les choses matérielles auxquelles elle a appliqué son effort. Ainsi s'expliquent les théories contraires des économistes et des socialistes dont les uns mesurent la valeur des choses à leur « désirabilité » tandis que les autres la mesurent au travail de l'ouvrier : les uns ne voient dans l'objet utile qu'une chose, les autres y voient l'œuvre d'une personne ; les uns ne voient que le produit assimilable, les autres ne voient que le travail assimilateur.

Cette interférence des deux notions de valeur s'explique aisément : en dernière analyse, la valeur « réelle » se ramène à la valeur « personnelle ». Les choses n'ont de valeur que lorsqu'elles stimulent, favorisent, fécondent l'activité des hommes. Les choses, comme les personnes, possèdent une valeur positive et une valeur négative. La valeur humaine est positive quand ses effets produisent de l'activité, négative quand ils en détruisent : de même, la valeur des choses est positive quand elles produisent un plaisir, c'est-à-dire le signe d'une recrudescence d'activité, négative quand elles produisent une douleur, c'est-à-dire le signe d'une déchéance de l'activité. Sans doute, il faudrait prouver que le plaisir et la douleur correspondent à une augmentation et à une diminution de l'énergie humaine. Mais cette preuve est souvent fournie. M. Féré approche un flacon de musc du nez d'un sujet : l'odeur est désagréable : au dynamomètre, le chiffre baisse ; il éloigne le flacon : l'odeur devient agréable : au dynamomètre, le chiffre s'élève. Münsterberg mesure les erreurs commises dans le tracé d'une ligne sous l'influence du plaisir et de la douleur : « dans le plaisir les mouvements ont une tendance à l'augmentation, dans la douleur à la diminution. » Et M. Ribot, qui cite ces expériences, conclut : « Les manifestations de la joie peuvent se résumer en un seul mot : dynamogénie[1]. » « La douleur, d'autre part, est liée à la diminution et à la désorganisation des fonctions vitales[2]. » C'est, sous une autre forme, la conclusion à laquelle aboutit un psychologue d'une tout autre école, Nahlowsky, lorsqu'il dit : Il y a plaisir quand il y a augmentation dans la force et le nombre des représentations, accélération dans la vitesse de leur cours; il y a douleur dans le cas contraire[3]. Augmentation de la force physique, augmentation de la force mentale, c'est en tout cas à une augmentation d'activité que correspond le plaisir. Les choses n'ont de valeur que lorsqu'elles contribuent à accroître la valeur des personnes.

III

Beaucoup de philosophes jugeront inutile l'énumération détaillée des sophismes auxquels nous expose l'évaluation des émotions futures : toute tentative semblable à celle de Bentham doit échouer à leur avis, car elle suppose de l'homogénéité entre des choses hétérogènes, elle soumet à la mesure des choses sans commune mesure : qui donc a découvert l'unité de plaisir ou l'unité de douleur? Mais s'il

---

1. Ribot, *Psychologie des sentiments*, p. 53. Cette proposition demeure suffisamment exacte, malgré les exceptions qu'on peut signaler. V. G. Dumas, *La tristesse et la joie* (Paris, F. Alcan).
2. Ribot, *op. cit.*, p. 29.
3. Nahlowsky, *Das Gefühlsleben*, p. 49.

est vrai qu'une observation attentive révèle entre les émotions des différences qualitatives, il n'est pas moins vrai que l'observation vulgaire établit entre elles des rapports quantitatifs ; les hommes, quoi qu'on leur enseigne sur la nature du plaisir et de la douleur, continueront à affirmer qu'ils souffrent ou jouissent tantôt « plus » et tantôt « moins ». Et c'est dans l'expérience ordinaire des hommes, ce n'est pas dans les analyses des psychologues que nous devons chercher l'origine et l'explication des jugements humains. Admettons donc, avec le commun des hommes, que les plaisirs et les douleurs, s'ils ne se réduisent pas à la quantité pure, possèdent des caractères quantitatifs et cherchons quelles erreurs on peut commettre dans la mesure anticipée des sanctions.

Nos actions nous rapporteront à nous-mêmes du plaisir ou de la douleur. Il suffit que nous nous rappelions l'effet émotif d'un acte passé pour attendre le même effet du même acte. Supposons d'abord que ce souvenir soit un réveil véritable de l'ancienne émotion ; supposons que nous comptions parmi les privilégiés qui retrouvent non seulement la froide idée de leur plaisir ou de leur peine mais la saveur même de l'émotion. Pouvons-nous attribuer à l'émotion passée l'intensité de l'émotion renaissante ? Certains psychologues prétendent que l'émotion nouvelle n'est pas la fille de l'ancienne : elle lui ressemble ; tout au plus a-t-elle avec l'ancienne une parenté éloignée : le souvenir tout intellectuel de la première émotion a provoqué la seconde. Si cette théorie était vraie, toute induction nous faisant aller de la seconde à la première comme d'un effet à une cause serait incorrecte. Cette théorie est-elle fausse ?

la première émotion est-elle cause de la seconde ? il n'en est pas moins vrai que nous ignorons ce que la cause a mis d'elle-même dans son effet : certaines filles sont plus belles que leurs mères : l'émotion remémorée peut être plus intense que l'émotion passée. Nous n'avons aucun moyen de contrôler les renseignements de la mémoire affective ; nous pouvons bien contrôler un souvenir intellectuel en le conférant à une description contemporaine du fait qu'il rapporte ; mais comment noter sur le moment, en vue d'une vérification future, non pas les concomitants intellectuels de l'émotion, mais l'émotion elle-même ? Rien ne nous met en garde, dans le souvenir affectif, contre les illusions émotionnelles. Quand un tel souvenir apparaît, nous n'avons même pas le droit de conjecturer que l'émotion qu'il représente était parmi les plus intenses, car il n'est pas démontré que les plus intenses soient les seules à renaître. Il y a donc de grandes chances pour que le souvenir nous présente une émotion exagérée ou atténuée : nous aurions tort de nous fier exclusivement à la mémoire pour connaître la sanction de nos actes passés et en inférer celle des actes futurs.

Puisque le souvenir intellectuel est plus fidèle et plus aisément vérifiable que le souvenir affectif, on croira peut-être que nous devons nous féliciter d'être si souvent obligés de reconstituer les émotions passées à l'aide de leurs concomitants intellectuels. Mais pour que cette reconstitution fût exacte, il faudrait posséder tous les antécédents et concomitants de l'émotion passée ; pour mesurer exactement le plaisir d'une excursion de l'an dernier, je devrais me rappeler chaque aspect du paysage, chaque détail de la conversation, chaque effort musculaire. Si frais que soit le souvenir, pouvons-nous assurer que nous avons retenu tous ces éléments ? Or, s'il suffit de trois points pour reconstruire un cercle, il ne suffit pas de quelques détails pour reconstruire une scène. En outre, le cadre intellectuel de l'émotion serait-il reconstitué, il serait téméraire de juger le tableau par les dimensions ou les dorures du cadre. Quel est exactement le rapport entre les phénomènes affectifs et leurs concomitants intellectuels ? Ce rapport est-il nécessaire et immuable ? Nul n'oserait le dire. Deux douleurs qui rayonnent sur la même étendue de notre corps n'ont pas nécessairement la même intensité. Deux plaisirs provoqués par la même perception ne sont pas nécessairement des plaisirs égaux. Ainsi, avant toute prévision, nous avons souvent à faire un raisonnement pour retrouver l'émotion passée et nous ne disposons, pour cette inférence, que d'éléments incomplets dont les relations sont fragiles. La mémoire ne fournit donc jamais à notre prévision que des matériaux mutilés ou suspects.

Pourtant, sans faire la critique de ces matériaux, nous nous empressons de les utiliser. Une observation nous suffit le plus souvent : nous ne répétons pas l'expérience : aussi nous arrive-t-il de confondre avec la vraie cause un antécédent accidentel de notre émotion passée. Une brûlure suffit pour empêcher l'enfant de s'approcher du feu : pourtant cet acte, convenablement exécuté, lui donnerait des sensations agréables ; mais il n'a pas encore appris, par la variation de l'expérience, à distinguer dans le même phénomène une cause de souffrance et une cause de plaisir. De même une seule expérience nous suggère des goûts ou des aversions, des sympathies ou des antipathies durables : tel a longtemps horreur de la limonade parce qu'il a pris dans son enfance un médicament de ce nom ; tel autre conserve de la défiance vis-à-vis d'un homme dont le premier entretien lui a déplu. Nous nous emparons du souvenir tout brut et nous généralisons sans précaution le lien qu'il nous révèle entre deux phénomènes.

Songeons-nous à prendre des précautions ? avons-nous la prétention de recourir aux méthodes logiques ? Nous risquons d'appliquer les règles à tort et à travers. « L'homme confiant en lui, dit Bain, ne sait jamais résumer en une proposition les résultats de ses expériences malheureuses ; il ne sait même pas qu'il n'a jamais réussi dans ses projets [1]. » L'observation est exacte ; est-elle exactement interprétée ? Ne serait-il pas plus juste de renverser la proposition et de dire : l'homme qui oublie ses échecs et croit se rappeler des succès imaginaires a confiance en lui-même ; l'homme qui oublie ses succès et croit se rappeler des échecs imaginaires se défie de lui-même ? Tous deux ont répété leurs expériences, mais leurs « tables de présence » sont incomplètes ou inexactes, la mémoire leur présente des matériaux défectueux : comme il y a des mémoires qui conservent plus fidèlement les dates que les noms ou les noms que les dates, il y a des mémoires qui conservent plus fidèlement les plaisirs que les douleurs ou les douleurs que les plaisirs. Comment l'homme confiant redouterait-il un échec quand son expérience passée ne lui en révèle aucun ? Sa conclusion ne s'appuie pas sur un fait mais sur

---

[1]. *Les émotions et la volonté*, trad. fr., p. 22.

mille : n'est-il pas dans les meilleures conditions pour généraliser sans risque ? Il n'oublie qu'un détail : il n'a pas dressé sa « table d'absence ».

Il ne suffit pas de répéter les expériences : il faut interpréter leurs résultats. L'émotion passée a toujours été précédée du même acte : cet acte est-il sa cause ? Une émotion n'est jamais l'effet d'une cause unique ; par cela même que l'agent se sert d'un intermédiaire matériel pour produire un effet sur sa propre sensibilité, l'émotion est la résultante dont les deux composantes sont l'acte de l'homme et le mouvement de la matière. On pourrait dire que la vraie cause du plaisir ou de la douleur n'est ni la volonté prise à part ni le mouvement pris à part, mais le rapport de la volonté et du mouvement. La brûlure de l'enfant n'est ni l'effet du feu ni l'effet de son mouvement mais l'effet de la combinaison de ces deux causes. Or, cette notion de la cause entre difficilement dans les cerveaux humains : les hommes exigent qu'on leur montre une cause et non deux. Aussi la plupart de leurs raisonnements sur la cause de leurs émotions passées sont-ils des sophismes. Des deux forces accouplées qui constituent la cause ils voient tantôt l'une tantôt l'autre et ils attribuent soit à l'une soit à l'autre le caractère de condition suffisante qui ne convient qu'au couple. Une symphonie ne nous plaît, quelle que soit sa beauté, que si elle est bien exécutée ; ne nous arrive-t-il pas cependant de faire abstraction de l'exécution et de juger le talent de l'auteur d'après notre émotion esthétique sans nous demander s'il n'a pas été trahi par ses interprètes ? Les objets qui servent à satisfaire nos désirs sont comme des réservoirs de jouissances dont la capacité n'est pas infinie ; à mesure que le niveau baisse un plus grand effort de notre part est nécessaire : l'émotion est la résultante dont les deux composantes, la fécondité de l'objet et l'activité du sujet, sont en raison inverse ; ne nous arrive-t-il pas cependant de demander sans cesse la même somme de plaisirs sans songer à donner une plus grande somme d'efforts? c'est que nous commettons une erreur sur la cause de l'émotion.

Enfin, l'induction faite, et bien faite, notre prévision sera démentie par l'événement si nous ne savons pas appliquer au cas présent la loi convenable. J'aurai beau me rappeler le plaisir jadis éprouvé en entendant exécuter une belle symphonie par un orchestre excellent, j'aurai beau affirmer, sans risque d'erreur, que mon émotion avait pour cause la beauté de la musique et l'excellence de l'orchestre, ma prévision d'un égal plaisir à la promesse d'un concert prochain sera fausse si j'ai mal lu sur l'affiche le numéro de la symphonie ou le nom du chef d'orchestre, s'il a changé de musiciens ou fait des coupures dans le morceau, ou si j'ai moi-même changé de dispositions. Dans les raisonnements de la vie courante nous soupçonnons tous ces sophismes, mais les évitons-nous ?

Chacune de ces erreurs nous menace dans les autres modes de la prévision ; mais à chaque mode est attachée une espèce nouvelle de sophismes. Soit, par exemple, la prévision qui repose sur une analogie : la mesure exacte de la distance qui sépare deux termes analogues ne s'opère pas d'un coup d'œil ; le premier regard ne distingue que les analogies les plus superficielles : si la belladone et la pomme de terre se ressemblent c'est par l'extérieur, mais ce n'est pas à première vue qu'on peut reconnaître les différences de leurs propriétés physiologiques. Le sophisme propre à la prévision par analogie, c'est une erreur de classification.

Mêmes erreurs possibles quand nous utilisons pour nos prévisions l'expérience d'autrui. Nous pouvons oublier ou imaginer certains détails de la scène à laquelle il nous a fait assister; nous pouvons confondre avec la cause de son émotion un antécédent fortuit; nous pouvons exagérer l'analogie (ou la différence) de son acte et du nôtre. Mais nous nous exposons à deux sophismes nouveaux : d'abord nous exagérons ou nous ignorons notre ressemblance avec autrui : notre alcoolique s'imaginait qu'il n'est pas organisé comme un cobaye. Et nous pouvons nous tromper en interprétant les signes de l'émotion. Notre voisin a ri : nous voulons rire. Comme si le rire était nécessairement l'expression de la joie ! Comme si l'émotion se traduisait nécessairement en gestes proportionnés à son intensité ! Notre ami nous vante le plaisir qu'il a goûté : recherchons ce plaisir. Mais les paroles de notre ami n'ont-elles pas dépassé sa pensée ? Combien de fois n'avons-nous pas entendu des hommes parler de leur plaisir « extrême » ou de leurs souffrances « horribles », alors que la souffrance était modérée et le plaisir nul ? Avant d'interpréter les gestes et les paroles d'autrui, il est souvent nécessaire de transposer, car les hommes sont rarement dans le ton : faisons-nous toujours cette transposition ?

Enfin la prévision qui ne se fonde sur aucune expérience passée est nécessairement incorrecte. Une induction à priori n'atteindrait la vérité que par un hasard heureux. Il est vrai qu'aucune induction n'est entièrement à priori. Mais dans la prévision immédiate, on n'utilise que l'observation présente ; on ne peut pas répéter l'expérience, puisqu'on n'a pas même le temps de la provoquer : on raisonne d'après l'intuition directe de l'intensité du désir et la perception sommaire des moyens propres à le satisfaire. Dira-t-on que ces prémisses ne sont pas de médiocre qualité et qu'en particulier l'intuition immédiate d'un fait de conscience est infaillible ? Il est vrai que nous ne saurions nous tromper sur l'intensité apparente d'un désir : avoir faim ou s'imaginer qu'on a faim, c'est tout un. Pourtant les psychologues nous parlent de désirs hallucinatoires: « nous pouvons prendre une impulsion de haine pour une impulsion d'amour, la sensation de faim pour une impression de soif[1] » : qu'est-ce à dire ? sinon qu'à l'épreuve le sujet a reconnu son erreur : d'un acte bienveillant il attendait du plaisir, et c'est la douleur qui est venue ; il espérait trouver du plaisir à manger, et c'est seulement lorsqu'il a bu qu'il a été satisfait. Le désir n'est donc pas un prophète infaillible et le premier sophisme, dans ce groupe de raisonnements, consiste à lui accorder une confiance excessive.

A plus forte raison devons-nous nous défier d'un raisonnement construit sur la simple perception de nos moyens d'action. Si perçant que soit mon regard, je ne puis voir, du pied de la montagne, tous les sentiers que je pourrai suivre ni tous les précipices que je rencontrerai. C'est seulement pour les actes d'une extrême simplicité que l'intuition des moyens autoriserait une induction sérieuse.

1. V. Fouillée, *Revue phil.*, mai 1896, p. 472. Citation de Paulhan.

Le calcul de nos émotions futures est donc une opération délicate : il y a beaucoup de chances pour que la sanction de nos actes soit supérieure ou inférieure à nos prévisions.

Le calcul des émotions d'autrui est une opération plus délicate encore : d'une part notre induction ne se fonde jamais sur des observations directes, et, d'autre part, notre action ne produit jamais un effet immédiat sur la sensibilité de nos semblables. Pourtant notre liste d'erreurs sera brève, car nous passerons sous silence les sophismes communs aux deux espèces de prévision.

Les circonstances les moins défavorables sont réunies lorsque nous avons jadis assisté à l'émotion d'autrui : sans doute nous n'avons pas directement perçu l'émotion, mais nous l'avons évaluée d'après ses signes extérieurs. Est-il donc légitime de remonter de ces signes à l'émotion qu'ils expriment? Entre ces deux termes, le rapport est-il nécessaire? Non : la grande douleur est parfois silencieuse. Est-il légitime d'attribuer l'émotion passée à ses causes apparentes? Une parole a suffi, semble-t-il, pour exciter la colère de notre ami : est-ce la cause unique? n'était-il pas mal disposé? un ennui antérieur n'avait-il pas laissé dans son esprit une irritation latente? Une étincelle ne provoque une explosion que dans la poudre ; nous aurons beau répéter notre mot : la colère ne viendra pas si l'irritation s'est évanouie. Est-il légitime enfin d'appliquer au présent la loi du passé? Sommes-nous dans les mêmes dispositions? Le même mot, prononcé de propos délibéré, après calcul de son effet probable, sera-t-il dit sur le même ton que jadis? sera-t-il entendu de la même oreille? sera-t-il entendu?

les intermédiaires qui me séparent d'autrui joueront-ils fidèlement leur rôle de messagers? Nous avons compté trois raisonnements, nous pouvons donc compter trois groupes de sophismes dans la prévision la plus élémentaire.

Un sophisme de plus si nous jugeons l'émotion d'autrui d'après l'effet antérieur d'une action semblable : ne nous tromperons-nous pas sur la similitude des deux actions? — Un sophisme de plus si nous évaluons l'émotion d'autrui d'après l'effet produit sur l'esprit d'un tiers : ne nous tromperons-nous pas sur la similitude des deux individus? — Des sophismes en foule si nous évaluons l'émotion d'un homme d'après notre sensibilité, d'après la sensibilité moyenne de son groupe ou d'après la sensibilité moyenne de l'humanité. Dans le premier cas, ou bien nous avons éprouvé nous-même l'émotion que nous ménageons à notre semblable — et alors les erreurs de mémoire se mêlent aux erreurs de raisonnement; ou bien nous imaginons à priori l'effet que nous produirait à nous-même l'impression que nous voulons lui donner — et alors notre prévision dépend de notre fantaisie : chez les uns l'image du plaisir et surtout de la douleur paraît être plus vive que la sensation : elle est accompagnée d'un tel cortège d'idées accessoires, elles-mêmes agréables ou désagréables, qu'elle attire davantage l'attention; chez les autres, au contraire, l'image de l'émotion est pour ainsi dire nulle. Les premiers tendront à s'exagérer le plaisir ou la douleur d'autrui, les seconds l'estimeront toujours au-dessous de sa valeur réelle. Tel qui supportera sans broncher une amputation douloureuse ne peut se représenter sans frémir l'ongle cassé de son voisin. Et tel qui ne se brise pas un ongle sans crier lit sans horreur le récit d'un supplice. Si nous préjugeons l'émotion d'autrui d'après le type émotif auquel il appartient, l'erreur consiste à se tromper de classe, à placer, d'après ses caractères apparents, un individu du type « vulgaire » dans la classe moyenne ou supérieure, ou réciproquement. Jugeons-nous enfin l'émotion d'autrui d'après la sensibilité moyenne de l'humanité : nous sommes presque aussi sûrs de nous tromper que si, partant de ce principe que la moyenne de la vie humaine est de trente-trois ans, nous affirmions que tel individu déterminé va mourir à trente-trois ans. Il n'est pas impossible que notre évaluation soit exacte, il est très probable qu'elle sera démentie par l'expérience. S'il est vrai, d'une manière générale, que les hommes préfèrent la satisfaction de leurs besoins physiques à celle de leurs besoins moraux, cette proposition n'a pas une valeur universelle, et, serait-elle une loi sans exception, elle ne nous permettrait pas d'évaluer avec précision la dose d'émotion provoquée chez un homme par un châtiment physique ou moral. Sous prétexte d'infliger aux mêmes fautes les mêmes punitions, on condamne différents coupables à des pénalités identiques : c'est un sûr moyen de leur procurer des souffrances inégales. — La prévision des émotions d'autrui, étant plus compliquée que la prévision de nos propres émotions, court plus de risques : plus sont nombreux les raisonnements nécessaires, plus sont nombreux les sophismes possibles.

Il nous reste à signaler quelques erreurs générales. Par cela même que le calcul de l'émotion d'autrui est plus compliqué que le calcul de notre propre émotion, nous arrêtons souvent notre pensée à notre plaisir ou à notre douleur sans prolonger le raisonnement jusqu'à prévoir le plaisir ou la douleur d'autrui. Un acte juste serait un acte qui non seulement nous apporterait une jouissance méritée mais ne procurerait à personne une souffrance imméritée. Mais nous ne voyons souvent que le premier aspect de la question, et, soit étroitesse d'esprit, soit paresse mentale, nous ne cherchons pas ou nous ne concevons pas le retentissement de notre action sur l'âme des autres. De même que nous connaissons mieux notre valeur que la valeur d'autrui, nous connaissons mieux notre bonheur ou notre malheur que le bonheur ou le malheur d'autrui : notre indifférence pour nos semblables, notre égoïsme, comme notre mépris de nos semblables, notre orgueil, a sa source dans la facilité relative avec laquelle nous connaissons nos actes et leurs effets sur nous-mêmes, dans la difficulté relative avec laquelle nous connaissons les œuvres d'autrui et les effets de notre activité sur sa sensibilité.

Une seconde erreur naît de la confusion des deux notions de valeur. Il est souvent légitime d'attribuer aux choses une valeur humaine puisque les choses ne sont souvent que des effets ou des symboles de l'activité des hommes. Il est parfois légitime d'attribuer à un homme la valeur des choses dont il dispose, si ces sources de jouissances ont été captées par son activité ou lui servent d'instruments. Mais il est toujours illégitime de considérer les êtres humains comme des choses, les activités indépendantes comme des matières inertes ; il est logiquement incorrect, étant donné un effet, de confondre sa cause matérielle et sa cause efficiente, l'appareil de transmission et l'appareil moteur. Lorsque Kant recommande de ne jamais traiter la personne humaine comme une chose ou comme un moyen, il se borne à conseiller d'éviter ce sophisme. Considérer une personne humaine comme une chose, c'est considérer une cause efficiente comme une cause matérielle. Ce sophisme est d'ailleurs courant. L'esclave n'est qu'une chose aux yeux de son maître : sa valeur dépend des jouissances qu'il procure à son possesseur, non des effets dont son activité prend l'initiative. A égalité de travail, l'ouvrier n'a sur l'esclave qu'une supériorité : les plaisirs qu'il procure à autrui sont les mêmes ; en tant que choses, les deux outils se valent ; mais l'ouvrier est une personne puisqu'il consent à procurer ces plaisirs, puisqu'il est l'auteur volontaire de son œuvre. La femme, tant qu'elle est contrainte au mariage, tant que son consentement n'est pas requis, n'est qu'une chose aux yeux de son mari, elle n'a de valeur que par les plaisirs dont elle est la cause matérielle. Dans un tel état social, la femme peut parvenir à subjuguer l'homme : mais son pouvoir est analogue à l'attrait que l'or exerce sur l'esprit de l'avare ; si élevée que soit sa valeur, elle n'a qu'une valeur « réelle » et non pas une valeur « personnelle ». Elle peut régner sur l'homme : elle lui est inférieure. Elle ne conquiert l'égalité qu'au moment où elle peut prendre elle-même la direction de sa vie. Réciproquement, nous attribuons à des choses une valeur personnelle : nous personnifions les éléments, les êtres inanimés qui nous ont procuré des plaisirs ou des peines. Mais ce sophisme revient à celui qui suppose aux phénomènes mécaniques des causes intentionnelles : nous n'avons plus à le décrire.

Toutes ces erreurs, comme les erreurs commises dans l'évaluation des actions et des agents, faussent le calcul de la justice. Deux hommes qui s'estiment égaux croiront devoir, dans les mêmes circonstances, accomplir des actes différents s'ils n'ont pas le même avis sur la fécondité émotionnelle de ces actes. La même émotion leur paraît juste, mais pour l'éprouver l'un double la dose d'excitation qui suffirait à l'autre. Pour une même faute, deux juges ne croiront pas devoir infliger le même supplice s'ils n'ont pas le même avis sur sa valeur émotive. Toutes choses égales d'ailleurs, deux individus victimes d'une même offense ne croiront pas devoir exercer la même vengeance s'ils n'ont pas le même avis sur la sensibilité de leur offenseur. Ainsi continue à s'élargir le champ de l'apparente justice. La valeur de l'émotion juste est déterminée quand on connaît la valeur de l'action : dans la formule $x = \dfrac{a}{s}$, la connaissance de la constante x et du numérateur a entraîne celle du dénominateur s. Mais sachant quelle doit être la sanction, les hommes se trompent sur ses causes, et, croyant placer en regard de chaque action l'émotion appropriée, ils produisent en général une sanction supérieure ou inférieure à la sanction juste.

*
* *

Nous savons maintenant quelles opérations mentales précèdent la conception de l'idéal volontaire. Ce sont des jugements de valeur, c'est-à-dire des inductions. A tout moment nous évaluons la puissance causale d'une personne, la fécondité émotionnelle d'une chose. Mille expériences, mille observations quotidiennes font, défont et refont ces inductions. A tout moment nous établissons entre le mérite et la récompense, le démérite et le châtiment, l'équation ou la proportion qui nous paraît juste. Dans ces raisonnements perpétuellement renouvelés se glissent perpétuellement des erreurs. Il semblerait qu'on pût dresser si exactement le tarif des actions humaines qu'en regard de chacune se lirait son prix. Mais trois groupes de sophismes troublent le calcul. S'il est vrai, d'abord, que le rapport de l'acte à la sanction doit être constant pour être juste, les hommes peuvent se tromper sur le taux de cette proportion : x est constant, mais quelle est la valeur de cet x? Les hommes se trompent encore en déterminant la valeur des actions, car les matériaux dont ils disposent pour construire leurs inductions sont de médiocre qualité et les méthodes qu'ils emploient pour les élaborer manquent de rigueur. Et pour les mêmes raisons ils se trompent enfin sur la valeur des émotions qui résulteraient de leurs actions projetées. Agir de même dans le même cas, telle est la devise de la justice. Mais les erreurs commises dans la conception de cet idéal sont si nombreuses que, tout en se dirigeant vers le même but, les mêmes hommes, dans le même cas, prennent les chemins les plus variés.

Des deux fils qui composent la trame du « je veux » nous connaissons le premier. « Cet acte est bon » signifie : « cet acte est juste ». Et nous savons qu'il est lui-même double : le jugement « cet acte est juste » suppose l'évaluation d'un acte et l'évaluation d'une émotion. A leur tour, chacun de ces jugements de valeur résume une foule d'inductions correctes ou sophistiques, sources innombrables du premier courant que nous ayons à remonter dans notre régression vers les antécédents logiques de l'acte volontaire.

CHAPITRE IV

SECONDE BRANCHE DE LA RÉGRESSION.
PRÉVISION DES MOYENS

I. — Nous ne connaissons nos moyens d'action ni par une intuition, ni par une simple association d'idées, mais par un raisonnement analytique remontant de la fin à ses causes.
II. — Espèces de ce raisonnement : analyse unilinéaire et analyse multilinéaire, analyse simple et analyse complexe.
III. — Éléments du raisonnement : comment sont obtenues les inductions qui le composent.
IV. — Rapports entre la conception des moyens et la conception des fins.
V. — Sophismes commis dans le calcul des moyens : analyses mal conduites.
VI. — Sophismes commis dans le calcul des moyens : inductions mal faites.
Conclusion du chapitre. — La variété des analyses pratiques contribue à expliquer la variété des volitions.
Conclusion de la première partie : *résumé*.

Le second des jugements qui précèdent la volition est relatif à la possibilité de l'acte projeté. Nous désirons, nous souhaitons, mais nous ne voulons pas l'impossible. Le « je veux » est précédé d'un « je peux ». Et j'affirme que « je peux » quand je connais le moyen de réaliser mon idéal. Comment s'acquiert cette connaissance ? et quelle est sa valeur logique ?

I

Comment connaissons-nous nos moyens d'action ? Par une sorte d'instinct ou d'intuition, selon certains philosophes; par une association d'idées selon d'autres. Examinons ces théories.

La première déclare que la fin suggère les moyens : ne suffit-il pas de savoir où aller pour savoir par où passer? L'idée aurait par elle-même une mystérieuse puissance ; l'âme gouvernerait la matière à son gré : vouloir c'est pouvoir, dit le proverbe ; l'idée est force, dit M. Fouillée. Et M. Ravaisson a revêtu la théorie de couleurs poétiques : « Nous nous proposons tel objet, telle idée ou telle expression : des profondeurs de la mémoire sort, aussitôt, tout ce qui peut y servir des trésors qu'elle contient. Nous voulons tel mouvement, et sous l'influence médiatrice de l'imagination, qui traduit en quelque sorte dans le langage de la sensibilité les dictées de l'intelligence, du fond de notre être émergent des mouvements élémentaires dont le mouvement voulu est le terme et l'accomplissement. Ainsi arrivaient à l'appel d'un chant, selon la fable antique, et s'arrangeaient comme d'eux-mêmes en murailles et en tours de dociles matériaux »[1].

Sans nier l'influence de la pensée sur l'action, nous doutons que l'action soit toujours sous la dépendance immédiate de la pensée. La fable antique n'est qu'une fable : dans la réalité ce n'est pas d'eux-mêmes que les matériaux s'assemblent en murailles ; ce n'est pas d'elles-mêmes que les idées sortent de la mémoire ou les mouvements des profondeurs de l'être. Si cette thèse était exacte en effet, toute idée, pourvu qu'elle fût assez intense, engendrerait les mouvements propres à la réaliser. Or, il n'en est rien. Il est

---

1. Rapport sur la philosophie en France au XIXe siècle, p. 244.

possible que toute idée d'action provoque des mouvements, mais ils ne sont pas toujours appropriés à l'idée. Toutes les fois que j'ai l'idée de remuer le doigt, il bouge, mais, selon l'exemple favori de William James, l'idée de mouvoir l'oreille n'entraîne pas ce mouvement. Sans doute cette idée provoque une agitation dans les nerfs et dans les muscles, mais ces mouvements demeurent invisibles : c'est donc qu'ils sont inefficaces. Dira-t-on qu'ils sont adaptés à leur fin mais trop faibles pour l'atteindre? Voici des cas dans lesquels les mouvements spontanément provoqués par l'idée de la fin nuisent à sa réalisation. Il n'est pas prudent de jeter un enfant à l'eau pour lui apprendre à nager : il y a beaucoup de chances pour qu'il se noie. Le cycliste inexpérimenté fait d'instinct tout ce qu'il faut pour tomber : se sent-il entraîné à droite? il croit naturel de rétablir l'équilibre en se penchant à gauche : il a tort. Enfin, si tous les mouvements spontanés ne sont pas nuisibles, la plupart sont inutiles ; pourquoi l'idée de serrer fortement le poing provoque-t-elle des contractions de la face? Ces exemples prouvent suffisamment que la connaissance des moyens d'action n'est pas intuitive.

Si l'idée de la fin n'entraîne pas immédiatement la connaissance du moyen, suffit-il d'une association d'idées ou d'une série d'associations d'idées pour arriver à cette connaissance? C'est l'avis de William James : « il est admis, dit-il, que l'idée de la fin et la contraction musculaire appropriée ont été, à l'origine, unies par une association empirique; c'est-à-dire que l'enfant, ayant sa fin en vue, a fait au hasard des mouvements jusqu'à ce qu'il ait rencontré accidentellement le seul qui convînt. Ce dernier éveille en lui un sentiment caractéristique qui dès lors reste en lui comme l'idée du mouvement approprié à cette fin particulière[1]. » C'est l'avis de Bain : ce psychologue n'a pas confiance dans la vertu de l'instinct, mais il croit à la puissance du hasard. Nos muscles sont arrêtés dans leur exercice et nous voulons les dégager : un mouvement accidentel leur rend la liberté ; l'idée de ce mouvement s'associe avec l'idée de la liberté et quand nous voudrons recouvrer la liberté perdue, nous emploierons de propos délibéré ce mouvement jadis fortuit. Si cette coïncidence se répète, l'association des deux idées deviendra plus solide ; tandis que le premier acte volontaire n'était qu'une imitation maladroite du mouvement fortuit, les volitions ultérieures ne connaîtront ni tâtonnements ni incertitudes : « les tentatives faites au hasard... céderont la place à un mouvement choisi et approprié[2] ». Il suffit donc, selon ces psychologues, qu'une idée s'associe à l'idée de la fin pour paraître un moyen destiné à la réaliser.

Cette théorie repose sur des faits bien observés mais mal interprétés. D'abord elle ne s'applique guère qu'à un cas particulier de la recherche des moyens : celui dans lequel un mouvement du corps suffit pour atteindre la fin désirée. Pour atteindre un but, nous recourons nécessairement à un mouvement du corps, mais ce mouvement toujours nécessaire n'est pas toujours suffisant : par quelles heureuses associations d'idées découvrirons-nous les moyens d'agir sur une matière éloignée de notre main ? Ni Bain ni William James ne le disent : leur description ne s'applique donc

1. Trad. de la *Critique philosophique*, 23 septembre 1880, p. 126.
2. *Émotions et volonté*, trad. fr., p. 313.

qu'aux volitions ayant dans le monde physique un effet immédiat.

En second lieu, la théorie associationniste attribue au hasard un rôle qui est joué par le raisonnement. Pour qu'une association d'idées nous fournisse un moyen d'agir, il est nécessaire que l'idée associée à l'idée de la fin représente une cause efficiente de cette fin. Dans tous les exemples choisis par Bain, le mouvement que l'expérience associe au désir est une cause de sa réalisation, et il serait bien étrange qu'il en fût autrement : l'idée de promenade aurait beau me suggérer le souvenir des péripatéticiens : cette association d'idées ne me fournirait pas le moyen de marcher ! La connaissance des moyens n'est donc pas obtenue par le rapprochement fortuit de deux idées quelconques : l'esprit montre dans cette recherche plus d'initiative et de ténacité : il remonte de la fin à ses causes, puis de ces causes à leurs causes : non seulement il fait un raisonnement, mais ce raisonnement est compliqué.

De ce raisonnement, Aristote a donné une description des plus exactes. « Après avoir posé une fin, dit-il[1], on examine (dans la délibération) comment et par quels moyens cette fin sera réalisée : apparaît-il qu'elle peut l'être par plusieurs moyens, on cherche quel est celui qui la réalisera le plus facilement et le plus parfaitement ; s'il n'y en a qu'un, on cherche comment ce moyen la réalisera, puis par quel moyen ce moyen lui-même sera obtenu, jusqu'à ce qu'on arrive à la première cause qui dans la recherche est la dernière. La délibération ressemble en effet

---

1. *Eth. Nic.*, III, 5. 1112 b 15.

à la recherche analytique décrite pour la figure géométrique. » Nous n'avons pas d'autre prétention que de commenter ce texte d'Aristote. La recherche des moyens est analogue à l'analyse mathématique : le mathématicien suppose son problème résolu, cherche à quelles conditions cette solution peut tenir, puis quelles sont les conditions de ces conditions, et ainsi de suite jusqu'au moment où il trouve parmi ces conditions une proposition dont il a déjà démontré la vérité ou l'erreur; de même l'homme qui cherche les moyens de réaliser une fin doit supposer la fin réalisée, examiner les conditions immédiates de cette réalisation, puis les conditions de ces conditions, et ainsi de suite jusqu'au moment où il trouve parmi ces conditions un fait conforme ou contraire à l'expérience. La solution du problème mathématique est exacte quand l'analyse aboutit à une proposition vraie, inexacte quand elle aboutit à une proposition fausse. De même nous croyons tenir la solution du problème pratique lorsque nous arrivons, par l'analyse, à une cause donnée par l'expérience; nous croyons le problème insoluble quand le raisonnement aboutit à une cause contraire aux données de l'expérience. La réalisation d'une fin nous paraît possible quand nous apercevons une ou plusieurs séries d'effets et de causes dont le premier terme serait la fin et le dernier une idée de notre esprit; elle nous paraît impossible quand les anneaux de cette chaîne ne sont pas reliés solidement ou quand le dernier anneau échappe à nos prises. Sans doute les propositions qui constituent le raisonnement pratique sont des jugements de causalité tandis que celles du raisonnement mathématique sont des jugements d'égalité : mais cette différence ne nous empêche pas de constater l'analogie des deux analyses[1].

L'analyse régressive est-elle l'unique méthode pour découvrir des moyens d'action? Nous avons reproché à la théorie de Bain de n'expliquer que les volitions à courte échéance : ne pourrait-on pas faire à la théorie d'Aristote un reproche inverse? Sans doute, pour agir sur le monde extérieur il faut connaître certains rapports de causalité physique; mais est-il nécessaire de remonter des effets aux causes quand on veut produire un phénomène psychologique, quand la volition ne franchit pas les limites de la conscience? — Peut-être le raisonnement est-il moins visible, mais il n'est pas moins réel. Soit à évoquer un souvenir : le moyen d'obtenir ce résultat, c'est d'éveiller l'idée ou les idées dont l'apparition déterminera celle du souvenir cherché. Ai-je appris un texte par cœur? je sais que le souvenir du premier mot entraînera le souvenir des autres : si donc je connais un moyen de rappeler ce mot, j'affirmerai d'avance que je puis me rappeler le texte entier. Chacun peut voir, par une expérience très simple, dans quels cas il juge possible, dans quels cas il juge impossible l'éveil volontaire d'un souvenir. Aujourd'hui, 30 janvier 1900, je cherche s'il me sera possible de retrouver l'emploi de mon temps dans la journée du 30 janvier 1899. Aussitôt me vient à l'esprit l'idée que, le 30 janvier 1900 étant un mardi et l'année 1899 n'étant pas bissextile, le 30 janvier 1899 était un lundi. Cette réflexion me suffit; ma fin est réalisable : en effet, l'idée du lundi entraîne

1. Cf. Hobbes, *Léviathan*, Pars I, ch. 3. Cf. *De corpore, Physica*, ch. xxv § 8.

l'idée de certains devoirs professionnels ; elle est donc de nature à me renseigner sur l'emploi de mon temps. Je pourrai même préciser mes souvenirs, car mes occupations professionnelles sont périodiques : un calcul me donnera le numéro et, par suite, le sujet de la leçon que j'ai faite le 30 janvier 1899. Capable d'évoquer l'une des conditions du souvenir cherché, je me juge en état d'évoquer ce souvenir. Au contraire, je crois difficile d'évoquer le souvenir de mon treizième anniversaire. Partant de l'idée de mes treize ans, je cherche dans des directions différentes les conditions de ce souvenir ; je songe qu'à treize ans j'étais au collège depuis une année ; je songe que j'ai atteint mes treize ans en septembre, pendant les vacances ; l'image de mes compagnons de vacances passe devant mes yeux ; ces vacances séparaient ma cinquième de ma quatrième : je revois mes professeurs ; le numéro de l'année me revient à l'esprit : mais ces ébauches d'analyses me donneront-elles les conditions suffisantes du souvenir ? j'en doute. Je n'ai à ma disposition que les conditions d'un souvenir vague et je recherche un souvenir précis. Il est donc probable que j'échouerai. Il est certain que j'échouerai si je veux remonter plus loin dans le passé parce que les conditions du souvenir seront elles-mêmes hors de portée. Les matériaux faisant défaut à l'analyse, mon jugement sur la possibilité de l'action sera négatif. Pour trouver les moyens d'une action tout interne, nous employons donc le même raisonnement que pour trouver les moyens d'une action extérieure.

Si la recherche des moyens est toujours une analyse, est-elle toujours une régression des effets aux causes ? Pour certains psychologues, elle est une déduction du général au particulier. Schneider montre, par exemple, qu'un homme qui se propose de s'enrichir n'en trouve le moyen qu'en substituant à l'idée générale de richesse l'idée particulière de la richesse acquise dans telle ou telle branche du commerce ; de cette idée, il passe à l'idée plus particulière encore des marchandises vendues dans le commerce de son choix, et il n'est prêt à agir qu'au moment où il songe à acheter l'une de ces marchandises en particulier [1]. De même tout travail de l'esprit se présente d'abord sous un aspect général : nous voulons faire de la psychologie. Mais pour que cet idéal paraisse réalisable, il faut passer, par exemple, de l'idée de psychologie à l'idée de la psychologie de la volonté ; délimiter dans ce domaine un champ plus restreint : soit l'étude des conditions intellectuelles de la volition. Et ainsi de suite jusqu'au moment où la fin, devenue concrète, est immédiatement réalisable. La recherche des moyens consisterait à traduire l'idée de la fin en langage concret. Mais, loin d'être exclu de la théorie d'Aristote, ce cas est expliqué par elle. La réalisation d'une fin générale a pour condition nécessaire la réalisation des fins spéciales qu'elle enveloppe. Ou bien l'idée générale est un total qu'on n'obtient pas avant d'avoir posé tous les chiffres de l'addition. Ou bien l'idée générale est une abstraction qui ne peut exister qu'après le concret dont elle est extraite. Il est impossible de constituer la science psychologique sans étudier tour à tour l'intelligence et la volonté : en passant de l'idée générale de psychologie à l'idée moins générale de la psychologie de la volonté, nous n'allons pas seulement de

1. *Revue philos.*, t. XV, p. 678.

l'abstrait au concret, mais du conditionné à la condition. Il est impossible de rechercher la richesse en général: c'est la richesse concrète, c'est une somme de jouissances qu'on veut acquérir : la notion générale de richesse n'est qu'un nom. S'il est vrai que la chose soit le substrat nécessaire du mot, en passant du mot richesse à l'image de l'argent, nous n'allons pas seulement de l'abstrait au concret, mais du conditionné à la condition. Ainsi la théorie d'Aristote ne pèche pas par défaut de généralité: toutes les fois que nous cherchons les moyens d'agir, nous remontons de la fin considérée comme effet jusqu'à ses causes et à leurs causes.

II

Ce n'est pas à dire que cette analyse ne connaisse qu'une forme. Elle est tantôt unilinéaire, tantôt multilinéaire : de la fin supposée réalisée une seule série de causes part dans le premier cas, plusieurs séries dans le second.

Exemples d'analyses unilinéaires. Je désire lever le doigt: je sais que l'idée de ce mouvement suffit à le provoquer : je n'ai pas besoin de chercher un autre moyen pour atteindre mon but. De même je me propose de lire les Mémoires de Saint-Simon ; je sais à quelle bibliothèque se trouve cet ouvrage ; je connais le chemin de cette bibliothèque : je sais quels mouvements sont nécessaires pour m'y transporter et quelles conditions psychologiques suffisent à produire ces mouvements: je constate que ces conditions sont remplies : sans chercher d'autres moyens d'action, je juge donc possible de lire Saint-Simon. Dira-t-on que nul n'a conscience de se livrer, avant d'agir, à des opérations si savantes? Nous verrons plus tard pourquoi la conscience est souvent muette à cet égard. Mais il suffit que la conclusion du raisonnement, au lieu d'être affirmative, soit négative ou hypothétique pour que la conscience aperçoive l'analyse qu'elle vient d'opérer. Qu'au lieu de mouvoir le doigt je me propose de remuer l'oreille : je sais que l'idée de ce mouvement ne suffit pas à le provoquer ; je ne connais pas d'autre cause d'un mouvement spontané que l'idée de ce mouvement; si simple que soit mon analyse, son échec me révèle son existence : la conclusion négative me surprend et, en remarquant que je ne connais pas la cause du mouvement voulu, je vois bien que mon raisonnement consistait à la chercher. Qu'au lieu de lire Saint-Simon je veuille lire Dangeau : je ne sais pas s'il existe, à la bibliothèque où je fréquente, une édition de son *Journal* ; le lien qui rattache mon état présent à la lecture souhaitée menace donc d'être rompu : je doute de la possibilité de mon acte, je ne sais pas si un voyage à la bibliothèque sera la condition suffisante de la réalisation de mon désir : et puisque c'est l'ignorance d'une relation causale qui donne à ma conclusion son caractère hypothétique, c'est que la recherche des causes était l'objet de mon raisonnement. Toute analyse unilinéaire peut donc se représenter par les schèmes suivants:

Soit F la fin.
La cause C produit F.
Directement ou indirectement je suis la cause de C.
Donc je puis atteindre F.

Soit F la fin.
Je ne connais aucune cause de F.
Donc, je ne puis l'atteindre.

Soit F la fin.
La cause C produit F.
Ni directement ni indirectement je ne suis cause de C.
Donc je ne puis atteindre F.

Soit F la fin.
Je ne sais si C cause F.
Donc je ne sais si je puis atteindre F.

Soit F la fin.
C cause F.
Je ne sais si je suis cause de C.
Je ne sais donc si je puis atteindre F.

L'analyse unilinéaire n'est-elle pas la seule analyse pratique? si la recherche des moyens remonte des effets aux causes, comment suivrait-elle des directions multiples? Le même effet ne peut pas être produit par des causes différentes : comment la même fin serait-elle atteinte par des moyens différents si les moyens sont ses causes? A priori, il peut sembler que l'analyse multilinéaire est impossible. Serions-nous donc réduits, pour chaque fin, à un moyen unique? La solution de la difficulté se trouve dans la définition de la cause. Il est vrai qu'un même effet est toujours produit par une même cause si l'on entend par cause le rapport constant des conditions d'un phénomène. Mais ce rapport peut être constant sans que ses termes demeurent identiques: les conditions peuvent donc varier sans cesser de produire le même phénomène. Soit le mouvement A B, provoqué par l'application au point A des deux forces A C, A D: sans doute l'application de ces deux forces au même point produira toujours le mouvement A B; mais ce mouvement ne sera-t-il jamais produit que par les deux forces

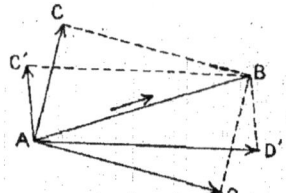

A C D A,? Tout couple[1] de forces A C', A D', par exemple, dont le parallélogramme aura la même diagonale que le parallélogramme des forces A C, A D, produira le même mouvement. Or, ces couples de forces sont en nombre infini puisqu'une même ligne peut servir de diagonale à une infinité de parallélogrammes. Si l'on entend par cause du mouvement A B, la diagonale du parallélogramme des forces qui s'appliquent en A, on a raison de dire qu'A B n'a et ne peut avoir qu'une cause ; mais si l'on entend par cause du mouvement les deux forces accouplées, on aurait tort de croire qu'elles seules sont en état de produire l'effet: une infinité d'autres couples donneront un résultat identique. En remontant par l'analyse des effets à leurs causes, nous pourrions donc suivre une infinité de voies. L'analyse mathématique permet de donner au même problème des solutions diverses parce qu'une même quantité peut être égalée à plusieurs autres : $3 = 2 + 1 = 4 - 1$ et ainsi de suite. L'analyse pratique suggère des solutions multiples

---

[1]. Ce mot est pris dans son sens usuel, non dans son sens mathématique.

parce qu'un même effet peut être causé par plusieurs couples de conditions. Entre ces solutions diverses, chacun de nous choisit « la voie la plus facile et la meilleure » de même que le mathématicien, entre plusieurs solutions d'un problème, choisit la plus élégante. La solution la plus élégante d'un problème mathématique c'est la solution la plus brève, c'est l'analyse qui emploie le moins grand nombre d'intermédiaires entre l'équation supposée et l'équation connue. La solution la plus élégante du problème pratique c'est la solution la plus brève, c'est l'analyse qui emploie le moins grand nombre d'inductions causales pour remonter de la fin voulue à sa condition actuelle. A priori, l'existence des analyses multilinéaires n'est pas absurde.

En fait, il est rare que l'analyse des moyens soit unilinéaire. Nous connaissons en général plusieurs séries d'effets et de causes aboutissant à la fin désirée. Supposez, par exemple, que nous désirions diriger la conduite d'autrui. Nous cherchons non pas l'unique mais les divers sentiments qui pourraient provoquer la résolution que nous désirons lui voir adopter. Considérant ensuite chacun de ces sentiments comme un effet, nous cherchons non pas quelle mais quelles paroles pourraient déterminer l'explosion de cet effet. Puis nous examinons quels moyens sont à notre disposition pour faire parvenir ces paroles à destination : faut-il écrire? provoquer un entretien? attendre patiemment une occasion favorable ? A chaque pas l'analyse multiplie le nombre de ses ramifications.

L'analyse multilinéaire a, comme l'analyse unilinéaire, des modes affirmatifs, des modes dubitatifs et des modes négatifs. Si nous connaissons tous les termes d'une des séries causales, l'action nous paraît possible ; si nous connaissons tous les termes de plusieurs séries ou de toutes les séries, l'action nous paraît facile ; si dans chaque série nous ignorons l'un des termes, la possibilité de l'action devient hypothétique ; si nous savons que dans chaque série une ou plusieurs des séquences ne sont pas des séquences causales ou que la dernière cause saisie par l'analyse n'est pas l'effet du moi, l'action paraît impossible. Pour agir sur la conduite d'autrui, nous savons que tous les discours sont vains ; la contrainte seule serait efficace, mais il n'est pas en notre pouvoir de l'employer : nous jugerons donc impossible l'éducation que nous avions projetée.

Ces différents modes peuvent se représenter par les schèmes suivants :

Soit F la fin.

C, C', C", etc., sont causes de F.

Directement ou non, je suis la cause de C, C' *ou* C" (ou de C, C' *et* C").

Donc je puis atteindre F.

Soit F la fin.

En cherchant de divers côtés je ne découvre aucune cause de F.

Donc je ne puis pas réaliser cette fin.

Soit F la fin.

C, C', C", etc., sont les causes de F.

Ni directement ni indirectement je ne suis cause de C, C', C".

Donc je ne puis pas réaliser ma fin.

Soit F la fin.

Je ne sais si C, C', C", etc., sont les causes de F.

Je ne sais donc pas si je puis produire F.

———

Soit F la fin.

C, C', C", etc., sont les causes de F.

Je ne sais si directement ou non je suis cause de C, C', C".

Je ne sais donc pas si je puis produire F.

Sous ses deux formes, l'analyse pratique est simple ou complexe selon qu'elle comprend un ou plusieurs moments. Elle est simple lorsque l'effet désiré est directement produit par le moi, c'est-à-dire quand nous croyons saisir un rapport causal entre une idée[1] et le mouvement voulu. Elle est complexe lorsque l'effet désiré n'est qu'indirectement produit par le moi, c'est-à-dire quand le mouvement causé par l'idée ne réalise lui-même la fin que par l'intermédiaire d'autres mouvements. Dans l'analyse complexe, les causes aperçues par l'esprit sont de deux espèces : celles qui déterminent l'effet voulu sont des lois de la nature, et celles qui mettent en jeu ces lois de la nature sont des actions idéo-motrices. Pour atteindre une perdrix d'un coup de feu, le chasseur doit appuyer sur la détente : il sait que l'idée de ce mouvement sera suivie du mouvement ; il croit pouvoir affirmer un rapport causal entre un état de son esprit et un état de la matière. Mais, le coup parti, les lois de la matière sont appliquées : la vitesse et la direction des plombs dépendent de la position du fusil, de la puissance

---

[1]. Le mot idée est pris dans le sens général de « fait de conscience » sens que lui donnent, par exemple, Descartes et Locke.

de la poudre et de la résistance de l'air. De même, si je veux évoquer un souvenir, je sais que, la condition du souvenir une fois donnée, le souvenir suivra mécaniquement ; mais l'éveil de cette condition dépend de mon effort. Et cet effort n'est pas purement mental : je crois devoir fermer les yeux, porter ma main au front, agir en tout cas sur mon cerveau pour provoquer la condition du souvenir. Le dernier terme de l'analyse, même lorsque la fin réside dans la conscience, c'est la perception d'un rapport causal entre une idée et un mouvement. Pour déclarer possible une action, il faut souvent saisir une séquence régulière entre plusieurs mouvements, mais il faut toujours saisir une séquence régulière entre une idée et un mouvement. Si la perception du premier rapport est, dans l'analyse complexe, une des prémisses du raisonnement, la perception du second est la prémisse nécessaire de tout raisonnement destiné à trouver les moyens d'agir. Mais qu'il s'oriente dans une ou dans plusieurs directions, qu'il cherche des causes physiques ou des causes psycho-physiques, ce raisonnement n'est qu'une chaîne de jugements de causalité.

III

Comment chacun de ces jugements est-il obtenu ? Par une induction. Peut-être ces inductions sont-elles construites avec moins de rigueur que celles du savant, mais elles sont construites sur le même modèle. Pour découvrir une cause, nous répétons, prolongeons ou renversons l'expérience, nous profitons des observations spontanées, nous tentons des expériences « pour voir ». Le premier homme qui ait songé à allumer du feu en battant un briquet avait sans doute observé, à plusieurs reprises, l'étincelle qui jaillit du silex : en affirmant que certains chocs pouvaient la provoquer, il ne faisait que résumer des observations répétées. Tel qui, voulant s'enrichir, embrasse une carrière parce qu'elle « n'est pas encombrée », a dû noter qu'en général les revenus sont d'autant plus abondants, à travail égal, que la concurrence est moins âpre : il a découvert une loi de la nature humaine comme l'inventeur du feu avait découvert une loi de la nature physique. — Comme le savant, mais plus souvent que lui, nous nous contentons d'une seule expérience pour affirmer l'existence d'un rapport causal. Pour savoir que le bruit de la rue me distrait, je n'ai pas besoin d'attendre qu'il se répète. Voilà pourquoi les psychologues associationnistes admettent qu'une rencontre fortuite suffit à nous procurer nos moyens d'action : en mainte occasion, notre induction n'est fondée que sur un fait. — En mainte occasion elle est pure hypothèse : comme le savant, mais plus souvent que lui, nous nous contentons d'une analogie pour induire. De ce que l'index peut se mouvoir sans entraîner les autres doigts dans son mouvement, nous supposons à priori que le majeur aura la même indépendance. — Enfin, comme le savant mais plus souvent que lui, nous nous abandonnons aux hasards de l'expérience. L'enfant tâtonne avant de savoir comment écarter la douleur ou comment graduer l'effort. Même à l'âge mûr ces tâtonnements sont souvent indispensables. « Une crampe, remarque Bain, ne suggère pas l'idée des mouvements nécessaires pour adoucir la peine.

Peut-être est-ce à cause de la rareté de l'expérience, mais nous n'avons pas d'avance une volonté bien arrêtée qui ferait que notre état de souffrance nous donnerait tout de suite l'idée de recourir au meilleur moyen de nous soulager ; nous sommes ainsi rejetés dans les tâtonnements et les erreurs primitives[1]. » Mais à quoi bon ces tâtonnements ? Bain nous l'a dit : ils servent à « isoler »[2] la cause ; spontanément nous appliquons les méthodes de différence, de concordance ou de variation. Et si la rareté de la crampe explique notre ignorance du remède, c'est qu'elle ne nous a pas permis de répéter assez souvent pour induire les expériences destinées à isoler la cause. Si nous nous contentions, pour arriver à nos fins, de profiter des coïncidences fortuites, nous n'aurions qu'à attendre, sans bouger, la fin de nos peines. Mais nous agitons le membre douloureux ; c'est que nous n'avons pas pleine confiance dans la bonne volonté du hasard. Sans doute il semble que le hasard guide seul nos mouvements. Mais c'est une illusion. Nos mouvements sont coordonnés. Pour écarter une douleur, nous nous livrons aux contorsions les plus bizarres. Mais, si bizarres qu'elles soient, elles ont un but : trouver la cause qui tuera la douleur. Et, si bizarres qu'elles soient, elles sont dictées par la nature même de la douleur ; elles varient avec chaque douleur : s'il s'agit d'éloigner un mal de dents nous serrons les mâchoires, nous appuyons la joue sur la main ; s'il s'agit de guérir une crampe, nous essayons de détendre le muscle qui paraît s'être contracturé. D'après la qualité de la souffrance nous devinons sa cause

1. *Émotions et volonté*, tr. fr., p. 315.
2. *Id.*, p. 319.

et nos mouvements les plus étranges sont destinés à provoquer l'action de la cause contraire. Même dans nos expériences « pour voir » nous n'allons pas à l'aveugle ; nos « tâtonnements » sont dirigés par une hypothèse sur la cause de notre fin.

C'est de même par induction que nous établissons un lien causal entre des idées et des mouvements. Il nous suffit parfois d'une seule observation — mais que nous croyons décisive — pour affirmer que tel mouvement a telle condition psychologique. Mais cette affirmation se fonde en général sur des observations répétées. De nombreuses expériences, si nombreuses que je les oublie, m'ont enseigné que l'idée de mouvoir le doigt est suivie de ce mouvement ; aucune expérience ne m'a donné de résultat contraire : c'est donc sans hésiter que j'affirme une relation causale entre l'idée et le mouvement. Ma certitude est telle que je crois saisir directement l'action de l'esprit sur le corps : ce sont de tels faits qui donnent à la théorie des idées-forces l'apparence de la vérité. Mais si l'oubli des expériences antérieures me fait croire que j'aperçois intuitivement le moyen de réaliser mon idée, il n'en est pas moins vrai que ce moyen ne paraît sûr que parce qu'une expérience constante a démontré qu'il est la cause de l'effet voulu. C'est la répétition de l'expérience, règle de la méthode inductive, qui paraît m'autoriser à affirmer la relation causale, c'est-à-dire la succession régulière de l'idée et du mouvement.

A défaut d'observations spontanées nous provoquons des expériences pour connaître les conditions psychologiques de nos mouvements. Sans elles, notre activité volontaire se bornerait à imiter les réflexes. Il est vrai que tel est son rôle si l'on en croit William James : pour ce psychologue, la volonté ne peut déterminer ou arrêter un mouvement que si l'activité spontanée l'a déterminé ou arrêté. Tant que l'enfant n'a pas appris, du hasard ou de sa nourrice, quelle image motrice sert à rejeter un aliment désagréable, il ne le rejette pas : il ouvre la bouche et le garde sur la langue. Mais la théorie de William James paraît trop absolue : la volonté humaine prend parfois des initiatives ; ne serait-ce que pour éprouver sa puissance, elle tente des mouvements inédits : certains hommes savent ralentir ou accélérer les mouvements du cœur, contracter ou dilater l'iris, provoquer les vomissements. Quel hasard, quelle provocation externe aurait pu leur enseigner cet art ? En outre, au risque d'échouer, l'intelligence met parfois à l'épreuve l'efficacité de certaines idées de mouvement. Pour connaître son action sur le corps, elle risque donc des expériences « pour voir ».

Que l'induction repose sur des observations banales ou sur des expériences téméraires, l'un de ses résultats les plus nets c'est qu'il suffit, pour provoquer un mouvement, de faire attention à son image, à l'exclusion des images contraires. Tout se passe comme si l'idée était vraiment la cause du mouvement : est-elle accompagnée d'une idée antagoniste ? elle est neutralisée ; est-elle isolée ? seul son effet se produit. Plus elle est intense ou fortifiée par des images concordantes, plus son effet est important : elle relègue au dernier plan les idées antagonistes qui continuaient à lui disputer le premier rôle. Plus notre attention sera exercée, plus seront nombreuses les actions dont nous serons disposés à reconnaître la possibilité. Voilà pourquoi les éducateurs s'efforcent de développer la capacité d'attention de leurs élèves et pourquoi les hommes énergiques cherchent, par des procédés mécaniques ou physiologiques, à stimuler la même faculté. Dans l'état de veille, nos idées étant nombreuses, il peut arriver que deux d'entre elles soient contradictoires. Il en résulte qu'ayant à la fois l'idée d'un mouvement et l'idée du mouvement opposé nous n'accomplissons ni l'un ni l'autre. Mais au moment où le champ de la conscience s'étrécit, quand par exemple nous commençons à nous endormir, l'une des deux idées apparaît seule : c'est le moment, nous dit un médecin[1], où nous pouvons accumuler sur elle toute notre attention de manière à nous suggérer à nous-mêmes l'action qu'elle représente. Et si cette idée renaît seule au moment où les muscles sont disposés à agir, elle entraîne en effet le mouvement correspondant. Mais donnons-lui plus d'intensité encore devant la conscience ; qu'elle s'exprime par un mot, c'est-à-dire par des sensations musculaires plus colorées que les images ; qu'elle soit favorisée par des mouvements, par des perceptions, et elle triomphera même d'une idée plus attrayante. Obsédé par le doute durant quatre années, saint Vincent de Paul écrit son Credo et le place sur son cœur : les pensées deviennent plus précises quand on s'oblige à les écrire ; la durée du travail retient l'esprit ; l'image sensible du papier, de l'encre occupent la conscience : c'est donc son attention que le saint veut stimuler. Et s'il place sa profession de foi sur son cœur, c'est afin d'y recourir pour lutter contre la tentation : la perception d'un

1. Dr P.-E. Lévy, *L'éducation rationnelle de la volonté. Son emploi thérapeutique*, p. 64 (Paris, F. Alcan).

objet sensible attirera mieux son attention que le souvenir d'idées abstraites. Dans le même dessein, il multiplie les œuvres de charité qui éloignent sa pensée de la tentation : c'est-à-dire qu'en dépit de la tentation il porte son attention vers des actes charitables, et que son activité réussit à maintenir dans sa conscience une idée que la tentation, pourtant plus agréable, en voulait déloger[1]. Assailli par les mêmes doutes, Renan « prie, dit le Pater avec délices » ; on lui conseille de « ne pas faire attention à ses doutes » ; on voudrait précipiter ses vœux pour attirer son esprit, par l'acte même, vers la foi[2]. Un soldat est soumis à une opération douloureuse ; deux idées antagonistes se présentent : crier pour exprimer sa douleur, se taire pour paraître brave. Comment celle-ci parvient-elle à dominer et à déterminer les mouvements inhibitifs qui lui correspondent ? C'est que le soldat mâche une balle de plomb, et l'effort qu'il fait, occupant ses muscles et sa pensée, l'empêche de crier. Gœthe voit passer une troupe qui se rend au combat : « En allant au-devant d'une mort presque certaine, ces malheureux entonnèrent des chansons obscènes[3]. » Deux idées antagonistes sont dans leur esprit : l'idée de la mort tend à les arrêter ; l'idée du devoir les pousse en avant. Celle-ci plus faible serait vaincue si elle n'avait pour auxiliaire une autre ennemie de l'idée de la mort, l'image de la vie avec ses charmes les plus concrets. Dans d'autres esprits, ce serait l'idée de la vie éternelle qui viendrait renforcer l'idée du devoir, mais le mécanisme serait le même : c'est

---

1. *Saint Vincent de Paul*, par E. de Broglie, p. 28.
2. *Souvenirs d'enfance et de jeunesse*, p. 304, 305, 387.
3. *Campagne de France*. Mémoires, trad. Carlowitz, t. II, p. 261.

l'idée dont l'intensité est accrue par l'attention qui tend à passer à l'acte. La principale condition psychologique du mouvement, c'est l'application de l'attention à son image.

Chaque élément de l'analyse pratique étant un jugement de causalité, c'est par une induction qu'il est découvert : spontanément, l'esprit emploie, pour saisir les relations mécaniques et les relations psycho-physiques qui composent son raisonnement, les procédés qui, plus habilement maniés, fournissent au savant ses lois.

IV

La recherche des moyens se ramène à une série d'inductions enchaînées l'une à l'autre par un raisonnement analytique. Mais nous avons vu que la recherche des fins se ramène à une double série d'inductions reliées deux à deux par une équation. Entre la recherche des fins et la recherche des moyens n'y a-t-il pas d'autre différence que celle qui sépare une équation d'une analyse?

Déjà nous avons remarqué que l'induction relative à la valeur des agents n'a pas le même objet que l'induction relative à la valeur des choses. Étant donnée une action humaine, le mouvement qu'elle détermine dans le monde et l'écho de ce mouvement dans les cœurs, l'évaluation de l'agent dépend du rapport entre les deux premiers termes (l'action et ses effets quelconques), et l'évaluation du bonheur dépend du rapport entre les deux derniers termes (le mouvement et ses conséquences émotionnelles). La possibilité d'un acte dépend d'un troisième rapport : celui qui lie cet acte à ses antécédents. Ce sont donc trois moments successifs de l'enchaînement des causes et des effets que l'esprit considère lorsqu'il détermine la fin et les moyens de son action future. Un jeune homme veut « entrer dans les affaires » : il prévoit les opérations qu'il exécutera, les responsabilités qu'il encourra, les marchés qu'il passera, l'expérience qu'il acquerra, l'estime qu'à ses propres yeux lui vaudra son activité. Il prévoit, en second lieu, la fortune qui viendra le récompenser. Mais auparavant il faut faire un apprentissage, prendre des leçons de comptabilité ; il faut acheter ou fonder une maison, réunir des capitaux, choisir un personnel. De tous ces jugements les premiers se rapportent à l'évaluation de l'agent ; les seconds à l'évaluation de son bonheur futur ; le troisième groupe à la recherche des moyens. L'exemple prouve que ces trois genres de jugements sont nettement distincts les uns des autres.

Pourtant, il serait étrange que des jugements de même nature, groupés autour d'un même fait psychologique, n'eussent pas les uns sur les autres une action réciproque. Il serait étrange, en particulier, que les jugements sur la fin n'eussent pas une action décisive sur l'orientation de l'analyse des moyens. La connaissance de la fin est, en effet, le premier moment du raisonnement analytique par lequel nous trouvons les moyens. Elle détermine tout ce raisonnement. Elle détermine, en outre, le choix que nous faisons entre les diverses solutions du problème pratique. Si notre fin demeurait vague, nous serions indécis entre ces diverses solutions. Mais elle est précisée par un grand nombre de conditions qui nous décident pour un moyen plutôt que pour un autre. Si mon but était simplement d'aller à Paris, je pourrais hésiter entre divers moyens de locomotion. Mais mon but est d'aller rapidement à Paris : je dois donc choisir la voie la plus brève. De même, nos fins sont hiérarchisées et nos moyens leur sont appropriés de telle sorte qu'une fin supérieure ne sera pas atteinte par un moyen d'ordre inférieur et qu'une fin inférieure sera dépassée par un moyen d'ordre supérieur : je veux me reposer ; suivant que le repos doit être plus ou moins complet, j'essaierai de dormir, je m'allongerai, je prendrai un siège ou je me bornerai à arrêter ma marche tout en gardant la station droite : dans le cas où je ne désirerais qu'un léger repos, le sommeil me conviendrait tout aussi peu que le mouvement. L'intensité de la fin, comme sa durée, détermine le choix des moyens. De même encore, par cela même que notre idéal n'est pas le bonheur absolu mais un bonheur limité, nous sommes obligés de viser à la fois deux buts : notre bonheur et sa limite. Or, toutes les séries de moyens dont nous disposons ne sont pas également adaptées à ce double but. Je désire me distraire, mais je tiens à conserver à mon plaisir un caractère moral : tous les moyens dont je pourrais user pour éprouver du plaisir ne satisfont pas à la seconde condition. Un malade soigné par Maudsley tenait essentiellement à renverser deux pierres à l'extrémité d'un mur élevé. « La hauteur du mur l'empêchait de les atteindre et le ridicule de prendre une échelle en plein jour lui permit de résister à l'impulsion pendant une quinzaine de jours... Au bout de ce temps, il sortit secrètement de la ville pendant la nuit et il se dirigea vers le mur en portant avec lui un long fouet avec lequel il réussit... à jeter les pierres par terre[1] ». Entre le désir de renverser les pierres et la crainte du ridicule l'idéal du pauvre homme se trouvait bien resserré : il n'est pas surprenant que parmi les moyens dont il disposait pour arriver à ses fins, il ait choisi le plus bizarre : c'était le plus logique. Tous les chemins mènent à Rome, mais tous n'ont pas la même longueur. Tous les raisonnements analytiques par lesquels nous cherchons nos moyens ne sont pas équivalents : plus la fin est déterminée, plus nous pouvons choisir avec précision la série de moyens qui lui convient.

Réciproquement, la connaissance des moyens influe sur la connaissance des fins. En effet, la connaissance ou l'ignorance des moyens nous conduit à déclarer qu'un acte est facile, possible, difficile, impossible. Nous ne changerons pas d'opinion sur nous-mêmes si nous prévoyons que nous serons capables d'accomplir une action facile ou possible. Mais nous éprouverons une fierté préalable à déclarer que l'action difficile ne rebute pas notre courage : nous nous attribuerons par avance la valeur que nous conférera l'exécution. Au contraire, c'est un jugement défavorable que nous serons tentés de porter sur nous-mêmes si nous sommes obligés de constater notre impuissance. Ainsi la recherche des moyens pouvant modifier l'opinion que nous avons de notre valeur peut modifier notre fin dont le jugement de valeur est un élément essentiel.

D'autre part, la connaissance des moyens peut modifier le second élément de la fin, l'évaluation de l'émotion future.

---

1. *Pathologie de l'esprit*, tr. fr., p. 334.

Déclarer qu'un acte est facile, possible, difficile, impossible, c'est affirmer qu'il ne sera pas pénible, qu'il sera agréable malgré l'effort, qu'il sera pénible malgré l'espérance, ou qu'il n'exposerait qu'à de vaines souffrances. Si donc j'ai fait sans tenir compte des moyens le calcul de mon idéal, je devrai ajouter ou retrancher à la somme de bonheur que je me promettais la quantité de plaisir ou de peine que me réserve l'exécution. Un acte bon en lui-même sera abandonné s'il menace d'être trop pénible : *a priori* l'acte est juste mais il deviendrait injuste au cours de l'exécution. Je m'impose, par exemple, un sacrifice légitime ; si l'exécution est par surcroît douloureuse, mon sacrifice est plus grand que la mesure : je me fais tort à moi-même. Réciproquement, si l'acte est d'exécution facile, je m'attribuerai en l'accomplissant une récompense excessive. Il est donc possible que le calcul de la fin soit refait d'après les nouveaux éléments que la recherche des moyens vient de fournir. Ainsi, le second terme de l'équation étant modifié, l'équation elle-même est faussée. Un commerçant prévoit qu'une affaire lui rapporterait un bénéfice à son avis fort légitime ; en étudiant la question des moyens, il découvre qu'elle lui demandera beaucoup de peine : vaut-elle cette peine ? Si non, l'action qui tout à l'heure paraissait juste a maintenant perdu cette apparence : le raisonnement relatif à la fin est influencé par le raisonnement relatif aux moyens.

Cette action réciproque du « je dois » sur le « je peux » et du « je peux » sur le « je dois » n'a rien de surprenant puisque ces jugements sont de même nature logique et sont obtenus par le même procédé, l'induction.

V

La recherche des moyens comme la recherche des fins n'est qu'une série d'inductions causales. Mais tandis que les inductions destinées à nous renseigner sur la valeur et le bonheur d'un agent peuvent s'accumuler sans ordre déterminé, les inductions qui nous renseignent sur la possibilité d'un acte devraient se ranger suivant l'ordre logique d'une régression analytique. Tandis que l'évaluation des hommes et des choses n'est exposée qu'aux erreurs d'induction, la connaissance des moyens, outre qu'elle n'évite pas toujours ces erreurs, risque de pécher contre les exigences de l'analyse. Nous rencontrerons par conséquent deux groupes de sophismes : des inductions mal faites et des analyses mal conduites.

Jamais l'analyse n'est plus mal conduite que lorsqu'elle ne dépasse pas son premier terme. L'esprit demeure en extase devant sa fin sans réussir à trouver les moyens de l'atteindre. L'écolier à qui l'on propose de mesurer le côté de l'hexagone régulier inscrit dans un cercle voit bien, d'après la figure, que ce côté est égal au rayon ; il écrit cette équation ; mais, s'il manque d'aptitudes mathématiques, il s'arrête au premier pas de l'analyse, incapable de découvrir les équations nouvelles qui justifieront l'égalité supposée. De même beaucoup d'hommes connaissent leur devoir, définissent correctement leur idéal, mais cette science abstraite ne leur donne pas les moyens de faire le bien. Si toute idée avait par elle-même une invincible puissance de réalisation, la recherche analytique des moyens serait inutile et la contemplation sereine des théorèmes généraux de la morale rendrait immédiatement les hommes vertueux. Mais seules les images concrètes paraissent douées de cette vertu. Il est donc nécessaire de « descendre au particulier[1] ». Mais il est plus agréable de rester dans le général : « l'esprit ayant trouvé quelque facilité et même quelque douceur en la considération d'une vertu, se flatte en la pensée d'être bien vertueux » : pour remonter des effets aux causes, un effort mental est requis : volontiers les hommes s'en dispensent.

La contemplation de la fin produit même des raisonnements contraires à ceux qui serviraient à trouver les moyens. Elle amoncelle autour de l'idéal des images qui lui donnent une apparente réalité. Au lieu de remonter de la fin à ses causes, on se laisse aller par la pensée au courant de ses effets. On suppose le problème résolu, mais loin de chercher de quelles conditions dépend la solution, on rêve aux conséquences de la réalisation de l'idéal. Bain remarque que certains ambitieux se contentent d'un pouvoir imaginaire, certains mécontents d'une vengeance fictive[2]. Ces ambitieux considèrent la puissance politique comme l'idéal de l'activité humaine, mais au lieu de chercher à la conquérir ils en supposent la conquête terminée : ils sont députés, ministres ; ils accordent des audiences, distribuent des décorations, prononcent des discours, nomment et révoquent des fonctionnaires. Ils se jouent à eux-mêmes la comédie de leur rêve. Tout éveillés, ils ressemblent à un

---

1. *Saint Vincent de Paul.*
2. *Les émotions et la volonté*, trad. fr., p. 414.

hypnotisé ; dites à un sujet endormi : « Vous êtes Napoléon à Waterloo » : il n'en est pas surpris ; il tire aussitôt les conséquences de son état, prend un ton de commandement, donne des ordres à Ney, écrit à Grouchy. De même l'enfant se suggère à lui-même qu'il est général : il se voit à cheval, dans un brillant uniforme, l'épée à la main ; quant à chercher par quels moyens il conquerra son grade, c'est le moindre de ses soucis. De même, le moraliste déroule les plans de la cité future avant de voir comment pourra se transformer la cité présente : dans l'histoire de la littérature politique, les « utopies » précèdent les programmes. Cette fascination exercée par l'idéal, nul ne pouvait la mieux décrire que Platon : « Avant de découvrir de quelle manière se réalisera leur désir, certains, dit-il, négligent cette recherche afin de ne pas se fatiguer à délibérer sur le possible et l'impossible ; ils supposent leur projet accompli, et ils arrangent tout le reste à leur gré, se plaisant à détailler ce qu'ils feront l'idéal une fois réalisé[1]. » Platon n'approuve pas cette méthode, car elle tue l'activité. Mais l'esprit humain descend des prémisses aux conséquences comme l'eau descend des montagnes aux vallées. Pour remonter aux causes, un effort est nécessaire. Seuls ceux qui s'y habituent peuvent devenir des hommes d'action. Le pur spéculatif est un homme dont l'esprit sait faire des synthèses mais ignore l'analyse. De même que la psychologie moderne distingue un type visuel, un type auditif, un type moteur suivant que l'idée est ordinairement accompagnée d'une image de la vue, de l'ouïe ou du sens musculaire,

---

[1]. *République*, V, p. 458 *a*.

elle pourrait distinguer un type synthétique et un type analytique suivant que l'esprit aime à descendre des causes aux effets ou à remonter des effets aux causes. L'homme d'action serait rangé dans la seconde catégorie et le spéculatif dans la première. Leur différence est d'ordre intellectuel : mis en présence d'une fin, l'un conduit ses raisonnements dans un sens et l'autre dans le sens inverse.

Sans s'immobiliser dans la contemplation passive de la fin rêvée, on peut cependant être arrêté au premier pas de la recherche analytique par l'ignorance des moyens d'action. Il n'est pas toujours possible au savant de trouver les dispositifs qui lui permettront de vérifier ou de rejeter son hypothèse. Sans doute une imagination plus fertile, une mémoire plus riche lui fourniraient des séquences utilisables ; la fin qu'il poursuit n'est pas inaccessible en soi ; mais l'ignorance ou l'oubli suffit à l'arrêter. Le pur spéculatif ne se demande pas si son rêve est réalisable : ayant commencé par le supposer tel, il ne doute plus de sa possibilité. Au contraire, tant que la pensée dans sa recherche des moyens ne fait aucune découverte, nous croyons qu'au moins pour l'instant notre projet est chimérique. Cet état de conscience peut être produit expérimentalement : rien n'est plus commun que de suggérer aux hypnotisés l'impossibilité d'une action banale. Mais cette suggestion, selon M. Liégeois, consiste à provoquer l'ignorance ou l'oubli d'un moyen. Elle provoque « ou une amnésie ou une hallucination négative, parfois même l'un et l'autre de ces phénomènes ». Dit-on au sujet : « Vous compterez jusqu'à 2, mais vous ne pourrez aller jusqu'à 3 ! » C'est comme si l'on disait : « Vous oublierez le nombre 3 ! » Que si l'on dit : « Vous ne pourrez plus trouver les manches de ce vêtement ; alors il se produit une hallucination négative. Le sujet ne voit plus les manches du vêtement qu'il tourne et retourne avec impatience[1]. » L'amnésie ou l'anesthésie provoquée par la suggestion empêche le sujet de connaître le moyen de l'acte interdit : de même une amnésie ou une anesthésie spontanée peut arrêter, dès son premier moment, notre régression.

Au lieu d'omettre ou d'ignorer l'un des termes de l'analyse unilinéaire, nous pouvons omettre ou ignorer l'une des séries de l'analyse multilinéaire. Théoriquement, nous avons vu que les couples de causes capables de produire un effet sont en nombre infini ; sans doute le nombre des séries causales aboutissant au moi est plus restreint, mais il est rare qu'il se réduise à l'unité : notre être est complexe, le nombre des mouvements qu'il peut provoquer est assez grand : aussi notre idéal trouve-t-il en général plusieurs pierres d'attente dans la structure de notre moi réel. Pourtant nous ne voyons pas toujours toutes les voies qui s'ouvrent devant nous. De même que l'écolier, après avoir découvert une solution de son problème, ne se demande pas souvent s'il serait possible de le résoudre avec plus d'élégance, de même l'homme, après avoir découvert un moyen, n'en cherche pas d'autre. Le champ de la conscience est si étroit ou la paresse mentale si naturelle qu'on demeure hypnotisé par le premier venu des moyens. La connaissance d'un moyen est parfois un obstacle à la connaissance des autres. Les progrès de l'industrie multiplient le nombre

---

1. Liégeois, *Hypnotisme et criminalité.* Revue philosophique, 1892, t. I, p. 238.

et la puissance de nos instruments, mais la pratique des vieux outils s'oppose à l'adoption des nouveaux. L'Arabe habitué à gratter le sol avec une charrue vieille de vingt siècles paraît ignorer l'existence de nos machines. La routine est un sophisme : c'est l'ignorance de la technique nouvelle. Et l'oubli de cette technique amènerait le regrès de l'humanité. Maudsley explique par l'atavisme le cas de « mères idiotes qui après la délivrance auraient rongé le cordon ombilical[1] » : n'est-il pas plus simple de supposer qu'elles oublient les procédés artificiels de l'humanité civilisée ? Leur solution manque d' « élégance » : des multiples séries de moyens que l'ingéniosité humaine a inventées elles n'ont rien retenu : elles sont donc obligées d'utiliser l'unique moyen que la nature leur ait donné. La civilisation, c'est la découverte d'une foule de solutions élégantes pour les problèmes de la pratique. — Tandis que l'omission d'un terme dans l'analyse unilinéaire nous fait conclure faussement à l'impossibilité de l'action, l'omission d'une ou de plusieurs séries causales dans l'analyse multilinéaire nous fait conclure faussement à la difficulté de l'action. Dans les deux cas, c'est l'insuffisance de notre expérience, ce sont les lacunes de notre perception ou de notre mémoire qui nous conduisent à l'erreur.

Mais notre expérience, par cela même qu'elle est incomplète, tient à se compléter : elle comble ses lacunes par des hypothèses. Quand nous ne voyons pas de nos yeux tous les termes de notre raisonnement, nous supposons ceux que nous ne voyons pas. C'est seulement si la route

---

1. *Pathologie de l'esprit*, trad. fr., p. 122.

est droite et l'horizon libre que nous voyons d'avance tous les intermédiaires par lesquels nous arriverons au but. Supposez au contraire que le terrain soit accidenté, la route sinueuse, nous en verrons quelques tronçons : mais nous devrons faire des hypothèses sur les détours invisibles de la route et raccorder, par une construction idéale, les tronçons dispersés. La certitude de ces hypothèses n'est jamais absolue. L'homme qui veut s'enrichir par le commerce connaît certains des moyens qu'il emploiera : il sait de quels capitaux il dispose, quelles marchandises il doit acheter; mais son activité requiert au moins un intermédiaire mystérieux, la clientèle, et les conjectures qu'il peut faire sur le nombre ou les goûts de ses clients l'exposent à l'erreur. Toutes les fois que l'analyse est complexe elle est d'autant plus délicate qu'elle est plus longue : aussi n'est-il pas surprenant que, réduits à l'hypothèse pour apprécier la valeur de nos moyens, nous commettions de nombreuses erreurs sur la possibilité ou la facilité d'une entreprise.

Arrêt de la pensée devant l'idéal ; penchant pour la synthèse plus que pour l'analyse ; ignorance, oubli, fiction d'un ou de plusieurs termes, d'une ou de plusieurs branches du raisonnement, tels sont les dangers que nous courons lorsque nous enchaînons les jugements de causalité de manière à trouver nos moyens d'agir.

VI

Voici maintenant les erreurs auxquelles nous sommes exposés dans la formation de chaque jugement. Nous avons éprouvé la fragilité de la chaîne : quelle est la solidité des anneaux ?

Chaque jugement étant une induction, les sophismes à redouter sont des erreurs d'induction. Parmi ces jugements les uns énoncent une relation entre deux mouvements ; les autres une relation entre une idée et un mouvement. Les premiers sont d'autant plus voisins de la vérité qu'ils sont plus directement inspirés par la science. Plus une science répand de connaissances exactes, plus est certaine notre connaissance des moyens d'action. Nous sommes d'avance plus sûrs de soulever un poids que de guérir un coryza, parce que la mécanique atteint et vulgarise plus de vérités que la médecine. Tantôt nous utilisons une loi scientifiquement démontrée : la seule erreur possible en pareil cas consiste à se tromper dans l'application de la loi : tous les ingénieurs savent que la résistance des murs d'un réservoir à la pression de l'eau qu'il contient n'est pas illimitée ; l'erreur ne peut consister qu'à déclarer la limite atteinte quand elle est éloignée, éloignée quand elle est atteinte. Tantôt nous utilisons une généralisation empirique : deux erreurs, en ce cas, sont possibles : ou bien nous attribuons à cette proposition une extension qu'elle ne mérite pas, ou bien, tout en lui donnant son sens restreint, nous l'appliquons hors de propos. Parmi les abus innombrables de la généralisation, l'un des plus fréquents résulte de la conversion fautive d'une proposition vraie. Des fous observés par Krafft-Ebing[1] mangent des choses répugnantes sous prétexte qu'elles sont des remèdes : ayant remarqué

---

1. *Traité de psychiatrie*, trad. fr., p. 99.

que beaucoup de remèdes, tous ceux peut-être qu'ils ont absorbés, sont d'un goût désagréable, ils en concluent que toute substance désagréable rend la santé. Mais ce sophisme est-il réservé aux aliénés? — Supposons maintenant que nous nous sommes gardés de généraliser à outrance : sommes-nous hors de danger ? Nullement : encore faut-il appliquer aux espèces qu'elle vise, et non pas à d'autres, la vérité que nous détenons. Nous savons bien que toutes les allumettes ne prennent pas feu. Pourtant nous ne songeons pas, au moment où nous voulons faire du feu, que notre allumette peut faire partie des exceptions : nous nous attendons à la voir s'enflammer : peut-être notre prévision sera-t-elle vaine. En dépit de ces nombreux sophismes, les moyens mécaniques sont encore les plus sûrs, parce que les lois de la nature sont mieux connues que les lois de l'esprit. Aussi l'homme s'efforce-t-il de substituer à sa propre action celle des forces naturelles : tout progrès de la technique consiste à éliminer l'homme pour le remplacer par le moyen par excellence, μηχανή, la machine.

Les erreurs sont, en effet, plus nombreuses lorsque nous voulons établir un rapport entre l'idée et le mouvement. Nous croyons saisir directement par la conscience la puissance causale de l'idée. Mais nous ne connaissons par la conscience qu'un élément de la cause ; tout phénomène psychologique ou psycho-physiologique a des conditions étrangères à la conscience : si intense que soit l'attention, elle ne réussit pas toujours à évoquer un souvenir ou même les conditions psychologiques d'un souvenir ; si vive que soit une image motrice, elle ne détermine pas nécessairement le mouvement qui lui correspond. La seule conclusion que nous puissions tirer de notre expérience, c'est que, si rien n'est changé dans les concomitants physiques, l'image motrice renforcée par l'attention sera suivie du mouvement. Mais les concomitants physiques se modifient souvent sans nous avertir. « Par un acte de volonté, dit Maudsley, une personne peut empêcher un mouvement involontaire de ses membres quand on lui chatouille la plante du pied ; mais la volonté la plus énergique ne peut arrêter les mouvements spasmodiques des membres si l'on chatouille les pieds lorsque l'excitabilité de la moelle épinière est augmentée par la strychnine ou par la maladie[1]. » Si l'augmentation de la sensibilité ne dépendait que de l'ingestion de la strychnine, l'esprit averti saurait à quoi s'en tenir sur l'efficacité de son image inhibitrice ; mais la maladie ne prévient pas et l'homme peut continuer à croire qu'il arrêtera le mouvement de ses jambes alors que les conditions physiologiques de l'inhibition ne sont plus remplies.

Réciproquement, notre pouvoir sur nos idées et sur nos mouvements est plus grand que nous ne l'imaginons : nous ne connaissons pas toutes nos ressources. Si l'idée de crucifixion dans la conscience d'une névrosée provoque des stigmates sur son pied[2], pourquoi la volonté n'aurait-elle pas le pouvoir de les provoquer à son tour? Nous ne savons pas quelle image motrice est capable de déterminer ce mouvement : suffit-il d'avoir devant les yeux la scène du Golgotha, de se représenter, avec ses détails sanglants, le supplice du Christ ? faut-il se rappeler les sensations qui

---

1. *Pathologie de l'esprit*, trad. fr., p. 363.
2. P. Janet, *Névroses et idées fixes*, t. I, p. 178.

accompagnent une blessure, le battement plus rapide du pouls, les mouvements des muscles environnants? nous ne savons. Et cette ignorance nous fait croire à l'impossibilité d'actions pour lesquelles notre nature nous a cependant fourni des ressources.

Pour des raisons analogues, nous nous trompons en graduant, d'après l'intensité de l'effet voulu, l'intensité de notre effort mental. Si la condition psychologique d'un mouvement n'est pas sa cause unique, l'intensité du mouvement ne varie pas parallèlement à l'intensité de l'effort. Elle est, en outre, en raison inverse de la résistance opposée à l'action de l'idée par notre corps ou par l'objet matériel. Mais nous ne pouvons pas toujours mesurer cette résistance ; nous ne pouvons pas mesurer toutes ses variations. Si la résistance augmente à notre insu, notre effort mental devient impuissant malgré la confiance que des expériences antérieures nous autorisaient à lui accorder. Si la résistance diminue à notre insu, l'effort jadis suffisant devient excessif. « La graduation de l'effort, dit Bain, est une propriété de la volonté mûrie [1]. » Même mûre, l'intelligence se trompe en graduant ses efforts parce qu'elle ne tient compte que d'une composante alors que l'effet résulte du rapport de ses deux conditions.

Généralisations téméraires, application fautive d'une loi de la nature, excès de confiance ou excès de défiance envers la puissance motrice de l'idée, telles sont les erreurs que nous risquons de commettre à chaque moment de la recherche des moyens. Si la chaîne est souvent fragile,

1. *Les émotions et la volonté*, trad. fr., p. 310.

les anneaux ne sont pas toujours d'une solidité à toute épreuve.

*
* *

Toutes ces erreurs, comme les erreurs commises dans la détermination de l'idéal, augmentent la variété des actions volontaires. Des hommes également séduits par une même fin prendront vis-à-vis d'elle une attitude différente selon qu'ils concevront plusieurs moyens de l'atteindre, qu'ils en concevront un ou qu'ils n'en concevront aucun. Ainsi que des écoliers ayant à résoudre le même problème trouvent la même réponse en employant des méthodes variées, ainsi les hommes pour arriver au même point peuvent prendre les chemins les plus divers. Ayant le même idéal, deux hommes suivront des voies différentes si l'un est riche et l'autre pauvre : si Darwin n'avait pas eu quelque fortune, il serait devenu médecin de campagne. Ayant le même idéal et les mêmes ressources, deux hommes prendront des voies différentes s'ils n'ont pas de leurs ressources la même connaissance ou s'ils ne mettent pas le même soin à choisir la plus « élégante ». des solutions. Pour arriver à leurs fins les hommes disposent de moyens innombrables. Aux ressources que leur offre la nature, les arts, les sciences, les religions ajoutent sans cesse de nouvelles recettes. Elles s'adapteraient aux fins les plus variées ; elles permettent à l'homme de choisir à son gré son attitude dans toutes les circonstances de la vie. Mais le nombre de ces attitudes est encore multiplié par le nombre des erreurs commises dans la recherche des moyens : même si la nature et l'art lui refusent le pouvoir d'agir, l'homme s'imagine parfois qu'il le possède et réciproquement il peut se croire à tort privé de ressources. Si le « je dois » prend aux yeux des hommes une infinité d'aspects, les aspects du « je peux » ne sont pas moins nombreux.

*
* *

Nous avons dressé l'arbre généalogique de la volition. Le jugement « je veux » naît de la rencontre de deux jugements : « Cet acte est bon », « cet acte est possible ». A son tour, le jugement : « Cet acte est bon, c'est-à-dire juste », naît de la rencontre de deux jugements : « Cet acte a telle valeur », « cet acte promet telle quantité de bonheur ». Et chacune de ces deux propositions est la conclusion d'une foule d'inductions causales : toutes les fois que nous pouvons rattacher un effet à l'activité d'un individu et à elle seule, nous modifions notre opinion sur la valeur de l'agent ; toutes les fois que nous saisissons un rapport causal entre un acte et ses conséquents émotionnels, nous portons un jugement sur le bonheur du patient : c'est la causalité efficiente qui crée la valeur humaine, c'est la fécondité émotionnelle qui donne aux choses leur prix. D'autre part, le jugement : « Cet acte est possible » résulte, lui aussi, d'inductions causales : nous croyons qu'une fin est réalisable lorsque nous saisissons, par un raisonnement analytique, une relation d'effet à cause entre l'idéal conçu par le moi et le moi qui conçoit l'idéal. Au premier plan, le « je veux » ; au second, les propositions : « C'est juste, c'est possible » ; au troisième, les jugements de valeur sur les hommes et les choses. Au fond du tableau, une foule de jugements de causalité provoqués par tous les événements de la vie quotidienne, par toutes les liaisons empiriques que l'observation peut saisir ou que la mémoire peut rappeler. Voilà ce que nous trouvons dans la conscience en étudiant les antécédents de la volition.

Pousserons-nous plus loin notre régression ? Les derniers faits psychologiques révélés par notre analyse, ce sont les matériaux des inductions causales : des perceptions, des souvenirs. L'apparition subite d'une idée, d'une émotion ajoute un numéro à la liste des effets produits par mon être et modifie l'opinion que je me faisais de ma valeur. La perception d'un geste exécuté par mon voisin me révèle une source d'émotions inconnues et modifie mes prévisions de bonheur. La résistance d'un muscle, pendant une promenade habituelle, me renseigne sur les moyens corporels dont dispose ma volonté. Mais l'apparition d'une idée, la perception d'un geste, la résistance d'un muscle, tous ces phénomènes surgissent dans la conscience sans antécédents conscients. Par l'introspection, nous ne pouvons pas passer outre, et, puisque nous nous proposions simplement de dresser la liste des jugements qui précèdent la volition, nous devons mettre fin à notre analyse.

DEUXIÈME PARTIE

SYNTHÈSE
DU JUGEMENT A L'ACTION

Nous avons dressé la liste des jugements qui précèdent l'acte volontaire : nous devons maintenant apprécier leur rôle. Par définition, l'acte volontaire a pour antécédents nécessaires des jugements ; mais ces antécédents nécessaires sont-ils des conditions suffisantes ? Vouloir suppose savoir : pour agir volontairement il faut préconcevoir les moyens et la fin de l'action. Mais suffit-il de savoir pour vouloir ? suffit-il de connaître les moyens pour les employer et la fin pour l'atteindre ? A la racine de la volition, l'analyse découvre une masse énorme de jugements vrais ou faux, d'inductions causales plus ou moins réussies et sans cesse refaites : les combinaisons de ces jugements expliquent-elles toutes les volitions ?

CHAPITRE PREMIER

ÉNONCÉ DU PROBLÈME PRATIQUE

I. — L'occasion de l'acte volontaire, ce n'est pas l'apparition d'une émotion, c'est la conscience d'un changement, la position d'un problème.
II. — Énoncé du problème pratique : les problèmes de la vie individuelle.
III. —   —   —   les problèmes de la vie sociale
IV. —   —   —   les problèmes de la vie intellectuelle.

L'analyse nous obligeait à isoler les antécédents de la volition : il est temps de les réunir. Comment se forment leurs combinaisons? Les jugements sur la puissance causale des hommes, la fécondité émotionnelle des choses, le rapport des moyens et des fins peuvent s'entremêler dans la conscience sans se combiner en volitions : de même l'hydrogène et l'oxygène peuvent se rencontrer dans une éprouvette sans donner d'eau. Mais qu'une étincelle jaillisse dans l'éprouvette, et la synthèse de l'eau s'effectue : quelle étincelle jaillit dans la conscience pour produire la volition?

I

Cette étincelle, cause occasionnelle de l'acte volontaire, n'est-ce pas l'émotion? L'action volontaire, n'est-ce pas notre réponse aux avances du plaisir ou notre riposte aux attaques de la douleur? Telle est l'opinion courante: de même qu'elle serait la fin, l'émotion serait l'occasion de la volonté. Nous trouvons devant nous, au début de notre synthèse, cette même doctrine eudémoniste que nous avons rencontrée au début de notre analyse.

Mais ce n'est pas seulement l'action volontaire, c'est toute action qui, selon cette école, est précédée d'une émotion : quelle est l'émotion spéciale qui précède le mouvement volontaire? Est-ce l'émotion la plus intense? Oui, si l'on demeure fidèle à l'esprit de l'eudémonisme. Non, si l'on s'en rapporte à l'expérience. Si intense qu'elle soit, une émotion ne provoque pas toujours une action volontaire. C'est un réflexe inconscient, tout au plus une impulsion instinctive, ce n'est pas une volition qui suit les vives douleurs. La volonté, disent les physiologistes, c'est un arrêt de tendances : quand la douleur est intense, la tendance qu'elle détermine ne se laisse pas arrêter : elle n'est donc pas volontaire. D'autre part, le plaisir qui accompagne la satisfaction d'un besoin ne nous suggère aucune résolution immédiate ; à ce moment nous laissons nos pensées suivre leur cours, nous ne songeons ni à mouvoir ni à arrêter nos muscles : rassasiés, nous sommes inertes. Le plaisir est la fleur de l'acte, mais c'est une fleur dont les graines tardent à germer. A son plus haut degré, le plaisir endort plus qu'il ne stimule l'activité ; à son plus haut degré, la douleur nous paralyse. Effet de l'activité, l'émotion ne se produit qu'au moment où l'activité s'est déjà dépensée : il n'est pas étonnant qu'elle coïncide parfois avec un arrêt de l'activité. Aussi les caractères sensitifs ne sont-ils pas nécessairement les plus actifs ; ou bien ils cèdent à leurs impulsions, c'est-à-dire que la volonté n'arrête pas leurs réflexes; ou bien ils sont inactifs, c'est-à-dire que la volonté ne provoque pas leurs mouvements : « L'indolence, dit Bain, est la disposition du caractère purement émotionnel [1]. »

Réciproquement, les hommes d'action ne sont pas toujours ceux qui ont éprouvé les émotions les plus fortes. Il en est des âmes comme des corps : un projectile fait plus de dégâts dans un mur qu'il traverse que sur un blindage qui le repousse; l'esprit qui subit les impressions sans réagir éprouve des émotions plus vives que celui qui sait lutter contre elles. D'autre part, quel que soit le caractère d'un homme, ses actions ne sont pas toutes précédées d'émotions. Bain signale l'existence d'états qui, bien qu'ils ne soient ni agréables ni désagréables, sont des « causes d'activité ». « Il y a des surprises qui nous ravissent et d'autres qui nous peinent, mais beaucoup ne font ni l'un ni l'autre... Si un soudain coup de tonnerre ou un éclair excite le sentiment, l'esprit est un moment occupé de la sensation et oublie les autres objets de sa pensée [2] ». La surprise a donc provoqué un acte d'attention. Selon Bain, les « états neutres » ne produisent pas de mouvements, mais seulement des efforts intellectuels. Mais bien qu'elles soient purement internes, ces volitions n'en sont pas moins complètes. De même que l'émotion vive n'est pas toujours suivie d'une action volontaire, l'action volontaire n'est pas toujours précédée d'une émotion vive.

Enfin les variations de la volonté sont parfois en raison inverse des variations de la sensibilité. Il suffit qu'une émo-

---

1. V. Ribot, *Psychologie des sentiments*, p. 386 (Paris, F. Alcan).
2. *Les émotions et la volonté*, p. 3, 13, 14.

tion diminue soudain pour que notre attention volontaire soit mise en éveil. Qu'au milieu d'une promenade égayée par le soleil un nuage vienne à passer, notre joie n'est pas éteinte, mais elle baisse d'un degré ; notre activité monte d'autant : nous tournons les yeux vers le nuage ; un flots d'idées, de prévisions, de souvenirs et d'émotions nous envahit. De même nous nous habituons à la douleur quand elle est égale et continue : nous ne réagissons plus contre elle ; mais qu'elle semble se relâcher, nous nous empressons de faire des projets, nous avons hâte d'écarter définitivement la souffrance et d'utiliser l'activité qu'elle absorbait. Si la douleur provoque un grand nombre d'actions volontaires, c'est moins par sa qualité émotionnelle que par ses perpétuelles alternatives d'excitation et de rémission. Puisque une décroissance subite du plaisir et de la douleur suscite des volitions, on ne peut pas dire que l'action varie parallèlement à l'émotion. Posita causa, ponitur effectus : mais l'émotion posée, la volition ne vient pas toujours ; sublata causa, tollitur effectus : mais l'émotion supprimée, la volition ne l'est pas nécessairement ; variante causa variatur effectus : mais l'émotion s'évanouissant la volition peut s'épanouir. En dépit de l'opinion courante et bien qu'elle explique nombre de faits, nous ne pouvons pas conclure que l'émotion soit l'indispensable occasion de l'acte volontaire.

Quelle est cette occasion ? Si les variations de l'acte et de l'émotion ne sont pas concomitantes, il n'en est pas moins vrai que toute variation de l'émotion paraît provoquer une action volontaire. Serait-ce donc la variation en elle-même, le changement quel qu'il soit, abstraction faite des termes changeants, qui donnerait à la volonté l'occasion d'entrer en jeu?

Jamais la perception d'un changement n'est plus nette qu'au moment où nous sommes « surpris » : nous passons brusquement d'un état à un autre et nous percevons le contraste de ces deux états : la volonté est-elle d'autant plus intense que la surprise a été plus vive? L'expérience ne contredit pas cette hypothèse. De deux joies, de deux douleurs égales, c'est la plus imprévue qui provoque la réaction la plus énergique. Une nouvelle, bonne ou mauvaise, nous agite d'autant plus qu'elle nous surprend davantage. Sans doute la surprise elle-même est agréable ou pénible; elle augmente l'émotion d'un degré; c'est même pour cette raison que, les émotions subites étant souvent les plus intenses, nous croyons que notre activité est en raison directe de notre émotivité. Mais, en réalité, l'émotion, comme l'action, est en raison directe de la surprise.

Supprimez la surprise, vous tuerez l'activité. Une émotion, même subite, ne nous surprend pas nécessairement. A son plus haut degré elle abolit la conscience : l'esprit n'est pas surpris, il est vidé : comment serait-il étonné du choc de deux représentations puisqu'il n'en perçoit aucune? Aussi l'activité est-elle entièrement paralysée. Que l'émotion fléchisse d'un degré, elle est encore très intense; elle remplit alors tout le champ de la conscience, elle nous obsède et nous empêche de percevoir tout autre phénomène : l'esprit n'est pas surpris, il est stupéfié : comment serait-il étonné du choc de deux représentations puisqu'il n'en voit qu'une? Aussi l'obsession peut-elle provoquer des mouvements impulsifs mais non des volitions.

De même l'habitude, en émoussant les sensations, nous empêche de discerner l'originalité de chacune d'elles et les contrastes qu'elles présentent deux à deux : en atténuant les différences, en donnant aux phénomènes la même teinte elle tue à la fois la surprise et la volonté. Un caractère indolent, c'est un esprit qui ne s'étonne de rien. Au contraire, provoquez une surprise, agréable ou désagréable : aussitôt l'activité se manifestera au moins sous sa forme la plus modeste, sous la forme de l'attention volontaire. Que vous passiez de la lumière à l'ombre ou de l'ombre à la lumière, qu'une excitation se produise ou cesse de se produire, pourvu qu'une série de représentations s'arrête devant une autre série de représentations différentes ou contraires, l'attention sera mise en éveil. L'occasion de la volition, c'est la conscience d'un changement.

Mais est-il vrai que toute conscience d'un changement entraîne une volition ? Nous prenons, à chaque instant, conscience d'un changement : certains psychologues n'ont-ils pas vu dans la perception du changement la condition de toute conscience ? Une volition naîtrait donc à tout moment de la vie mentale ? Mais l'expérience contredit cette assertion : des séries de phénomènes intellectuels, différenciés les uns des autres, se déroulent dans l'esprit sans provoquer de volition. Ne puis-je pas observer, sans déployer le moindre effort volontaire, les sensations que m'offre un spectacle naturel ? Et cependant, couleurs et formes, tout varie à tout instant dans le paysage le plus monotone. Ne puis-je pas suivre un long raisonnement sans avoir l'occasion de vouloir ? Et cependant la pensée change d'objet en passant des prémisses à la conclusion.

Ne puis-je pas laisser mes rêves se dessiner spontanément dans ma conscience sans les voir produire aucune résolution? Et pourtant rien n'est plus capricieux que la ligne tracée par les images d'un rêve, rien n'est plus varié que les fantaisies de l'imagination. La succession des perceptions, l'association des images, la synthèse logique des idées, autant de modes du changement qui ne paraissent donner naissance à aucune volition. Comment dire que la conscience du changement est l'occasion de la volition alors que, le nombre des changements étant infini, le nombre des volitions est limité? Si limité que Galton prétendait n'avoir compté pendant tout un été qu'un acte volontaire dans sa vie quotidienne.

Pour répondre à cette objection, nous pourrions remarquer que jamais, dans les exceptions qu'on nous oppose, l'activité volontaire n'est absolument nulle. Des vagues légères agitent le flot tranquille de nos pensées. Chaque détour capricieux, dans l'arabesque de mes rêveries, m'invite à les contempler avec plus d'attention ou de persévérance. Toute conclusion pique ma curiosité et suscite de nouvelles recherches. Chaque sensation me fait ouvrir l'œil ou tendre l'oreille. Ce ne sont pas là des actions telles qu'on n'en compte qu'une par jour; ce sont pourtant des volitions. Dans la mesure où tout fait de conscience diffère des faits antérieurs, tout fait de conscience excite, sinon la volonté motrice, du moins l'attention volontaire.

Mais beaucoup de phénomènes ressemblent à leurs antécédents plus qu'ils ne s'en distinguent. La loi de l'entendement c'est la loi d'identité: toutes les opérations de l'entendement sont donc constituées par des séries de phénomènes identiques ou tout au moins semblables. Voilà pourquoi les associations d'idées, quand elles reposent sur la ressemblance, les raisonnements qui reposent tous sur l'analogie ou la non-contradiction, ne sollicitent pas vivement l'activité volontaire. La succession des objets variés qui composent un paysage n'a rien d'imprévu puisque le paysage est complexe ; les caprices de nos rêves n'ont rien de surprenant puisque le caprice est l'essence du rêve ; la conclusion d'un raisonnement ne nous choque pas puisqu'elle est contenue dans les prémisses. Dans ces divers cas, si la volonté n'est guère excitée, c'est que le changement n'est guère apparent.

Que le changement apparaisse, qu'un choc mental se produise et la volonté surgira. Si dans un paysage entièrement vert quelques feuilles rouges sont aperçues, on s'étonnera, on s'approchera, on cherchera l'explication de cette sensation exceptionnelle. Si le raisonnement nous conduit à des conclusions paradoxales, nous voudrons les vérifier — ou les publier. C'est donc le choc mental, la rencontre de deux séries opposées de sensations, d'images ou d'idées, qui donne à l'activité volontaire la chiquenaude initiale. L'étonnement est le commencement de la volonté. L'occasion de l'acte volontaire, ce n'est pas toujours l'apparition d'une émotion, c'est toujours la position d'un problème.

II

Quels problèmes pose à l'esprit le choc de deux séries de représentations ? Nous pouvons les classer d'après la nature de l'obstacle rencontré par nos pensées. Tantôt cet obstacle c'est le néant : une série de représentations arrive à sa fin naturelle. Tantôt c'est contre une série de représentations internes que vient se briser la pensée. Tantôt elle se heurte à des résistances extérieures. Examinons les problèmes que suggèrent ces diverses espèces du choc mental.

En premier lieu, la pensée peut rencontrer le néant. Certaines séries de nos représentations forment des cycles finis ; lorsqu'elles s'épuisent, c'est une question de savoir comment elles seront remplacées. Un repas est un système fermé de sensations gustatives, olfactives, musculaires, vitales. Une promenade est un système de sensations visuelles, auditives, musculaires dont le nombre est limité par l'éloignement du but et la durée de la marche. Nos fonctions sociales nous prescrivent des actes d'une durée limitée : nous devons chaque jour tant d'heures d'atelier, de classe ou de bureau. Pendant ce temps, notre activité n'est pas toujours employée : le pâtre qui garde son troupeau n'a d'occupation qu'au moment où l'une de ses bêtes s'égare ; sa journée est une succession de moments d'action coupés par des moments de repos. Serions-nous attachés à une tâche continue, nous n'en serions pas moins obligés d'ouvrir et de fermer quelques parenthèses pour satisfaire un besoin ou pour accomplir un devoir. Et une tâche continue, un travail de longue haleine, qu'est-ce autre chose qu'une longue chaîne de raisonnements ou d'actions dont chaque anneau forme un tout limité et dont l'ensemble a son terme ? N'aurait-elle d'autre terme que la vie, notre tâche aurait, comme la vie, une limite : il faut toujours en venir au contact du néant. En revanche, ce néant relatif qu'on nomme le sommeil est composé d'une série limitée de représentations subconscientes : le sommeil a une fin naturelle. Voilà de nombreux exemples de ces systèmes d'idées qui meurent de leur belle mort. Chaque fois qu'un de ces cycles se ferme, une question se pose : comment remplacer la série disparue ? Le sommeil s'arrête : quel sera le programme du jour ? Son livre terminé, que fera l'écrivain ? Sa promenade finie, que fera l'oisif ? Son verre vide pose à l'ivrogne la question qu'une sonnerie d'horloge pose au travailleur : que faire ? Que faire pendant les moments de loisir que nous laissent nos occupations quotidiennes ? Et quand approche la fin naturelle de toutes nos séries d'idées nous nous demandons encore : que faire ? par quoi remplacer la vie qui s'éteint ? Nous prenons des dispositions pour agir même après la mort : nous faisons des testaments pour agir sur terre, et nous tâchons de fixer notre sort pour l'éternité. Il nous semble contradictoire que notre activité s'arrête, que notre cause cesse d'être cause. Chaque fois qu'une série d'idées, brève ou longue, menace de périr, nous nous trouvons devant un vide mental qu'il s'agit de remplir. Le néant nous choque : comment le supprimer ? telle est la première formule du problème de l'action.

Chaque série de représentations, avant de s'anéantir, connaît tour à tour la grandeur et la décadence. Ces progrès et ces regrès, s'ils sont subits, donnent naissance à des volitions. Tant que les impressions physiques se succèdent en conservant une intensité et une rapidité moyennes, elles ne stimulent pas notre activité, mais que le « tonus vital » semble soudain s'élever ou s'abaisser de plusieurs degrés :

aussitôt la volonté entre en exercice : de l'état nouveau ou de l'ancien état de la cœnesthésie lequel maintenir? Les psychologues ont souvent décrit l'épanouissement de la volonté qui suit cette révolution physiologique qu'on nomme la puberté[1]. Mêmes problèmes, même éclosion du vouloir si la vie mentale s'épanouit ou s'étiole soudain. De là l'enthousiasme actif du néophyte qui tout à coup voit sortir d'un principe un flot de vérités. Et de là, quand une source d'idées paraît prête à tarir, les efforts destinés à lui rendre son abondance. En tout cas, le problème est ici : de deux états successifs d'une même série lequel conserver?

Laquelle conserver de deux séries successives? tel est l'énoncé du problème quand, au lieu de mourir d'elle-même, une série d'idées est tuée par une autre. Supposons que cette autre série paraisse venir d'une source intérieure. Notre esprit est un écheveau dont les fils sont très embrouillés : pendant que nous dévidons l'un, l'autre se glisse entre nos doigts. Pendant que j'écris, le souvenir d'une lecture, le retour d'une sensation organique, la faim ou la fatigue, l'attente d'une visite ou la perspective d'une corvée, une foule de faits internes peuvent interrompre mon travail. Et chaque fois revient la question : chercherai-je à compléter le débris de souvenir, de sensation ou de prévision qui vient d'apparaître? ou chercherai-je à prolonger la trame mutilée de mes perceptions? Au milieu de ma phrase s'ouvre une parenthèse : faut-il énoncer l'incidente ou terminer la proposition principale? Le problème n'est plus : une série de pensées s'achève, par quelle série la rempla-

[1]. V. par ex. Paulhan, *L'activité mentale...*, p. 149 (Paris, F. Alcan); Beaunis, *Les sensations internes*, p. 44 et suiv. (Paris, F. Alcan).

cer? mais : deux séries de pensées s'entrechoquent : laquelle triomphera ?

Opposition de la pensée et du néant, opposition de deux états d'une même série, opposition de deux séries de représentations internes, ces trois espèces du choc mental posent tous les problèmes de la vie individuelle. Si par impossible un individu vivait seul, loin des hommes et loin du monde, sa vie se passerait à résoudre ces trois questions : comment remplacer les idées disparues ? Comment régler le cours des idées ? Comment choisir entre deux groupes d'idées ? Un tel être serait un spéculatif ou un actif selon que, chaque série épuisée, il se laisserait envahir par les représentations spontanées ou provoquerait des représentations de son goût. Comme l'Acte pur d'Aristote, il pourrait trouver dans le spectacle de ses pensées une occupation et une satisfaction ; mais il pourrait aussi conquérir des « vertus pratiques » puisqu'il fixerait l'emploi de sa vie physique et morale, donnerait au mouvement de ses idées son rythme, accueillerait ou écarterait les distractions et les rêves, apprendrait l'art de se souvenir et d'oublier. Mais le domaine propre de cet être sans besoin serait le domaine de l'activité de jeu, ce serait l'art. Sa vie tout entière serait une œuvre d'art puisqu'il aurait soit à créer, soit à rassembler les idées destinées à la remplir. Et chaque fois qu'un cycle se fermerait, il devrait combler le vide en composant une œuvre nouvelle, comme le pâtre occupe en chantant les loisirs que lui laisse son troupeau. L'une des fonctions de l'art n'est-elle pas de compléter la vie laborieuse ? Notre individu fictif sentirait à tout moment croître ou décroître sa vitalité. Et chaque fois qu'il aurait conscience d'un surcroît de force, il créerait une œuvre encore, à la façon du soldat qui chante pendant la marche et de l'ouvrier qui chante au travail, sous l'impulsion de l'excès d'énergie révélé par le labeur. L'une des fonctions de l'art n'est-elle pas d'utiliser ce supplément d'activité que les philosophes nomment le jeu ? Ainsi la poésie et la moralité de la vie intérieure dépendent, pour chacun de nous, de la solution donnée à ces trois problèmes : comment remplacer les idées mortes ? Quel rythme adopter pour le mouvement de nos pensées ? Entre deux systèmes d'idées, comment choisir ?

III

Nous ne vivons ni loin des hommes ni loin du monde. Si nos idées meurent, ce n'est pas toujours par la faute des causes internes : souvent le phénomène qui prend leur place paraît avoir sa cause en dehors de nous.

Soit d'abord le cas où cette cause ressemble au moi : tous les problèmes de la vie sociale vont s'énoncer. Ce qui interrompt alors le développement de notre vie mentale, c'est tantôt l'effet directement produit en nous par l'action de notre semblable, tantôt la vue d'un effet produit sur autrui par notre action ou sur un tiers par l'action d'autrui.

En premier lieu, nous subissons l'action d'autrui. Pendant que je marche au milieu d'une foule, je suis salué ou bousculé ; la suite de mes pensées en est interrompue : vont-elles reprendre leur cours ou bien vais-je donner aux idées évoquées par l'attitude de mes voisins le droit d'envahir ma conscience ? Un ordre, un conseil, un exemple, une prière, une lettre reçue, un mot surpris, un geste aperçu, le moindre fait d'origine sociale peut jeter le trouble dans mes représentations. Comment rétablir l'harmonie? Quelle série d'idées maintenir dans la conscience? A ce problème répondent tous les actes par lesquels nous ripostons aux impressions d'origine humaine, et ces actes sont les plus nombreux de notre vie sociale.

En second lieu, nous assistons à la vie d'autrui : un événement de son existence suspend le cours de nos représentations et provoque de notre part non plus une réaction mais une initiative. Quand songeons-nous, par exemple, à exprimer nos pensées? Quand nous avons constaté entre la conscience d'autrui et la nôtre l'existence d'un contraste. Il sait et je ne sais pas, il ne sait pas et je sais, il sait autrement que je ne sais ; nous n'avons ni les mêmes croyances ni les mêmes affections ni les mêmes habitudes. Tels sont les contrastes qui me décident soit à lui communiquer mes connaissances et mes émotions, soit à provoquer par une question l'expression de ses émotions ou de ses connaissances. Ou bien j'obéis — mais il l'ignore — à ses principes ou à ses préjugés : le laisserai-je dans l'ignorance ou lui révélerai-je notre sympathie? En tout cas j'aperçois un conflit entre ses idées et les miennes : changerai-je ses idées? changerai-je les miennes? qui de nous deux sera converti? serons-nous convertis l'un et l'autre? La parole est l'acte primordial de la vie sociale, puisqu'on ne peut entrer en relations avec aucun être sans exprimer sa pensée. Or, nous ne songeons à prendre la parole qu'au moment où nous sommes surpris d'une différence entre la conscience d'autrui et la nôtre.

C'est la conscience d'une telle différence qui suscite certaines formes de l'activité artistique. S'il crée parfois pour donner à ses facultés tout leur développement, l'artiste crée souvent pour établir l'harmonie entre ses idées et celles d'autrui. Il croit ses yeux mieux faits pour voir la beauté ; il croit posséder un langage plus expressif pour traduire en formes sensibles l'âme des choses. Les autres ne voient pas ce que je vois, ne parlent pas mon langage : telle est la formule de ce contraste. Les auteurs de *Mémoires* n'ont pas d'autre but que de faire connaître au public les événements secrets auxquels ils ont été mêlés ou les émotions spéciales dont ils ont eu le privilège : tout le monde ne sait pas ce que je sais ou n'éprouve pas ce que j'éprouve, se disent-ils. S'ils n'avaient aucune idée paradoxale, les dramaturges n'écriraient pas de pièces à thèse. Aucun écrivain ne prendrait la plume si ses idées lui semblaient universellement acceptées : s'il écrit, c'est qu'il constate une différence entre les opinions courantes et ses propres opinions. L'art est un langage. Admirer une œuvre d'art c'est accepter l'idée ou la méthode de l'auteur : l'amateur est un disciple. Créer une œuvre, c'est vouloir imposer son idée ou sa méthode : l'artiste est un pédagogue. Me convertirai-je ? dit l'un ; le convertirai-je ? dit l'autre. Questions qui supposent chez l'un et chez l'autre la conscience de leur désaccord. C'est de ce désaccord que sont nées toutes les formes sociales de l'activité esthétique.

Toutes les formes sociales de l'activité ont la même source. Les hommes et les partis « d'action » sont ceux qui prennent conscience des antinomies sociales. Un législateur est actif s'il aperçoit des contradictions entre le droit naturel et le droit positif, entre le but d'une loi et son effet, entre deux articles d'un même Code. L'activité des hommes de la Révolution s'explique par leur croyance à l'absurdité de l'Ancien Régime : les hommes sont égaux dans l'état de nature, inégaux dans l'état de société : il y a contradiction. L'activité des révolutionnaires modernes s'explique par leur croyance à l'absurdité de l'État « bourgeois » : il est contradictoire, remarquait Tocqueville, « que le peuple soit à la fois misérable et souverain ». Il est contradictoire, ajoute-t-on, que le travailleur soit malheureux et l'oisif opulent. Il est contradictoire encore que la pauvreté croisse avec le progrès. C'est pour lever de telles contradictions qu'agissent les hommes politiques. Si, comme nous l'avons soutenu, l'injustice apparente est une apparente absurdité, quiconque se dresse pour combattre l'iniquité agit sous l'impulsion de la contradiction logique : un innocent condamné, une infortune imméritée, voilà des faits absurdes : l'action individuelle, comme l'action publique, est mise en mouvement par la vue d'une contradiction.

Au contraire, l'homme qui ne voit aucune de ces oppositions demeure inerte. Mais un moment vient où, si fermés que soient ses yeux, il est forcé de constater l'existence d'un désordre : entre l'opinion de ceux qui crient à l'iniquité et la sienne, il y a contradiction. Aussi s'efforcera-t-il de la lever. Si l'on croit les hommes naturellement inégaux on n'agira pas pour leur donner l'égalité, mais on agira pour lutter contre les partisans de l'égalité. Si l'on trouve juste la richesse de l'oisif et la misère du travailleur, on ne fera rien pour modifier la répartition des biens, mais on fera tout pour empêcher de la modifier. L'opposition des partis, des États, des religions suscite tous les efforts faits par les hommes pour détruire ou pour absorber le parti, l'État ou la religion contraire. Ces actes si nombreux répondent tous au problème déjà formulé : il ne croit pas ce que je crois : le convertirai-je ou serai-je converti ?

Qu'il s'agisse de réagir ou de prendre une initiative ; que l'action soit provoquée par un bienfait ou par une injure, une politesse ou une impolitesse, l'ordre d'un supérieur ou le conseil d'un ami ; qu'elle soit dictée par la vue d'une injustice ou par la constatation d'une erreur, la volonté ne s'exerce dans la société que pour résoudre des problèmes logiques. L'activité sociale ne mourrait que si nous n'étions plus scandalisés par les incohérences de la morale et du droit, des lois et des faits, des actions et des sanctions, par les absurdités des institutions ou par les conflits des hommes. Elle n'est pas morte.

IV

Dernière forme du choc mental : une série de représentations est interrompue par une nouvelle série dont la cause, étrangère au moi, paraît différente du moi. Tantôt nous subissons l'action des forces extérieures et nous réagissons contre elles, tantôt nous observons le jeu de ces forces et ce spectacle nous suggère des initiatives.

Dans le premier cas, l'émotion peut sembler l'occasion de l'acte volontaire, mais, en réalité, il s'agit toujours de choisir entre deux séries opposées de représentations. La nuit tombe, interrompant mon travail : me bornerai-je à suivre les idées qu'amène l'obscurité? ou persisterai-je à continuer ma besogne dans la nuit? Tout art pratique répond à de semblables questions. C'est l'alternative du jour et de la nuit, de l'hiver et de l'été qui dut provoquer les efforts que couronna l'invention du feu, mère de l'industrie. C'est l'opposition des sols fertiles et des sols stériles qui dut inviter certains hommes à prendre possession de la terre. C'est l'opposition des bonnes et des mauvaises journées de chasse qui dut donner l'idée de la domestication des animaux, comme l'opposition des années grasses et des années maigres fit songer à la domestication des plantes. De tels contrastes expliquent le progrès comme la naissance des industries. L'écart entre l'effet prévu et l'effet réel d'un outil nous invite à chercher un perfectionnement. Qu'une machine énorme ou compliquée produise un effet insignifiant, nous tâcherons soit de la simplifier, soit d'augmenter son rendement. Si, au milieu d'une civilisation scientifique, une industrie conservait son outillage ancien, si l'agriculture moderne conservait la charrue romaine, cet anachronisme serait une absurdité qu'on s'efforcerait de détruire. Conflit des prévisions et des perceptions, contraste entre l'effort et le résultat, contraste entre deux branches de l'industrie, tels sont les problèmes qui sollicitent l'activité technique de l'humanité.

Ils sollicitent son activité religieuse. Si la maladie et la mort frappaient tous les hommes au même âge, si la pluie, le vent ou la grêle détruisaient les moissons à des échéances fixes, si les lois de la nature ne dissimulaient pas leur uniformité réelle sous les caprices d'un hasard apparent, prévoyant à coup sûr le résultat nécessaire de nos entre-

LAPIE.

prises, nous ne songerions ni à prier Dieu d'intervenir, ni à le remercier de son intervention. Mais il nous semble qu'une volonté mystérieuse trouble la nature et fait au gré de ses caprices le bonheur et le malheur des hommes : nos prévisions sont incertaines, toujours dépassées ou déçues : ce perpétuel conflit entre l'espérance — ou la crainte — et la réalité, voilà le choc mental qui fait monter à nos lèvres les prières ou les actions de grâces, les Pater ou les Te Deum.

Le spectacle des phénomènes extérieurs, même s'ils n'ont pas sur nous d'action directe, peut interrompre le cours de nos pensées. Et les contrastes qu'il présente mettent en mouvement la volonté de l'artiste et du savant, du philosophe et du théologien.

Ce n'est pas seulement pour dépenser un excès de force ou pour donner aux autres ses émotions que l'artiste fait son œuvre : s'il crée un monde idéal, c'est souvent parce qu'il est choqué des incohérences du monde réel. Le monde réel est l'empire du changement : toute sensation est fugitive, et pourtant certaines sensations mériteraient de demeurer. Vouloir fixer pour l'éternité la nuance exquise d'une couleur ou d'un son, les traits d'un visage ou les formes d'un corps, les détails d'un paysage ou les circonstances d'un événement, tel est souvent le but de l'artiste Voici un rêve aussi précieux que fragile : le laisserai-je s'évanouir ? tel est le problème que sa volonté va résoudre [1].

D'autre part, la nature est un chaos apparent sous lequel on devine un ordre réel. Scandalisé de la mort des choses

---

1. On trouverait maint exemple de ce problème dans les *Mémoires* de Gœthe. Voir t. I, p. 169, 198, 293, 320, etc., de la traduction Carlowitz.

qui méritent l'éternité, l'artiste ne l'est pas moins du désordre des choses qui recèlent l'harmonie. Ou bien « la nature contient tout, mais d'une manière confuse » : alors « il faut élaguer en elle tout ce qui est contingence, accident » ; sans la mutiler, il faut « ordonner les choses » (Puvis de Chavannes). Ou bien le modèle naturel est incomplet : il faut alors retrouver les éléments nécessaires pour former un tout : Gœthe, lisant dans la Bible l'histoire de Joseph, « éprouve le désir de la compléter par les détails qui manquent et qu'on devine sans peine[1] ». Superfluités ou lacunes, ce sont en tout cas des incohérences qui disposent l'artiste à créer la beauté.

Ce sont des incohérences qui poussent le savant à chercher la vérité. Pour le savant comme pour l'artiste, la nature est un chaos apparent dont il faut révéler la réelle harmonie. Tout désordre est pour lui l'occasion d'une recherche. L'opinion courante au temps de Darwin, c'est que la plante et l'animal appartiennent à deux règnes distincts. Darwin s'aperçoit qu'une plante, la drosera, « attrape des insectes » et « secrète un fluide contenant un acide et un ferment analogue au suc digestif de l'animal[2] ». Entre l'opinion courante et ce fait positif il y a contradiction : où est la vérité? Des espèces distinctes présentent de remarquables « similitudes de types[3] » : d'où vient cette ressemblance dans la différence? voilà le point de départ des recherches sur l'origine des espèces. Il suffit à Darwin de remarquer que deux champs voisins sont l'un cultivé l'autre inculte

---

1. *Mémoires*, trad. Carlowitz, t. I, p. 89.
2. *La vie et la correspondance de Charles Darwin*, trad. fr., t. 1, p. 98.
3. *Id*, t. 1, p. 475.

pour que l'idée d'une expérience lui soit suggérée[1]. Il suffit à Pasteur de remarquer que deux champs voisins n'ont pas la même coloration pour que l'idée d'une expérience lui soit suggérée : et cette expérience aboutit à la découverte du bacille du charbon[2]. Les tartrates et les paratartrates sont identiques : et cependant les uns agissent, les autres n'agissent pas sur la lumière polarisée : il y a contradiction ; pour la lever, Pasteur construira une théorie nouvelle de la matière vivante[3]. Les mêmes bacilles sont immobiles au bord, mobiles au centre d'une goutte de liquide : ce contraste oriente Pasteur vers la découverte de l'existence anaérobie[4]. Le même bouillon de culture nourrit une fois mais non deux fois les microbes : une même cause produirait-elle tour à tour des effets contraires ? En expliquant cette énigme, Pasteur découvre le principe de la vaccination[5]. Dira-t-on que notre loi n'est pas générale ? Mais l'esprit de Pasteur et l'esprit de Darwin ne sont pas les seuls qu'ait fécondés la vue d'une apparente contradiction. Comment fut découvert l'argon ? Quand on eut remarqué que l'air de l'atmosphère et l'air préparé dans les laboratoires n'ont pas le même poids atomique ; on arrivait à cette absurdité : l'air n'est pas l'air ; c'est pour la détruire que furent instituées les expériences dont la découverte de l'argon fut le fruit. Entre les prédictions tirées de la loi de Mariotte et ses propres observations, Regnault note un écart : il se livre à des recherches nouvelles. Incohérence des

---

1. *Vie et corresp. de Darwin*, t. I, p. 543.
2. Duclaux, *Pasteur. Histoire d'un esprit*, p. 355.
3. *Id.*, p. 28.
4. *Id.*, p. 106.
5. *Id.*, p. 388.

faits, conflits des faits et des lois, conflits des faits et des théories, conflits des théories, tels sont les problèmes que résout la volonté du savant.

Des problèmes analogues excitent la curiosité des philosophes. Les lacunes ou les incohérences des systèmes antérieurs, les démentis que leur inflige l'expérience ou qu'ils s'infligent les uns aux autres, voilà ce qui pousse les nouveaux venus à chercher la vérité. La grande lacune du système de Descartes est comblée par Spinoza : il donne une Éthique au cartésianisme. Mais il veut en même temps résoudre les contradictions du cartésianisme, réduire à l'unité les notions que Descartes a opposées deux à deux : la substance infinie et la substance finie, l'âme et le corps, l'entendement et la volonté. Les contradictions des premiers physiciens grecs invitent Socrate à accomplir sa révolution philosophique ; les contradictions des systèmes ont de tout temps piqué la curiosité des « chercheurs » par excellence, les zététiques ou sceptiques. Mais elles n'éveillent pas moins l'attention des dogmatistes : n'est-ce pas à la querelle de Platon et d'Aristote que sont dus les travaux des Alexandrins et de nombreux scolastiques ; et que serait le système de Leibnitz s'il n'avait pas eu devant l'esprit le conflit d'Aristote et de Descartes ? le conflit de Descartes et de Locke ? le conflit même de Descartes et de Spinoza ? Que serait la philosophie de Kant s'il n'avait eu à résoudre l'antinomie du dogmatisme et du scepticisme ? Si l'esprit humain paraît osciller sans cesse entre les thèses et les antithèses, c'est qu'il est toujours excité par la vue des combats que soutiennent les systèmes contre les systèmes et contre les faits.

L'activité religieuse qui, par ses formes les plus humbles, ressemble à l'activité économique, est analogue, sous ses formes les plus élevées, à l'activité scientifique et philosophique. Sa mission, comme la leur, est de chercher la vérité. Le choc mental qui lui donne l'impulsion comme il donne l'impulsion à la recherche scientifique ou philosophique, c'est un conflit d'idées, c'est un doute. L'histoire d'une conversion, c'est le récit des efforts faits par un esprit pour échapper à la contradiction. Nulle part mieux que dans les *Confessions* de saint Augustin on n'assiste à la naissance du doute, à la position du problème qui déterminera l'effort religieux. Adepte du manichéisme, le jeune homme apprend d'abord que sa doctrine est contredite par les opinions des philosophes ; mais « il ne voit pas encore clairement[1] » qu'elle est contredite par les faits. Quand il commence à reconnaître que l'expérience donne un démenti à ses croyances, il est désorienté, il se tourne du côté des sceptiques[2] : si le manichéisme, en effet, lui paraît contraire à l'expérience physique, le christianisme n'est pas moins contraire à la conscience religieuse : « Je pensais, dit-il à Dieu, qu'il y avait plus de piété à vous croire infini dans toutes vos parties, excepté du côté où votre substance s'oppose à la substance du mal qu'à vous croire enfermé de toutes parts dans la forme du corps humain. » Mais ce doute, cette « fluctuation[3] » l'invite à des réflexions nouvelles : il ne s'arrêtera qu'au moment où il verra « disparaître toutes les

---

1. Livre V, ch. 5, p. 100 de la trad. Janet.
2. Livre V, ch. 10, p. 110.
3. Livre V, ch. 13, 14, p. 115-117; livre VI, ch. 1ᵉʳ, p. 119 ; ch. 3, p. 122; ch. 16, p. 145.

contradictions¹ ». Après les *Confessions*, lisez les *Souvenirs d'enfance et de jeunesse* : la même loi s'y trouve appliquée. Si Dieu punit et récompense les hommes, dit par exemple Renan, il proportionne les sanctions à la conduite de la vie. « Le catholique ne l'entend pas ainsi. Une bonne mort couvre tout² » : entre le mérite d'une heure et la récompense de l'éternité il y a disproportion : Dieu ne serait pas juste ; or Dieu est juste. Telle est l'une des contradictions qu'il veut résoudre. De même Schérer³ : la parole de Dieu doit être claire, digne de lui, éternelle comme lui. L'Écriture contient des versets obscurs, des détails grossiers ; certains livres sont perdus. Entre ce qu'elle doit être et ce qu'elle est, il y a contradiction : où est la vérité ? S'il ne se pose pas de tels problèmes, l'esprit religieux demeure inerte. Il peut dépenser son activité dans des œuvres religieuses : il peut prier et louer Dieu, il peut prêcher sa croyance et combattre l'hérétique ; mais il accepte passivement le dogme, il ne recherche pas volontairement la vérité. Sous son aspect spéculatif, l'activité religieuse n'est stimulée que par le doute.

Le doute, voilà donc le ferment de l'activité intellectuelle. Le jour où l'homme aurait trouvé la formule magique d'où se déduiraient toutes les lois et tous les faits, l'activité intellectuelle aurait vécu ; l'esprit fonctionnerait automatiquement selon le principe de la déduction ; il ne serait plus qu'une machine à syllogismes. Mais, en attendant, tous les contrastes des sensations, tous les conflits des faits et des

---

1. Livre VII, ch. 21, p. 176.
2. *Souvenirs d'enfance et de jeunesse*, p. 161.
3. O. Gréard, *Edmond Schérer*, p. 100.

lois, toutes les incohérences des doctrines, tous les démentis que leur infligera la réalité susciteront sans trêve, avec de nouveaux problèmes, de nouvelles recherches et de nouvelles créations volontaires.

L'étincelle qui détermine dans l'esprit la combinaison de jugements qu'on appelle un acte volontaire, c'est la contradiction. Le premier acte de tout drame expose les conflits que résoudra le dénouement. Nous n'avons l'occasion de vouloir que si le cours de nos idées rencontre un obstacle. Les physiologistes accepteraient cette conclusion : ne disent-ils pas que la volonté est un arrêt de tendances? Nous nous bornons à traduire leur doctrine en langage psychologique. Les pensées se déroulent suivant les lois de l'association, s'assemblent en raisonnements déductifs, se groupent en inductions comme les eaux d'un torrent roulent d'amont en aval suivant les lois de la pesanteur. Mais que l'eau du torrent se heurte à un rocher, elle jaillit de bas en haut avant de reprendre son cours : de même, heurtée par une idée, la pensée jaillit en volition avant de reprendre son cours intellectuel. A chaque instant, nos idées rencontrent des obstacles : tantôt une série s'épuise d'elle-même, tantôt elle croise un courant contraire, tantôt elle est interrompue par des idées étrangères. Mais la plupart des chocs mentaux sont trop légers pour attirer l'attention. C'est seulement lorsque le contraste est saisissant que se pose un problème et que se forme une volition.

CHAPITRE II

SOLUTION NORMALE DU PROBLÈME PRATIQUE
LE RAISONNEMENT VOLITIONNEL

I. — Description du raisonnement volitionnel : raisonnement simple et raisonnement complexe.
II. — Qualité des prémisses : négatives, dubitatives, affirmatives. Volitions correspondantes : avortées, ébauchées, achevées. — A quoi répond la distinction des volitions et des nolitions.
III. — Modalité des prémisses : problématiques, assertoriques, apodictiques. — Degrés correspondants de la volition.
IV. — Modalité des prémisses (suite). — Degrés correspondants de la moralité subjective des volitions.
Conclusion. — L'exécution de l'acte volontaire.

Le problème est posé : quelle sera la solution ?

Ici interviennent les jugements sur l'idéal et le possible : ils n'attendaient pour entrer en scène qu'un signal ; ils saturaient la conscience : le choc mental les précipite. Deux états psychiques sont en lutte et je demande auquel je donnerai la victoire ? A celui qui paraît digne de moi et réalisable par moi. Les deux jugements sur la fin et sur les moyens forment les deux prémisses d'un raisonnement dont la volition sera la conclusion et que, pour ce motif, nous appelons le *raisonnement volitionnel*. Si ces jugements sont les conditions suffisantes de la volition, leurs combinaisons doivent expliquer toutes les volitions avec tous leurs caractères. La volition est tantôt impulsive, tantôt inhibitive ; elle est tantôt faible et tantôt forte ; elle paraît plus ou moins obligatoire : la direction, l'intensité, la moralité subjective d'une résolution dépendent-elles des caractères logiques du raisonnement volitionnel?

I

Décrivons d'abord ce raisonnement. Il est parfois simple et plus souvent compliqué. Il est simple quand, n'apercevant qu'une solution du problème pratique, nous ne portons qu'un jugement sur la fin et un jugement sur les moyens.

Empruntons des exemples aux principaux problèmes pratiques.

Premier problème. Un cycle est révolu : quel cycle lui succédera? La jeunesse est passée : que fera l'homme mûr? S'il se sent un goût décidé et des aptitudes suffisantes pour une carrière, il veut l'embrasser. Qu'est-ce à dire sinon que sa volition résulte de deux jugements dont l'un affirme que le projet est réalisable et dont l'autre affirme qu'il est légitime? Le premier jugement résulte de l'examen des aptitudes et le second de l'examen des goûts : telle carrière me procurera des plaisirs dignes de moi ; je suis propre aux travaux qu'elle exige : je veux entrer dans cette carrière. Voilà le raisonnement volitionnel sous sa forme la plus simple.

Second problème. Une série de représentations est interrompue par une autre série d'origine interne. Au milieu d'une lecture choisie pour ma tâche du soir — c'est un chapitre du livre de Taine : l'Intelligence — je suis obsédé par le souvenir d'une théorie de l'inclination. Sans doute il ne m'est pas interdit de méditer sur l'inclination ; mais à chaque heure sa tâche : il est donc juste de continuer la lecture. Le pourrai-je? Je le crois et je lutte pour défendre mes perceptions contre l'assaut de mes souvenirs. Je dois lire, je puis lire, je veux lire.

Une cause physique agissant sur nous brise la trame de nos pensées. A peine l'émotion est-elle sentie qu'elle est jugée : l'opinion préalable que nous avons de notre valeur nous permet d'affirmer sans hésiter que l'émotion nouvelle est injuste ou méritée. Dès lors, la majeure du raisonnement est posée : il faut maintenir l'émotion la plus juste. Comment? Nous ne manquons pas de ressources pour nous procurer du plaisir ou pour écarter la douleur physique. Nous prenons le premier moyen venu. Soit une fatigue : je désire la faire disparaître ; — le repos y suffira : — je prendrai donc du repos.

Le raisonnement semblera plus compliqué quand la cause qui brise la trame de nos pensées n'est pas d'origine physique mais d'origine humaine. A l'évaluation de l'émotion subie se joint, pour former la majeure, l'évaluation de l'agent extérieur. Pour affirmer qu'une émotion d'origine sociale est légitime ou non, il ne suffit pas de comparer son intensité au degré de notre valeur, il faut, en outre, examiner la valeur de celui qui nous procure cette émotion. Le même ordre, humiliant s'il est donné par un inférieur, est juste s'il est donné par un supérieur. La même bienveillance, marquée par un supérieur, a plus de prix que si elle est témoignée par un égal. Mais, quelle que soit la complexité de la majeure, le raisonnement, la majeure posée, se déroule normalement. Au 10 août, Bonaparte

« tire du péril un Suisse qu'un Marseillais allait tuer : « Homme du Midi, dit-il simplement, sauvons ce malheureux. — Es-tu du Midi? répliqua l'autre. — Oui. — Eh bien! sauvons-le[1]. » Le mot de Bonaparte a surpris le Marseillais: quelle est l'autorité qui lui donne ce conseil? Elle est légitime : le conseil vient d'un compatriote, presque d'un frère : ce que feraient nos frères, pourquoi ne le ferions-nous pas ? Le conseil est praticable : il est écouté. A tout instant nous subissons de telles suggestions. Nous n'exigeons pas toujours de nos autorités des titres sérieux : un mot saisi au vol, une ligne de journal, en nous faisant croire à la valeur et à la possibilité d'une action, dirigent notre volonté. Malgré l'apparence, le raisonnement n'est pas plus compliqué que dans les cas précédents.

Malgré l'apparence, le raisonnement conserve sa forme lorsqu'il s'agit de réduire les incohérences de la nature. On pourrait croire que ni le savant, ni l'artiste n'affirme, avant d'agir, la légitimité de son action: son raisonnement volitionnel n'aurait pas de majeure. Mais c'est une illusion. S'il laissait au monde ses laideurs, l'artiste commettrait une triple iniquité : envers lui-même dont le talent demeurerait virtuel ; envers autrui puisqu'il garderait pour lui seul la beauté dont il a le dépôt ; envers le monde dont il a mission de révéler l'harmonie. De même, le savant n'est pas libre de laisser sans réponse un problème naturel : il croit devoir chercher. Et, de plus, il n'est pas libre de résoudre l'antinomie du fait et de l'idée en sacrifiant le fait à l'idée : son devoir strict est de rectifier l'idée par le

---

1. A. Chuquet, *La jeunesse de Napoléon*, t. III. Toulon, p. 10.

fait. Ainsi le raisonnement volitionnel, dans la création de la beauté ou dans la découverte de la vérité, ne manque pas de majeure : et sa majeure est : je dois (ou j'ai le droit).

Sous sa forme simple, le syllogisme pratique comprend trois propositions : je dois (ou j'ai le droit), je puis, je veux [1].

Le syllogisme pratique est rarement simple. Tout problème comporte au moins trois solutions : on résout une antinomie soit en sacrifiant la thèse, soit en sacrifiant l'antithèse, soit en essayant une synthèse. Et le nombre des synthèses est à priori sans limites. A propos de chaque solution l'esprit demandera : dois-je ? et : puis-je ? Le raisonnement complexe est composé d'autant de raisonnements simples que nous concevons de solutions.

Reprenons quelques-uns des précédents exemples. La jeunesse est passée : que fera l'homme mûr ? Il a le choix entre trois attitudes : prolonger par un artifice sa vie insouciante sous la tutelle de sa famille, prendre la direction de son existence, mêler à doses convenables la dépendance et l'autonomie. Des réflexions viennent-elles interrompre ma lecture ? j'ai le choix entre trois attitudes : continuer ma lecture en dépit de mes réflexions, fermer le livre pour donner audience à mes idées, choisir une lecture sur le

---

[1]. On rapprochera ce schème du « syllogisme moral » de M. Tarde. Pourtant, il en diffère : M. Tarde part du « vouloir » pour aboutir au « devoir » :
Je *veux* faire mon salut ;
Le jeûne en carême assure le salut ;
Je *dois* jeûner en carême.
Il nous paraît plus exact de partir du « devoir » pour aboutir au « vouloir » :
Je *dois* assurer le salut de mon âme ;
Le jeûne en carême assure le salut ;
Je *veux* jeûner en carême.

sujet de mes réflexions. Est-ce une douleur qui vient briser le cours de mes pensées ? Je puis l'écarter, l'accepter ou, tout en l'acceptant pour le présent, l'écarter pour l'avenir. Le choc mental est-il provoqué par un fait social ? *A priori*, les trois attitudes demeurent possibles : ou bien je ne tiendrai pas compte de la suggestion, ou bien je lui obéirai, ou bien j'en ferai mon profit sans suivre aveuglément ses indications. En présence d'une absurdité sociale, même conduite : deux égaux sont inégalement heureux : on peut réduire le bonheur de l'un, augmenter celui de l'autre, ou procéder en même temps aux deux opérations. Même les problèmes intellectuels peuvent recevoir ces trois solutions : selon Ptolémée la terre est le centre du monde, selon Copernic elle tourne autour du soleil, selon Tycho-Brahé le monde a deux pivots : la terre et le soleil. Ainsi, quel que soit l'énoncé du problème pratique, on peut, *a priori*, répondre par deux solutions radicales et par une infinité de solutions transactionnelles. Quand, au lieu de nous en tenir à la première venue des solutions, nous examinons tour à tour plusieurs d'entre elles, le raisonnement volitionnel est complexe.

Simple ou complexe, le raisonnement volitionnel ne se présente pas à la conscience sous l'aspect schématique que lui attribue notre description. Il est enveloppé d'une multitude de sensations, d'images, d'émotions et de réflexions. Chacune de ses prémisses se forme lentement puisqu'elle est le résultat d'inductions, d'équations et d'analyses à tout instant complétées, refaites, défaites, interrompues et reprises au gré des incidents de la vie mentale. En outre, des raisonnements parasites viennent se greffer sur le raisonnement principal. Je crois devoir choisir telle carrière, mais pour m'affermir dans ma résolution je prends l'avis de mes parents ou de mes maîtres ; au moment de livrer bataille, un roi demande conseil à Dieu. A la majeure : « par lui-même cet acte est juste » vient donc se joindre une majeure accessoire : « cet acte est juste, car il est juste de suivre les conseils de ses parents, de ses maîtres ou de Dieu ». Je crois pouvoir réussir dans mon entreprise, mais pour enlever les derniers doutes je fais des expériences sur mes propres forces : une promenade d'entraînement avant une longue excursion. Une volition secondaire est venue s'ajouter à la volition principale. Le raisonnement volitionnel est donc enfermé dans une gangue de faits psychiques qui le dissimulent à la conscience superficielle. Mais l'analyse retrouve partout, en éliminant tous les éléments superflus, en dissociant les membres des raisonnements complexes, les trois propositions du raisonnement simple : je dois, je puis, je veux.

II

Quelles sont les règles du raisonnement volitionnel ? quels sont ses modes concluants ?

Chacune des propositions qui le composent ayant « je » pour sujet, il est inutile d'étudier les règles relatives à la quantité des prémisses. Mais le raisonnement varie suivant leur qualité et leur modalité : ces variations n'auront-elles aucune influence sur la nature de la volition ?

Au point de vue de la qualité, les prémisses peuvent former neuf combinaisons :

(1) Je dois (ou j'ai le droit); (2) Je dois ; (3) Je dois ;
   je puis.   je ne puis pas. je ne sais si je puis.
(4) Je ne dois pas; (5) Je ne dois pas; (6) Je ne dois pas;
   je puis.   je ne puis pas.   je ne sais si je puis.
(7) Je ne sais si je dois, (8) Je ne sais si je dois; (9) Je ne sais si je dois;
   je puis.   je ne puis pas.   je ne sais si je puis.

Quelle conclusion tirer de chacun de ces modes ?

On pourrait croire que la conclusion « suit la partie la plus faible » : affirmative quand les deux prémisses sont affirmatives, elle serait négative ou dubitative dès que l'une des prémisses aurait cette qualité. Si du mode : « je dois, je puis » on passe au : « je veux », du mode : « je dois, je ne puis pas » on conclurait : « je ne veux pas », et du : « je ne sais si je puis » on tirerait : « je ne sais si je veux ». Mais c'est une illusion : seules les prémisses affirmatives engendrent une conclusion.

Des prémisses dubitatives ne donnent pas lieu à une volition dubitative : une telle volition n'existe pas : « le moment de la volition est un moment de croyance[1]. » Quand je doute de mon idéal, mon seul effort volontaire consiste à lever ce doute : une fin suspecte n'est pas efficace. Et quand je connais mon idéal sans être sûr de pouvoir l'atteindre, je cherche à compléter ma connaissance des moyens, mais tant que je ne puis affirmer ou nier avec certitude la possibilité de mon projet, ma volonté demeure dans l'expectative.

Exemples. Le cours de mes pensées s'accélère soudain : est-ce un bien ? est-ce un mal ? C'est un bien car ma valeur paraît s'accroître en raison de ma fécondité intellectuelle. Mais l'épuisement ne suivra-t-il pas cette exaltation passagère ? Je ne sais : j'ignore par suite si je dois favoriser ou

1. Shand, *Types of Will* (*Mind*, nouvelle série, t. VI, p. 296).

entraver l'afflux subit de mes idées : je ne prends aucune résolution, sauf celle de déterminer avec plus de précision la nature de mon état : quand je saurai s'il est causé par la fièvre ou par la plénitude de ma santé mentale, j'aviserai. Ma mémoire est aujourd'hui moins sûre qu'autrefois : puis-je à volonté la développer? les exercices mnémoniques que j'employais dans mon enfance ont-ils conservé leur efficacité? je ne sais, et je ne prends aucune résolution, sauf celle d'éprouver la puissance de ces exercices. La majeure ou la mineure étant dubitative, nous ne voulons qu'une chose : la transformer en affirmative afin de pouvoir vouloir.

Pourtant, ne nous arrive-t-il pas d'appuyer nos actions sur des principes douteux? Il est devenu banal de soutenir que la pratique se contente de vérités approximatives : nous serions bien embarrassés si nous voulions donner les raisons de toutes nos actions ; nous serions contraints à l'inertie si nous attendions pour agir que la science ait confirmé les opinions qui guident notre conduite. Nous n'avons pas le temps d'être certains ; il faut que la volonté se décide avant que l'entendement ait chassé le doute ; il faut parier. Je ne suis pas sûr qu'un remède me guérira : pourtant je l'absorbe. Je n'ai pas vérifié les titres de l'autorité qui me commande : pourtant j'obéis. Le législateur ne sait pas si les effets de sa loi seront plus avantageux que nuisibles : pourtant il la vote. Assailli par le doute, un chrétien ne sait plus si l'Évangile est divin : pourtant il prie le Dieu de l'Évangile. Ces exemples ne prouvent-ils pas que l'action volontaire est souvent précédée de prémisses dubitatives?

Écartons une équivoque. Quand on dit qu'une certitude

LAPIE.   17

« morale » suffit à gouverner notre conduite, on ne veut pas dire que notre conduite est dictée par le doute. Nos principes ne sont pas démontrables ; si la critique les attaquait, ils se défendraient mal ; si nous soumettions nos pensées à un examen méthodique nous devrions douter : mais en fait nous ne doutons pas. A tort ou à raison nous affirmons la valeur de nos maximes. Pour manger du pain, je n'attends pas que la science me renseigne sur la composition chimique de cet aliment, mais je ne mets pas en doute sa qualité. L'alcoolique ne demande pas à la science de le renseigner sur la composition chimique de sa boisson, mais il ne met pas en doute sa qualité. Il a tort et j'ai raison, mais nous ne doutons ni l'un ni l'autre. Il ne suffit donc pas de prouver que l'action précède la science pour affirmer que la volonté dépasse les données de l'entendement : la volonté se contente de croyances suspectes mais non de croyances suspectées.

Dès que le doute apparaît, la volition avorte. Mais, à côté de la volition avortée, le doute suscite aussitôt une volition secondaire dont la présence nous cache l'absence de la volition primitive. Je désire la santé et je doute qu'un remède la procure : ce raisonnement n'a pas de conclusion : si je ne refuse pas le remède, je ne tiens pas à le prendre : je demeure irrésolu. Mais aussitôt je cherche à me tirer d'embarras ; le doute est un conflit d'idées qui pose un problème : douter qu'un remède soit efficace, c'est avoir des raisons d'affirmer et des raisons de nier sa vertu : comment résoudre cette antinomie mieux qu'en essayant du remède ? La tentative n'a rien d'illégitime ni rien d'impraticable : faisons l'expérience. La volition n'a plus pour objet direct la guérison mais la destruction du doute. De même le législateur qui vote une loi dont les avantages ne lui sont pas pleinement démontrés n'est pas décidé par l'indécision de son esprit : mais il croit bon et possible de tenter l'aventure. Toutes celles de nos actions qui comportent un risque sont précédées de prémisses dubitatives, mais elles ne s'accomplissent qu'au moment où les prémisses affirmatives d'un raisonnement secondaire viennent se substituer au doute primitif.

Le doute suggère parfois d'autres affirmations. Quand j'obéis à une autorité dont je conteste les droits, mon action n'est pas plus dictée par mon doute que si je prends un remède dont je suspecte l'effet. Mais, quel que soit le fondement de son pouvoir, l'autorité détient le pouvoir. J'obéis : c'est qu'une révolution provoquerait, je crois, plus d'injustices qu'un gouvernement illégitime ; ou bien c'est que la rébellion, si juste qu'elle soit, m'apporterait, j'en suis sûr, une souffrance imméritée. En tout cas, mon obéissance repose sur des affirmations et non sur des doutes. Pareillement le sceptique pratique la religion dont la divinité lui paraît douteuse s'il croit que la pratique, à bien calculer, ne lui causera guère de désagréments, tandis que l'abstention lui attirerait, peut-être de la part de Dieu, mais sûrement de la part des hommes, un châtiment excessif. Quant au croyant ébranlé dans sa foi, ses actes de piété sont, si l'on veut, inspirés par ses doutes : mais en ce sens qu'il tient le doute pour impie et qu'il veut le repousser. Il affirme que le doute est un blasphème, une tentation du démon. Et il affirme qu'on peut l'écarter par la prière ou les mortifications. C'est de cette double affirmation, non de son doute, que résulte son activité. Tout raisonnement volitionnel qui contient une prémisse dubitative n'est qu'une ébauche de raisonnement : il est vrai qu'un raisonnement parasite vient souvent compléter le raisonnement principal ou déterminer, à sa place, une volition. Le doute est souvent l'occasion d'une volition, mais en aucun cas le doute n'a par lui-même une efficacité immédiate.

La négation n'a par elle-même aucune efficacité immédiate. Des prémisses négatives n'entraînent pas une volition négative mais une volition nulle. Si je connais mon idéal sans connaître le moyen de l'atteindre, je ne refuse pas de le poursuivre, mais j'y renonce. Si je nie qu'un acte soit juste, je m'abstiens de le vouloir, mais je ne refuse de l'accomplir que si j'affirme qu'il est injuste : bien que négative, ma volition résulte de deux affirmations : je dois ne pas faire, je puis ne pas faire, je veux ne pas faire l'acte injuste. L'illusion contraire vient du langage qui dit: « je ne dois pas faire » quand il devrait dire : « je dois ne pas faire. » La présence d'une prémisse négative ne provoque pas l'inhibition mais l'abstention.

Exemples. Un malade désire la guérison, mais il sait qu'aucun remède ne la lui donnera. Sa volonté est-elle négative? non : elle est nulle. Peut-être ne refuse-t-il pas de se soigner, sauf si les soins lui apportent une gêne ou une souffrance; mais il assiste inerte aux progrès de son mal. De même le malheureux appelle de ses vœux une fortune plus clémente, mais s'il croit que la cause mystérieuse de son sort est un destin impersonnel sur qui les prières n'ont pas d'effet, il se résigne à son malheur : or, cette résignation passive n'est pas un acte de volonté: c'est l'abdication de la volonté. De même il existe une forme de l'incrédulité qui ne commande pas plus la désobéissance que l'obéissance aux préceptes religieux : si l'on nie leur origine surnaturelle, on s'abstient purement et simplement de les suivre. De même, l'ingratitude ne consiste pas toujours à rendre le mal pour le bien : si l'on ne reconnaît pas le bienfait, on s'abstient purement et simplement d'en rendre grâces. La volition n'est pas négative, car il n'y a pas de volition. En moi ou hors de moi un changement se produit dont je n'aperçois pas l'illégitimité : je laisse faire. En moi ou hors de moi un changement se produit que je ne puis empêcher : je laisse faire. Je n'ai pas le devoir, je n'ai pas le pouvoir, ces prémisses n'aboutissent pas à la conclusion : je ne veux pas, mais à la conclusion : je m'abstiens.

Pourtant, comme les doutes, les négations suggèrent parfois des affirmations. L'échec d'un raisonnement nous invite à en tenter un autre. Quand un tireur ne met pas une balle dans une cible éloignée, il la rapproche. La guérison est impossible : mais est-il impossible de se donner l'illusion ou l'équivalent de la guérison ? Ils ne le pensent pas, les désespérés qui cherchent dans le plaisir une compensation. — D'autre part, le rejet d'une proposition entraîne souvent l'adoption de la proposition contraire : un « oui » est le compagnon fidèle de chaque « non ». Saint Vincent de Paul rejette la doctrine janséniste parce qu'elle est « manifestement contraire à l'autorité du concile de Trente[1] ». Par cela même il adopte la doctrine moliniste. Par cela même qu'on nie l'égalité des hommes, on affirme leur iné-

---

1. *Saint Vincent de Paul*, par E. de Broglie, p. 117.

galité. Un jeu d'écriture suffit souvent pour transposer une négative en affirmative. Mais c'est par l'affirmation qu'elle contient que la négation nous dicte des résolutions : par elle-même, elle est stérile.

D'où vient donc l'opposition de *velle* et de *nolle*? Cette distinction paraît fondamentale : si l'intellectualisme ne réussit pas à l'expliquer, quelle n'est pas la portée de cet échec! Or, il semble qu'il y échoue puisque la qualité des prémisses n'explique pas la qualité de la conclusion volitionnelle.

La distinction des volitions et des nolitions vient du choix que nous faisons entre les solutions du problème pratique. Tout problème comporte au moins trois solutions puisque, deux états s'opposant, l'opposition peut cesser par la mort de l'un, par la mort de l'autre ou par leur réconciliation. C'est tantôt A, tantôt B, tantôt A B qui paraît juste et possible. Quand, la série interrompue (A) paraissant bonne à maintenir, la série interruptrice (B) semble illégitime, la volition est inhibitive. Quand au contraire la série nouvelle se justifie et condamne l'ancienne, la volition est impulsive ; elle est mixte quand la combinaison A B paraît plus juste et plus praticable. Interrompu dans une lecture par des réflexions spontanées, je crois devoir et pouvoir écarter toute distraction : mon but est de maintenir mon premier état : ma volition est inhibitive : je refuse de donner audience aux réflexions spontanées. Mais dès que je constate mon impuissance à les repousser, ma volonté change de direction : elle prend pour fin l'éveil des réflexions ; elle donne son consentement à l'état nouveau : elle est impulsive. Si je choisissais une lecture relative à l'objet de mes réflexions, leur liberté serait restreinte mais elle ne serait pas anéantie : la volition serait à la fois inhibition et impulsion. De même si je crois trop violent l'afflux soudain de mes pensées, si je préfère leur ancien rythme, ma volition est négative ; elle est positive si je leur laisse libre cours ; elle est mixte si j'essaie de les canaliser. — « Toutes les fois que j'ai voulu acheter un coin de terre, écrit Renan, une voix intérieure m'en a empêché[1] ». Un désir traverse l'esprit : changer d'état, s'élever à la dignité de propriétaire. Mais l'ancien état paraît plus juste : la possession du sol serait « contraire au principe : non habemus hic manentem civitatem ». La volition sera donc négative, le désir sera réprimé. Mais ce désir est-il inique ? Pas absolument. L'idéal serait donc de prendre un moyen terme entre la propriété foncière et la non-propriété. Ce moyen terme existe : c'est la propriété mobilière : « les valeurs sont choses plus légères, plus éthérées, plus fragiles, elles attachent moins et on risque plus de les perdre ». La volition est mixte puisqu'elle cherche un compromis entre l'état ancien et l'état nouveau de la conscience. — Le Calabrais Misdéa « croit entendre des propos contre les Calabrais[2] » : pour laver l'injure faite à son pays, il prend son fusil et tire sur ses compagnons : voilà une volonté impulsive. Mais un Calabrais plus humble, que la sévérité de l'opinion amènerait à faire retour sur lui-même et à reconnaître ses défauts, imposerait silence à son besoin de vengeance : la volition serait une nolition. La résignation active se distingue de la résignation passive : celle-ci n'est

---

1. *Souvenirs d'enfance et de jeunesse*, p. 349.
2. Lombroso, *L'homme criminel*, p. 615 (Paris, F. Alcan).

que l'abdication de la volonté constatant son impuissance ou son incompétence, celle-là est une volonté négative, affirmant qu'elle doit et peut refuser de réagir contre le mal d'origine physique ou d'origine humaine. La résignation passive résulte de prémisses négatives, la résignation active résulte du choix positif de la solution qui consiste à réprimer l'instinct de défense. Et la volition mixte trouverait, par exemple dans la vengeance imaginaire, une transaction entre la vengeance et la résignation.

De même encore ce n'est pas la négation mais l'affirmation qui inspire les programmes politiques ou religieux les plus « subversifs ». Si le « conservateur » affirme la valeur de l'Ancien Régime, le révolutionnaire n'affirme pas moins énergiquement celle du nouveau. Si le croyant déclare que la foi est méritoire, l'incrédule soutient qu'il est méritoire de s'en affranchir. Sans doute ces deux affirmations s'opposent, et en ce sens elles sont toutes deux des négations : on n'affirme pas la valeur de l'Ancien Régime ou de l'ancienne religion sans nier celle des « nouveautés ». Mais ce n'est pas par leur caractère négatif, c'est par leur caractère affirmatif que ces propositions sont fécondes.

Le raisonnement volitionnel n'aboutit, la solution du problème pratique n'est trouvée que si les deux prémisses sont affirmatives. Ce n'est pas de la forme du raisonnement volitionnel, c'est de sa matière que dépend la forme positive ou négative de la volition. Mais cette distinction des impulsions et des inhibitions, des volitions et des nolitions, est-elle essentielle ? Toute inhibition n'est-elle pas impulsion ? Inhiber un réflexe, c'est provoquer des mouvements antagonistes. La volonté ne tend jamais au repos ; elle ne conserve pas, elle restaure ; elle n'arrête un mouvement qu'en le combattant. Il n'existe donc qu'une espèce de volition : aussi n'est-il pas étonnant qu'un seul mode du raisonnement volitionnel soit concluant.

Dans tous les domaines de l'activité, le syllogisme pratique obéit aux mêmes règles. De la qualité de ses prémisses dépend un caractère de la volonté : son existence. Une prémisse est-elle négative ? la volition avorte. Une prémisse est-elle dubitative? la volition est suspendue. Elle n'est complète qu'au moment où nous affirmons sa valeur et sa possibilité. Le raisonnement volitionnel ne connaît qu'un mode concluant ; il n'y a qu'une espèce de volition. Mais comme l'esprit, dans tout problème pratique, a le choix entre trois solutions, la volition varie selon que l'esprit déclare juste et possible la thèse, l'antithèse ou la synthèse. Ainsi s'explique la distinction fréquente des impulsions et des inhibitions, des volitions et des nolitions. Si répandue qu'elle soit, cette distinction n'est pas essentielle. La distinction essentielle est celle des volitions avortées, des volitions ébauchées et des volitions achevées qui correspond à celle des modes négatifs, des modes dubitatifs et des modes affirmatifs du raisonnement volitionnel.

III

La distinction des modes dubitatifs et du mode affirmatif nous permet d'expliquer la diversité des degrés de l'activité humaine. Entre la volonté et les formes inférieures de l'activité, la différence est la même qu'entre le doute et l'affirmation. Un psychologue peu suspect d'intellectualisme, M. Debs, décrit en ces termes les degrés inférieurs de l'activité[1]. Tout d'abord la volonté « sommeille » : les états de conscience se succèdent sans qu'elle intervienne pour modifier leur cours : c'est la « spontanéité ». Puis, pendant que nous « assistons inactifs au spectacle de nos pensées », un moment vient où nous « savons que ce mouvement fatal ne serait pas tel que nous le voyons s'il nous plaisait qu'il fût différent ». Nous n'avons pas même le désir de le modifier, mais nous remarquons que ce désir n'aurait qu'à naître pour être réalisé ; nous sommes maîtres de nos représentations, nous « nous possédons ». Dans un troisième état, nous désirons un changement, mais nous ne savons lequel, nous sommes inquiets, « irrésolus ». Enfin l'irrésolution cesse : la volition apparaît. Or, selon notre auteur, ces degrés inférieurs de l'activité correspondent à des états différents de l'intelligence : le « sommeil de la volonté » correspond à l' « ignorance », et l'irrésolution au doute. Précisons ce parallèle. A quelle « ignorance » correspond le sommeil de la volonté ? A l'ignorance d'un problème : nous laissons nos idées se dérouler spontanément, mais nous n'apercevons pas leurs contrastes : si la volonté est inerte, c'est que l'entendement est « indifférent ». Cette ignorance subsiste, à un moindre degré, quand nous avons conscience d'être les maîtres de nos idées : « *nous savons* que leur mouvement fatal ne serait pas tel que nous le voyons s'il nous plaisait qu'il fût différent[2] ». Nous por-

---

[1]. *Tableau de l'activité volontaire pour servir à la science de l'éducation*, p. 20 et suiv.
[2]. *Op. cit.*, p. 23.

tons un jugement sur notre pouvoir virtuel ; mais nous ne savons pas à quoi l'employer ; nous savons que nous pouvons agir, mais nous ne demandons pas : que faire ? Le raisonnement volitionnel est incomplet puisqu'il n'a pas de majeure, mais nous avons une mineure toute prête pour un syllogisme éventuel. A quels doutes correspond l'irrésolution ? A des doutes sur la fin ou sur les moyens : que faire ? comment faire ? nous ne savons. Nous demeurons irrésolus parce que nous demeurons indécis. Ainsi, la qualité des jugements nous renseigne déjà sur l'intensité de l'action.

Mais si la qualité différente des prémisses explique pourquoi la volition se distingue des degrés inférieurs de l'activité, elle n'explique pas pourquoi une volition diffère en degré d'une autre volition. Or, l'expérience nous révèle des actes volontaires d'intensité variable. Suivons de nouveau notre guide. L'irrésolution peut cesser, dit-il, sans que la résolution soit ferme : « la décision commence mais elle ne s'achève pas toujours. Souvent la balance se penche à moitié, lentement, timidement, n'ayant pas encore renoncé à revenir en arrière et prête encore, au moindre prétexte, à s'incliner dans l'autre sens. » Ainsi le malade qui va prendre un breuvage amer, le baigneur qui s'approche de l'eau ont pris leur parti, mais il suffit que l'idée de l'amertume ou du frisson soit un peu vive au moment d'agir pour que l'action soit hésitante. Le malade et le baigneur ont plutôt une « velléité » qu'une volition. La volition ne se distingue de la velléité que par une nuance : elle est encore « mêlée de réserve, de regret et partant d'irrésolution ». Notre baigneur est maintenant dans l'eau, mais il peste contre lui-même et contre la température de son bain. Élevons-nous d'un degré et nous arrivons à la résolution bien arrêtée : « Je veux, je ferai, quoi qu'il arrive. » C'est le degré supérieur de la volonté. — On peut retoucher ce tableau, mais on ne peut nier que les volitions soient d'intensité variable. Comment ces variations s'expliquent-elles par les prémisses du raisonnement volitionnel ? Comment puis-je vouloir plus ou moins quand j'ai déclaré simplement que « je dois » et que « je puis » ?

La question serait embarrassante si dans l'affirmation même on ne pouvait discerner des degrés. Mais chaque affirmative a trois modes : ou bien il est possible, ou bien il est réel, ou enfin il est nécessaire qu'une chose existe. Chacune des prémisses du syllogisme peut être affectée de ces trois signes. A ce point de vue, les combinaisons des jugements relatifs à la fin et aux moyens de l'action sont au nombre de neuf :

1. { Il est possible que je doive ;
     Il est possible que je puisse.

2. { Il est possible que je doive ;
     Il est réel que je puis.

3. { Il est possible que je doive ;
     Il est impossible que je ne puisse pas.
        (Il est nécessaire que je puisse.)

4. { Il est réel que je dois ;
     Il est possible que je puisse.

5. { Il est réel que je dois ;
     Il est réel que je puis.

6. { Il est réel que je dois ;
     Il est impossible que je ne puisse pas.

7. { Je dois nécessairement ;
     Je puis probablement.

8 { Je dois nécessairement ;
   Je puis réellement.

9 { Je dois nécessairement ;
   Je ne puis pas ne pas pouvoir.

La majeure est problématique dans le cas où plusieurs actions paraissent en même temps légitimes ; elle est assertorique quand, une seule action paraissant légitime, il n'est cependant pas absurde de supposer qu'une autre action pourrait être bonne ; elle est apodictique s'il semble impossible qu'une autre action soit légitime. La mineure est problématique dans le cas où, tout en connaissant le moyen d'agir, nous apercevons les obstacles dont nous aurons à triompher ; elle est assertorique quand, sans voir d'obstacles réels, nous ne nions pas qu'il en puisse surgir ; elle est apodictique si, le nombre des moyens d'action étant infini et le nombre des obstacles étant nul, nous considérons l'échec comme impossible. Des combinaisons de ces propositions modales vont se déduire les divers degrés de la volition.

Aux modes de la possibilité correspondent les « velléités » de M. Debs. Le baigneur sait qu'il fera bien d'entrer dans l'eau : en soi, cette action n'est pas illégitime. Il sait qu'il peut se baigner : en soi, cette action n'est pas impraticable. Sa volition est donc formée : les prémisses du raisonnement sont affirmatives. Pourtant, le devoir de se baigner ne s'impose pas : il est subordonné à une condition : si l'eau n'est pas trop froide, je dois me baigner ; mais je ne le dois pas si la température est assez basse pour qu'un bain me rende malade. En outre, si cette action n'est pas interdite, l'action contraire n'est pas illégitime. Enfin, il se peut que l'eau soit assez froide pour me repousser. Lorsque j'affirme : « je dois, je puis », je veux dire : « il est possible que je doive, il est possible que je puisse. » Ma volition est complète mais elle est instable : elle est du plus bas degré.

Supposons que, la majeure demeurant problématique, la mineure devienne assertorique : la volition est moins hésitante. A cet échelon appartiennent les volitions qu'un psychologue anglais, M. Shand, nomme hypothétiques et disjonctives[1]. J'ai résolu d'aller en Angleterre, mais je ne sais si je dois passer par Boulogne ou par Calais. La majeure de mon raisonnement reste indéterminée : peut-être ferais-je mieux de passer par Boulogne, mais peut-être ferais-je mieux de passer par Calais. En tout cas, je sais que je puis employer les deux voies, bien qu'il ne soit pas impossible qu'un retard ou un accident m'en empêche. Bien qu'affirmatives, les deux prémisses ne s'imposent pas : l'une n'énonce qu'une contingence et l'autre qu'une possibilité. M. Shand a raison de soutenir que cette volition disjonctive (j'irai en Angleterre par Calais ou par Boulogne) ne se ramène pas à la volition catégorique : elle n'en est qu'un degré inférieur.

De même la volition hypothétique : « s'il persiste dans sa conduite, je l'abandonnerai. » Comme dans l'exemple du baigneur, le devoir est subordonné à une condition : c'est seulement dans le cas où mon ami s'obstinerait dans le péché que je prendrais ma décision : je n'ai pas le droit de l'abandonner pour une faute passagère. Mais, dans le cas du bai-

---

1. *Types of Will* (*Mind,* nouvelle série, t. VI), p. 296.

gneur, la réalisation de l'acte était simplement possible sans être nécessaire : elle est ici contingente. Il n'est pas impossible que mon amitié demeure fidèle en dépit de moi-même, mais il y a de grandes chances pour que je réussisse à abandonner l'ami coupable. Comme la volition disjonctive, la volition hypothétique a pour majeure un jugement problématique et pour mineure un jugement assertorique : les deux conclusions représentent le même degré de volonté.

Que la mineure énonce un fait nécessaire, la volition s'affermit. Qu'au lieu de croire qu'un bain lui sera bon, notre homme déclare en définitive qu'il vaut mieux s'abstenir. Cette affirmation n'est pas plus nécessaire que l'affirmation contraire puisque, par hypothèse, les deux solutions du problème sont également acceptables. Mais il est beaucoup plus facile de s'abstenir que d'agir. Il est même impossible que je ne puisse pas ne rien faire. Même si des forces extérieures me contraignaient à mouvoir mon corps, ma volonté n'en serait pas moins inerte. Aussi désirable et plus réalisable que l'action, l'inertie est l'objet d'une volition moins indécise. Pourtant, la volonté paraît, dans cet exemple, moins intense que dans les cas précédents. Mais c'est que l'on confond l'énergie et la fermeté de la volonté. L'énergie se mesure à l'effort : une volition est énergique lorsque l'analyse des moyens prévoit des mouvements nombreux et compliqués. La fermeté de la volonté est en raison inverse de l'irrésolution. Il est vrai que l'énergie et la fermeté de la volonté peuvent coïncider. Mais elles peuvent aussi se dissocier : il arrive qu'on veuille avec fermeté ne rien faire. Tel est précisément le cas dans l'exemple choisi. D'ailleurs, l'abstention n'est pas le seul acte qu'il soit impossible de croire irréalisable : bien que théoriquement il ne soit pas absurde de supposer un obstacle m'empêchant de respirer au milieu de la campagne, pratiquement cette supposition est invraisemblable. Si le jugement n'est pas nécessaire, il joue dans la conscience le rôle d'un jugement nécessaire. Aussi quand, étant aux champs, le désir me vient de respirer l'air des champs, ma volonté, fortifiée par une mineure apodictique, est-elle nettement décidée.

L'énergie se joint à la fermeté, bien que la mineure ne soit que problématique, quand la majeure énonce un devoir réel (mode 4°) et un devoir nécessaire (mode 7°). Dès le premier cas, le cercle de l'idéal se rétrécit : une seule action paraît légitime, bien qu'elle ne s'impose pas nécessairement. A la rigueur, on peut concevoir qu'une autre action ne serait pas condamnable, mais en fait on ne songe pas à cette alternative : un seul devoir s'offre à la conscience : il est réel. Ainsi, constatant que ma mémoire s'affaiblit, je crois devoir l'exercer. Sans doute je pourrais m'en dispenser : je puis sans absurdité vivre avec une mémoire affaiblie. Mais je tiens à conserver dans leur intégrité mes forces mentales : je croirais déchoir si mes souvenirs refusaient de répondre à mon appel. D'autre part, je crois pouvoir, par des exercices appropriés, lutter contre l'oubli ; mais je sais que mon projet rencontrera des obstacles : non seulement il n'est pas absurde de supposer que j'échouerai, mais s'il est possible que je réussisse, il est possible que j'échoue ; je prévois la victoire sans cesser de craindre une défaite. Cette crainte même irrite mon désir ; je dois et je puis ; mais si j'allais ne pas pouvoir ? Si peu probable qu'elle soit, cette perspective m'invite à redoubler d'efforts ; voilà pourquoi la volition devient plus énergique en même temps qu'elle conserve la fermeté qu'elle avait acquise dans les cas précédents.

C'est à ce degré de la volonté qu'appartiennent la plupart des actes inspirés par nos devoirs sociaux. Gratifiés d'un bienfait ou victimes d'une injustice, nous savons quelle réaction serait légitime. Bien que le devoir ne s'impose pas nécessairement puisqu'il y a plusieurs moyens de manifester de la gratitude ou du ressentiment, nous savons que la reconnaissance est obligatoire et nous croyons souvent que la vengeance est légitime. Mais nous affirmons moins énergiquement qu'il est en notre pouvoir de payer notre dette ou d'exiger notre créance. La vengeance, en particulier, est parfois difficile puisque l'agresseur l'attend et se prépare à l'éviter ou à l'entraver. De même, nous assistons au malheur immérité de nos semblables. Notre devoir est tout tracé : il faut les secourir. Bien que la charité, selon l'opinion courante, ne soit pas de stricte obligation, nul ne prétend qu'intelligemment pratiquée elle n'est pas une vertu : si elle n'est pas un devoir nécessaire, elle est réellement un devoir. Mais ce devoir est-il praticable? Oui, sans doute ; à condition toutefois que nous ayons de quoi donner ou que nous sachions donner avec discernement. Non seulement la mineure du raisonnement n'est pas apodictique mais elle n'est pas même assertorique. Elle suffit pour entraîner la volonté, mais, si fermes qu'elles soient, nos résolutions n'atteignent pas alors le plus haut degré d'intensité.

LAPIE.

Nous ne sortons pas du domaine des « velléités » bien que nous nous approchions de la volonté, quand, la mineure conservant son caractère problématique, la majeure devient apodictique. Le devoir s'impose et son accomplissement est difficile. Un soldat discipliné ne conçoit pas même l'idée de la désobéissance, et, lorsqu'elle survient, elle lui paraît absurde. Mais l'ordre est difficile à exécuter : les obstacles sont nombreux ; même s'il a confiance dans sa force, notre homme ne peut se dissimuler qu'un échec ne serait pas invraisemblable. Aussi la volonté, si énergique qu'elle soit, demeure-t-elle instable. Malgré toute sa bonne volonté, le soldat se verra peut-être obligé de battre en retraite. La mineure de son raisonnement est affirmative, mais elle risque, à l'épreuve, de se transformer en négative. Nous sommes si rapprochés du domaine de la volonté que beaucoup des actions qui viennent d'être décrites passent pour être pleinement volontaires. Et cependant, l'une des prémisses demeurant problématique, la conclusion n'a pas acquis toute sa solidité.

Aux modes de la contingence (modes 5° et 6°) correspondent les degrés normaux de la volition.

Dans le premier, les deux prémisses sont assertoriques. Darwin nous apprend qu'ayant deviné l'aisance de sa famille il cessa de faire « les efforts nécessaires pour étudier la médecine[1] ». Dès lors, il se dispose à satisfaire son goût pour l'observation désintéressée de la nature. Son raisonnement peut s'écrire : Étant donnés mes goûts et mes aptitudes, j'ai le droit d'étudier la nature ; je suis assez riche

---

1. *Op. cit.*, t. I, p. 41.

pour me livrer à cette étude désintéressée : je veux m'y livrer. L'idéal s'offre à Darwin sans s'imposer : à ce même moment il ne proteste pas contre une idée de son père qui voudrait le voir entrer dans le clergé. S'il possède les ressources nécessaires pour satisfaire son goût, il ne serait pas contradictoire de supposer que d'autres moyens lui manqueront pour réussir : ne dit-il pas que son voyage sur le *Beagle*, qui lui fournit ces moyens, dépendit de deux causes fortuites : « l'offre de mon oncle de me conduire en voiture à Shrewsbury, et la forme de mon nez[1] » ? Mais si les prémisses n'expriment rien de nécessaire, elles énoncent un droit et un pouvoir réels : aussi n'est-il pas étonnant que, durant sa vie tout entière, Darwin soit resté fidèle à cette résolution.

Dans le second mode du même groupe, la mineure est apodictique. Elle s'impose si nécessairement qu'elle n'est pas formulée : nous n'avons pas à rechercher des moyens qui se présentent d'eux-mêmes. Quand saint Vincent de Paul a reconnu que son devoir est de se conformer aux décisions du Concile, il ne se demande pas si l'obéissance sera possible : il n'en doute pas ; il ne conçoit pas qu'on en puisse douter. Quand Renan, arrêté par une voix intérieure, refuse d'acheter un coin de terre, il sait qu'il peut n'en pas acheter : il serait contradictoire de supposer le contraire. Mais, bien qu'elle soit implicite, la mineure nécessaire n'en existe pas moins et, si la volonté, uniquement préoccupée de la fin, se désintéresse des moyens, elle n'en est pas moins complète et résolue.

1. *Op. cit.*, t. I, p. 65.

Pourtant, nous ne sommes pas au terme. Le caractère possible, contingent ou nécessaire d'un devoir ou d'un pouvoir dépend d'une appréciation qui varie suivant chaque individu et qui, dans la vie de chacun, est soumise à de perpétuelles révisions. Si la modalité des prémisses dépend du nombre des actions tenues pour légitimes et du nombre des moyens permettant de les accomplir, à chaque instant la perception d'un nouvel idéal ou d'un nouvel obstacle change le caractère de la majeure ou de la mineure. M. Debs a raison de dire que la « volition » est encore mêlée d'irrésolution.

L'irrésolution disparaît quand nous disons : « je veux, je ferai, quoi qu'il arrive. » Mais quand le disons-nous? Quand le devoir s'impose, quand une action est telle que toute autre paraît illégitime. Déjà nous avons vu que, même si la réalisation n'est que problématique, la volonté guidée par un idéal nécessaire acquiert plus d'intensité. Il semble que le plus haut degré soit atteint quand la mineure est aussi nécessaire que la majeure. En fait, la résolution, en pareil cas, est inébranlable. Jamais un savant ne concevra qu'il aurait le droit d'admettre une opinion contraire à l'expérience. Et jamais il n'admettra qu'il puisse, en son for intérieur, reconnaître une telle opinion. « Je dois nécessairement admettre l'idée qui me paraît vraie, je ne puis pas ne pas l'admettre. » Ces prémisses entraînent une conclusion certaine. Plus certaine encore paraît cependant la conclusion qui naît de deux prémisses dont l'une est apodictique et l'autre assertorique. Mais c'est que la simple idée qu'un échec ne serait pas impossible dans l'accomplissement du devoir suscite une volition secondaire qui renforce la volition principale. « Mon devoir nécessaire est de ne rien dire contre ma pensée. Je puis réellement ne rien dire contre ma pensée.» Mais l'idée qu'on pourrait me contraindre au mensonge ou m'imposer silence suffit à accroître l'énergie de ma volition : quoi qu'il arrive je dirai ma pensée. La volonté ne connaît pas de degré supérieur à cette ferme résolution.

Ainsi de la modalité des prémisses dépend l'intensité des volitions comme leur existence dépend de la qualité des mêmes jugements. Un caractère ferme, c'est une intelligence qui prononce aisément, sur la question des fins et des moyens de l'action, des jugements assertoriques ou apodictiques. Un caractère faible, c'est au contraire une intelligence qui se contente, sur les mêmes questions, de jugements problématiques. On comprend dès lors pourquoi les esprits les plus ingénieux ne sont pas nécessairement doués d'une volonté opiniâtre : plus ils élargissent l'horizon de leurs pensées, plus ils aperçoivent de solutions possibles aux problèmes de la vie ; entre ces solutions, leur intelligence demeure indécise. Au contraire, un esprit étroit s'imagine aisément que la solution qu'il aperçoit est l'unique solution : aussi donne-t-il aux jugements qui la justifient une force apodictique qui se communique à sa volonté. Ce n'est pas à dire que cette volonté soit bonne, mais, à coup sûr, elle est intense.

IV

Est-ce seulement sur l'intensité de la volition que nous

renseigne la modalité des prémisses? Elle rend compte, en outre, de son apparente moralité.

Tout acte volontaire, aux yeux de son auteur, paraît moral — ou du moins aucun acte volontaire ne paraît immoral — puisque la volonté prend pour fin l'apparente justice. Mais dans la moralité nous distinguons des degrés : tel acte est permis, tel autre est recommandé, un troisième est prescrit. Jusqu'à présent nous n'avons pas distingué les deux formules qui expriment la majeure de notre syllogisme: « je dois » et « j'ai le droit ». Elles désignent les deux aspects principaux de l'idéal : dans quels cas chacune d'elles est-elle employée ?

« Il est possible que tel acte soit conforme à l'idéal » : quand la majeure est une proposition problématique, elle peut se traduire par l'expression : « J'ai le droit ». L'acte projeté m'apportera une jouissance qui n'est pas démesurée : il est donc légitime. Mais l'abstention, mais un acte contraire n'occasionnerait pas une iniquité. Je n'attends pas d'un bain un plaisir excessif, mais je ne suis menacé d'aucune douleur excessive si je m'abstiens de prendre un bain : j'ai le droit d'accomplir cet acte. Si mon ami persévère dans le péché, le châtiment que je lui inflige en l'abandonnant n'est pas trop sévère. Mais en lui restant fidèle je ne lui accorde pas une récompense imméritée : j'ai le droit de l'abandonner, en ai-je le devoir? Par cela même que la notion de justice est une notion très compréhensive, plusieurs actions à la fois paraissent souvent justes. A leur endroit, l'esprit se trouve dans un état de réelle indifférence. S'il est vrai que toute action volontaire paraît libre puisqu'elle semble déterminée par le moi, jamais l'apparente liberté n'est si complète qu'au moment où l'idéal ne sollicite pas plus notre activité dans un sens que dans l'autre. Sans doute nous avons toujours un motif qui nous pousse à choisir un acte plutôt que son contraire. Même lorsque nous prenons le premier venu en disant: peu importe, la médiocre importance du choix est précisément la raison qui nous décide. Jamais la liberté d'indifférence n'est réelle. Mais ce que voulaient sans doute dire ses partisans, c'est qu'il est des cas où deux actes contraires sont moralement indifférents, de même que deux solutions, l'une positive, l'autre négative, satisfont également à certaines équations. Il existe un domaine, circonscrit par la loi naturelle ou la loi positive, dans lequel je puis, sans faire tort ni aux autres ni à moi-même, m'agiter ou me reposer, agir ou m'abstenir: c'est le domaine du droit. Subjectivement, un signe me permet de reconnaître si j'y suis entré : c'est le caractère problématique du jugement relatif à la fin de mon action.

« Tel acte est réellement conforme à l'idéal. » Quand la majeure du raisonnement volitionnel est assertorique, elle peut se traduire par l'expression : « J'ai le devoir. » L'acte est juste, son contraire est peut-être injuste; il n'est pas sûr en tout cas qu'un autre acte serait nécessairement injuste. Un pauvre me demande l'aumône : en lui donnant je ne m'impose pas une privation excessive et je lui accorde une joie méritée ; peut-être en lui refusant lui infligerais-je un supplice inique ; mais il n'est pas sûr que d'autres actions ne vaudraient pas mieux que l'aumône. Bien que j'aie le droit de refuser, je ne suis plus dans l'état d'indifférence entre l'action et l'abstention : l'action paraît meilleure :

c'est, dit-on, un devoir large. C'est, dirons-nous, un idéal assertorique.

A ce degré, le sentiment de la liberté demeure vif, mais nous n'avons plus conscience d'une indifférence : nous sommes attirés non pas par deux formes équivalentes du bien, mais par la forme du bien qui est le mieux. Pour savoir quelle est l'action la plus voisine de la plus haute justice nous délibérons. La délibération n'est pas, comme on le dit souvent, l'oscillation de la volonté entre une fin proposée par la raison et une fin proposée par la sensibilité. La délibération, c'est l'acte par lequel nous transformons en jugement assertorique un jugement problématique relatif à notre idéal. Chacun de nos actes volontaires ne ressemble pas à un drame cornélien où le devoir lutte contre la passion. La lutte n'est possible qu'entre adversaires de même espèce ; le débat ne s'engage qu'entre les divers aspects du juste. Il s'agit toujours de savoir quelle est la légitimité réelle d'un acte dont le contraire est sûrement juste bien qu'il semble lui-même légitime. Stendhal nous fait assister à la délibération d'un homme qui hésite à se jeter à l'eau pour sauver un marinier : dira-t-on que, dans cette conscience, l'instinct de conservation lutte contre le devoir de charité? Cet homme entend deux voix ; l'une lui crie : « Tu es un lâche! » et l'autre, la « voix de la prudence » lui rappelle ses rhumatismes. Mais la prudence n'est pas un vice. La délibération ne consiste pas à choisir entre le bien et le mal, mais entre le bien et le mieux. J'ai le droit de laisser se noyer un maladroit, car je risque, en voulant le sauver, une souffrance excessive. Mais j'ai le droit de le sauver car je ne risque pas, en me jetant à l'eau, de m'attribuer une jouissance démesurée. Il semble donc que la majeure de mon raisonnement soit problématique. Mais si je constate, après délibération, que l'action vaut mieux que l'abstention, qu'elle est plus propre à rétablir dans l'ordre social l'équilibre détruit par l'accident, que la victime éprouverait, si je m'abstiens, un supplice injuste, la majeure de mon raisonnement devient assertorique. Comme l'abstention demeure possible, je conserve l'idée que je pourrais agir autrement ; cette idée, qui est l'idée de la liberté, est même renforcée par la délibération ; mais en même temps, je me sens obligé d'agir comme j'agis : ma liberté est moralement restreinte par le devoir. Ce devoir demeure « large » : même si la distinction des devoirs stricts et des devoirs larges ne se justifie pas objectivement, elle correspond à une réalité subjective. Le devoir large est intermédiaire entre le droit et le devoir strict comme la contingence est intermédiaire entre la possibilité et la nécessité.

« Tel acte est nécessairement bon ». Il est contradictoire de supposer qu'il puisse être mauvais. Le contraire de cet acte est réellement illégitime. A cette majeure apodictique correspond le degré supérieur du devoir : c'est l'impératif catégorique de Kant. Si nous ne conservons pas l'expression kantienne, c'est que le terme « impératif » ne désigne qu'une des formules du devoir strict. Sans doute il se croit strictement obligé, le soldat qui obéit à son chef sans concevoir même la possibilité d'une désobéissance. Mais pour se croire strictement obligé il n'est pas nécessaire d'avoir reçu un ordre. La « voix de la conscience » n'est souvent qu'une métaphore ; sans parler sur ce ton lyrique, le devoir nous oblige dès que, des multiples solutions du problème pratique, une seule paraît entrer dans le cercle de la justice. Dès lors plus de liberté d'indifférence, plus de délibération sur la fin ; nous conservons le sentiment de la liberté parce que nous continuons à délibérer sur les voies et moyens ; mais cette liberté ressemble plus à la « liberté de perfection », à la « nécessité morale » de Leibnitz qu'à la liberté d'indifférence. Le sentiment de l'obligation morale n'est pas toujours l'écho d'un ordre divin ou d'une loi sociale : l'« impératif » n'est qu'un aspect particulier — et non le plus fréquent — de l'idéal apodictique.

L'apparente moralité des actes volontaires tient à la modalité de la majeure du syllogisme moral. Ainsi les caractères de la volition qui paraissent les plus rebelles à l'interprétation intellectualiste, caractères quantitatifs comme l'intensité ou qualitatifs comme la moralité, s'expliquent par les caractères logiques des prémisses du raisonnement volitionnel.

*
* *

La solution découverte, il ne reste qu'à formuler la réponse. La décision prise, l'exécution la suit. Quand j'ai reconnu qu'une action est bonne et possible, je veux l'accomplir et je l'accomplis. La nuit tombe : il serait bon de conserver, malgré la disparition du soleil, des sensations lumineuses ; je connais le moyen d'en provoquer : je sais qu'en frottant une allumette contre un corps dur elle prendra feu ; je sais quelles images motrices détermineront mes muscles à accomplir ce mouvement. Que la lumière soit : et la lumière est. L'exécution d'un acte volontaire, c'est la délibération renversée. Les termes de l'analyse se présentent tour à tour dans l'ordre inverse de celui qu'ils auraient dû suivre pendant la délibération : l'image motrice est suivie des mouvements musculaires que suivent bientôt les sensations lumineuses. L'exécution, c'est un raisonnement synthétique.

Mais cette synthèse est souvent interrompue. La délibération continue au cours de l'exécution : et ce n'est pas toujours pour la favoriser. L'exécution nous présente sous forme de perceptions immédiates les émotions que la délibération préalable apercevait sous forme d'images affaiblies. Elle modifie notre appréciation de la valeur des choses et de la puissance des moyens : l'équation de la justice en est faussée : bientôt tout le calcul est à refaire. Retz conspire contre Richelieu[1]; il raille d'autres conspirateurs qui n'ont pas su, pour tuer le cardinal, profiter d'une bonne occasion : le meurtre lui paraît donc légitime ; il adopte un projet qui n'est « nullement impraticable » : le meurtre est donc possible. Mais « l'effet que la possibilité prochaine » fait dans son esprit est « tout différent de celui que la simple spéculation y avait produit ». « Aussitôt que je me vis sur le point de la pratique, c'est-à-dire sur le point de l'exécution de la même action dont j'avais réveillé moi-même l'idée dans l'esprit de La Rochepot, je sentis je ne sais quoi qui pouvait être une peur. Je le pris pour un scrupule. Je ne sais si je me trompai ; mais enfin l'imagination d'un assassinat d'un prêtre, d'un cardinal, me vint à l'esprit.

---

1. *Mémoires*, 1ʳᵉ partie, t. I, p. 146 de l'édition Feillet.

La Rochepot se moqua de moi, et il me dit ces propres paroles : « Quand vous êtes à la guerre, vous n'enlèveriez point de quartier de peur d'assassiner des gens endormis. » J'eus honte de ma réflexion ; j'embrassai le crime qui me parut consacré par de grands exemples, justifié et honoré par le grand péril ». Le raisonnement volitionnel est tour à tour défait et refait. Au moment d'agir, Retz modifie son jugement sur Richelieu : c'est un prêtre, un cardinal : si l'homme d'État mérite la mort, le prince de l'Église ne mérite-t-il pas le respect ? Peut-être a-t-il aussi modifié son évaluation des sanctions du crime : « je sentis je ne sais quoi qui pouvait être une peur ». « Si praticable » que soit le projet, il n'est pas impossible qu'il échoue : est-ce la peine de courir un tel risque ? Retz a des doutes sur la légitimité de son dessein : il va l'abandonner. Mais le doute est levé : à la guerre, il est juste de tuer, même par ruse ; or Richelieu est l'ennemi. Le crime politique est « consacré par de grands exemples » : l'action que se permettent de plus vertueux, pourquoi me l'interdirais-je ? Le crime est « justifié et honoré par le grand péril » : il vaut la peine de courir ce risque, car le danger grandit l'homme qui l'affronte. Trois raisonnements viennent au secours du projet discuté : Retz revient à sa première résolution. Ainsi s'expliquent par les arabesques du raisonnement les revirements de la volonté.

Les psychologues se contentent souvent de quelques mots pour décrire la volition. C'est, dit Munsterberg, un « complexus de sensations »[1], et, pour débrouiller cet écheveau, il se borne à y distinguer une prévision et une sensation cor-

---

1. *Die Willenshandlung*, p. 62.

respondante. Nous avons essayé de préciser l'analyse et si notre raisonnement volitionnel paraît encore trop simple pour expliquer la complexité des actes humains, il n'en est pas moins vrai que ses caractères rendent compte de leurs caractères. Nous chercherons, dans les chapitres suivants, si toutes les volitions sont déterminées par les jugements relatifs à l'idéal et au possible. Mais, dès maintenant, grâce aux exemples que nous avons recueillis, nous pouvons affirmer que ces jugements déterminent mainte volition. L'acte est souvent l'image fidèle de la pensée.

CHAPITRE III

SOLUTIONS ANORMALES DU PROBLÈME PRATIQUE :
I. L'ABOULIE

I. — Première forme de l'aboulie : indécision. — Elle s'explique par des doutes sur le devoir ou le pouvoir. — Contre-épreuve : guérison de l'aboulie.
II. — Seconde forme de l'aboulie : défaut d'exécution. — Exemples : impulsions et inhibitions morbides.
III. — Cette seconde forme s'explique, comme la première, par des doutes sur le devoir ou le pouvoir.
IV. — Contre-épreuve : guérison de l'aboulie.

L'acte est souvent l'image fidèle de la pensée. Mais il suffirait qu'une seule action volontaire ne fût pas conforme à son modèle idéal pour que l'hypothèse intellectualiste fût en défaut. Or, est-il impossible d'observer des actions contraires aux jugements qui les précèdent ? Parfois, jugeant un acte bon et possible, nous ne nous décidons pas à le vouloir ; ou, décidés à le vouloir, nous ne nous mettons pas à l'accomplir. Jugeant un acte bon et possible, nous nous décidons à vouloir ou nous nous mettons à exécuter l'acte contraire. Voilà deux cas où, semble-t-il, notre activité ne se moule pas sur notre pensée : les prémisses du raisonnement étant posées, la conclusion ne suit pas ou ne se traduit pas par un acte : c'est l'aboulie. Ou bien la conclusion est contraire aux prémisses : il y a, pourrait-on dire, paraboulie. Pouvons-nous rendre compte de ces deux exceptions ?

I

Pouvons-nous expliquer l'aboulie ?

Il y a deux espèces d'aboulies : l'une empêche de décider, l'autre d'exécuter. A la vérité, les deux espèces se ramènent à l'unité, car toute décision est accompagnée d'un commencement d'exécution comme toute idée est accompagnée d'un mouvement. Aussi n'est-il pas surprenant que certains aouliques disent indifféremment : « je ne puis pas *vouloir* » ou « je ne puis pas *pouvoir* ». Néanmoins nous pouvons distinguer l'aboulie et l'akinésie, la volition avortée et la volition impuissante.

Étudions d'abord la première forme d'aboulie. Tout en jugeant qu'un acte est bon et possible, nous ne le voulons pas ; malgré la décision de l'intelligence, la volonté demeure indécise ; nous disons : « je dois (ou j'ai le droit) », et « je puis » sans en conclure : « je veux[1] ».

De tels faits sont-ils donnés dans l'expérience ? Nul n'en doute. Nous reculons parfois devant l'acte mental de la résolution. Être timide, n'est-ce pas renoncer à vouloir bien que l'action paraisse convenable et faisable ? Or, la timidité n'est qu'une forme atténuée de l'aboulie[2]. C'est donc dans les travaux relatifs à l'aboulie que nous devons cher-

---

[1]. Nous omettons à dessein les aboulies précédées d'une irrésolution manifeste (V. Janet, *Névroses et idées fixes*, t. I, p. 468 et suiv.) ; elles ne font pas, même en apparence, exception à notre loi.
[2]. Cf. Janet, *Op. cit.*, t. II, p. 87.

cher les faits les plus défavorables à notre thèse. En voici quelques-uns.

Li., disent MM. Raymond et Pierre Janet, « était autrefois une jeune fille assez intelligente ; elle avait surtout, paraît-il, des dispositions pour la musique, et fut une bonne élève du Conservatoire. Depuis un an... elle est devenue paresseuse, d'abord ne faisant plus rien en dehors de sa musique, ensuite renonçant à la musique elle-même. On remarqua qu'elle remuait de moins en moins, hésitant et grognant pour le plus petit effort qu'on lui demandait. Elle devint de plus en plus lente dans ses mouvements. Il fallait des heures pour qu'elle se levât et s'habillât... [1] ». Cependant, cette jeune fille « désirait guérir » ; elle considérait donc l'activité comme bonne. Elle ne la considérait pas comme impossible : on ne nous dit pas qu'elle ait perdu le souvenir de ses actions antérieures ni même qu'elle éprouve de la fatigue à se mouvoir : elle « se prête » aux exercices ordonnés par le médecin : elle a donc conscience qu'elle peut agir. Et cependant elle n'agit pas ; elle ne refuse pas d'agir, mais elle n'en prend pas la résolution.

Un autre malade, Ver.[2], tailleur de son métier, « cesse absolument de travailler », mais n'a contre le travail aucun argument ; il ne le tient pas pour déshonorant car il « consent » quelquefois à s'y remettre ; il peut travailler, car on s'aperçoit, quand il se décide, qu'il « travaille aussi bien qu'auparavant » : et cependant, en général, il ne prend pas la résolution de travailler, il ne fait rien. — De même

1. *Névroses et idées fixes*, t. II, p. 33.
2. *Id.*, t. II, p. 70.

encore, un malade étudié par Leuret[1] sait ce qu'il doit faire et comment il peut le faire. « Je sens, dit-il, non, je ne sens pas, je sais que je devrais répondre à ma mère, que, si je n'avais pas d'encre, je devrais me tirer du sang des quatre veines » : il sait combien son devoir est impérieux ; il sait qu'il a le moyen de l'accomplir : il créerait ce moyen s'il n'existait pas ; ses muscles obéissent à sa volonté : la preuve, c'est qu'il a commencé une lettre et qu'elle est « sans faute » comme autrefois : il n'est arrêté ni par la stérilité intellectuelle, ni par l'impuissance physique. Et cependant, il ne se décide pas à écrire.

Le cas le plus saisissant peut-être est celui qui a été signalé par Lanteirès[2]. Nulle part les jugements relatifs aux fins et aux moyens ne sont plus nettement observés. Une fermière aboulique « ne pouvait pas se décider à préparer son panier d'œufs pour le marché ». Et cependant « elle avait à côté d'elle les œufs, le foin et le panier : elle savait très bien comment tout cela devait être disposé. Ses bras, *dit-elle*, étaient vigoureux et avaient la force nécessaire pour ce travail, ses mouvements étaient libres... » Dira-t-on qu'elle ne désire pas s'acquitter de sa tâche ? Mais « elle s'attriste en constatant son impuissance ». Toutes les conditions intellectuelles sont remplies : et cependant la volition ne se produit pas. De même « elle avait remarqué quelques erreurs dans le compte de son mari. La plume et l'encrier étaient là sur la table : il suffisait de corriger quelques chiffres : elle ne bougeait pas ». Son aboulie lui est

---

1. *Fragments psychologiques sur la folie*, p. 384.
2. *Essai descriptif sur les troubles psycho-pathiques avec lucidité d'esprit*, thèse de Paris, p. 115 et suiv.

pénible : « elle se fait d'amers reproches, s'injurie : monstre, vrai démon, femme indigne. . Depuis la création, dit-elle, on n'a rien trouvé d'aussi mauvais ». Elle connaît son devoir, elle sait comment l'accomplir : elle ne s'y décide pas. Ce cas, comme les précédents, n'est-il pas une exception flagrante aux lois que nous voulions établir?

L'exception n'est qu'apparente : un examen plus approfondi de la conscience des malades prouve que leur délibération ne peut pas être suivie de décision. Ceux de MM. Raymond et Janet nous donnent eux-mêmes l'explication de leur inertie : un doute leur reste sur leur idéal ou sur les moyens de l'atteindre ; parfois même, en dépit des paroles qu'ils prononcent, ils nient résolument la valeur de leur fin et l'efficacité de leurs moyens : il n'est donc pas étonnant que leur décision soit nulle.

La jeune musicienne qui a renoncé non seulement à la musique mais à toute occupation, bien qu'elle désire guérir et se prête au traitement, déclare que « ce n'est pas la peine d'agir. » Elle a éprouvé une déception au concours du Conservatoire : elle suppose, dès lors, que ses efforts ne seront jamais récompensés. D'avance elle avait établi entre ses efforts et leur récompense une équation qu'elle trouvait juste ; la récompense n'étant pas venue, elle estime vains les efforts ; l'espoir d'un plaisir légitime la poussait à l'action ; cet espoir déçu, elle s'arrête. Et si elle ne réussit pas dans sa spécialité, à plus forte raison doit-elle échouer dans des occupations auxquelles elle n'est pas préparée. Toute action est donc vaine. Entre l'une de ses pensées : « je désire guérir, c'est-à-dire agir » — et l'autre : « l'action ne vaut pas les efforts qu'elle coûte ; ce n'est pas la peine d'agir », il y a contradiction. D'une part, elle se dit : je dois, d'autre part : je ne dois pas. Quoi d'étonnant si, dans le doute, elle s'abstient, si, hésitant entre deux fins, elle ne prend aucune résolution !

De même, le tailleur nous explique pourquoi, sauf exceptions, il ne se résout pas à travailler. Il doute de sa propre personnalité : « Cela me faisait comme si ce n'était pas moi qui marchais... Je suis comme gêné de mon corps... C'est comme si je vivais à côté de mon corps », dit-il pour expliquer son état. Comment peut-il dire avec assurance : « *je* veux, *je* dois ou *je* puis » s'il a de tels doutes sur son identité ? Ce n'est pas son moi qui agit, c'est le corps qui vit à côté de lui. Tout raisonnement destiné à trouver les moyens d'agir aboutit à la perception d'un rapport entre une idée et un mouvement de notre corps ; mais ce malade ne saisit pas de tels rapports puisqu'il croit la plupart du temps que son corps est séparé de lui. La décision volontaire a pour sujet « je » : il n'est donc pas étonnant qu'un homme qui hésite à dire « je » hésite à prendre une décision volontaire.

De même encore, le malade de Leuret n'est pas si sûr qu'il veut bien le dire de la valeur de ses desseins. Il devrait, dit-il, se saigner aux quatre veines pour écrire à sa mère. Mais, malgré l'énergie de cette déclaration, il doute de son devoir. « Je serais guéri si j'écrivais », dit-il. Or, il ne croit pas devoir guérir. Sa maladie, si pénible qu'elle lui paraisse, est un bien. « Oui, je me plais, dit-il, dans la plus horrible dégradation qu'il me soit possible de concevoir. » Serait-il téméraire de supposer qu'il considère cette dégradation comme un juste châtiment de ses fautes ? Nous savons qu'il croit avoir fait tort à l'un de ses clients : il a voulu s'en punir, il a voulu se suicider. Puis il a sans doute jugé la peine de mort excessive et, arrivé sur le pont d'où il devait se précipiter, il a rebroussé chemin. Mais l'idée de l'expiation ne le quitte pas : lui conseille-t-on un voyage? il croit qu'on veut se défaire de lui. Au cours du voyage, il croit qu'on veut l'emprisonner dans une loge à cochons, le nourrir de l'avoine des chevaux. Dès lors ne peut-on pas conjecturer qu'il s'est condamné à cette demi-mort qui est l'inertie, à cette « dégradation » qui lui fait horreur et dans laquelle il se complaît ? Si cette hypothèse est invraisemblable, voici une autre explication : par cela même qu'un conseil qu'il croyait bon a causé du tort à son client, cet homme n'ose plus affirmer que ses projets ont la moindre valeur. Le cas n'est pas rare. « Un malade, observé par le Dr Langle, qui se croit ruiné, déshonoré, qui s'imagine répandre le malheur autour de lui, ne veut pas manger, ne veut pas serrer la main qu'on lui tend, retient ses matières fécales et ses urines, évite d'accomplir aucun acte de peur d'être cause du plus grand malheur[1]. » Le malade de Leuret ne fait-il pas le même raisonnement? Il affirme à haute voix que son devoir est d'écrire à sa mère, mais l'énergie même de cette affirmation n'est-elle pas destinée à réprimer les doutes qui lui viennent sur la réalité de ce devoir ? Ne craint-il pas de faire un malheur comme jadis? Par une généralisation abusive, n'applique-t-il pas à ce cas nouveau les résultats déplorables de l'expérience

---

1. Langle, *De l'action d'arrêt ou inhibition dans les phénomènes psychiques*, p. 40.

passée ? Loin de se dire : « Je dois et je peux », cet homme se dit probablement : « je ne sais si je dois » ; tantôt le sentiment de ses obligations filiales lui impose un : « je dois » énergique, tantôt le souvenir de sa faute — ou de son échec — lui rappelle soit qu'il s'est lui-même condamné à l'inertie, soit que tous ses actes sont mauvais, et il hésite entre : « je dois » et « je ne dois pas. » La conclusion « je veux », qui est affirmative, ne saurait sortir de ces prémisses dubitatives.

La fermière de Lanteirès doit son aboulie à des raisonnements analogues. Il est vrai que, pour ce cas comme pour le précédent, nous sommes réduits à des hypothèses. Mais les jugements que nous avons découverts dans la conscience des malades observés par M. Pierre Janet nous permettent de présenter ces hypothèses comme très vraisemblables. Nous savons que notre fermière a perdu une fille de six semaines, que sa mère lui a reproché de n'avoir pas bien soigné son enfant, qu'à la suite de ces reproches elle « devient triste, silencieuse, s'accuse d'avoir laissé mourir sa fille de faim, s'imagine qu'on va la mettre en prison ». Dès lors n'est-il pas probable que ces idées mélancoliques auront développé dans l'esprit de la pauvre femme toutes leurs conséquences ? On ne la met pas en prison ! Elle va se punir elle-même, elle se condamne à la « dégradation » dont parlait le malade de Leuret. Ou bien, désespérée d'avoir causé sans le vouloir la mort de sa fille, effrayée, comme le malade de Langle, des résultats funestes de son activité, elle renonce à agir : elle a peur des responsabilités : « J'étais pourtant bien à la maison, écrit-elle à son mari, mais hélas, j'avais toujours cette fatale idée de me mettre dans une maison où je n'aurais rien à diriger¹ ». Ou bien encore, elle s'imagine qu'elle a subi la condamnation qu'elle mérite : elle est morte et elle reste inerte comme un cadavre : tel le malade Achille, observé par M. Pierre Janet, qui, se croyant digne du feu de l'enfer, agit comme s'il y était précipité². Quelle que soit l'hypothèse, il est probable que des jugements issus de la croyance à la culpabilité sont les causes de l'aboulie. Bien qu'elle affirme énergiquement, elle aussi, son désir de vaquer à ses obligations quotidiennes, elle n'est pas sûre de la valeur de son devoir : elle-même parle des « luttes » qu'elle livre : la décision de la volonté ne peut pas suivre cette indécision de l'intelligence³.

Enfin cette aboulie atténuée qu'on nomme la timidité s'explique par les fluctuations de l'entendement. Le timide n'est jamais sûr que ses projets sont bons et réalisables. A-t-il l'idée de faire une visite? il sait qu'elle serait justifiée : il doit à quelqu'un une marque de déférence, d'estime ou de reconnaissance ; il sait qu'il peut la faire : il connaît l'adresse, le jour et l'heure de réception. Pourtant, il ne se résout pas à faire sa visite. C'est que des doutes subsistent sur son opportunité : est-il convenable d'abuser du temps d'autrui? de lui créer des obligations en lui faisant des avances? la visite ne paraîtra-t-elle pas un acte de flatterie exagérée? Jamais le timide ne donne à ces questions une solution qui le satisfasse. Il voit partout des cas de conscience

---

1. Lanteirès, *Thèse citée*, p. 120.
2. *Névroses et idées fixes*, t. I, p. 379 et suiv.
3. Autre exemple d'aboulie provoquée par un doute sur le devoir : « Se lever de son lit, de sa chaise, dit la malade Justine (P. Janet, *Névroses*, t. I, p. 182 et suiv.), c'est un travail qui n'a rien d'humain. »

insolubles. Et son inertie pratique est le résultat de son doute intellectuel.

Nous pouvons faire la contre-épreuve. Supprimons le doute et l'aboulie cessera. Remarquons d'abord que tous les malades dont nous avons étudié le cas ont conservé la faculté de vouloir certains actes. La fermière de Lanteirès, désespérée de sa propre aboulie, veut fermement guérir. Elle prend la résolution d'aller chez un médecin, de se faire interner et elle imagine les moyens les plus ingénieux pour y réussir. N'est-ce pas qu'elle est certaine de son devoir à cet égard? Provisoirement guérie, elle veut « reprendre sa place active » dans sa famille : et elle la reprend. Le malade de Leuret prend parfois, lui aussi, des résolutions : il commence même à les exécuter; il veut se suicider, et, s'il ne se noie pas, il va du moins jusqu'au bord de la rivière. Il écrit un début de lettre à sa mère : n'est-ce pas qu'à ce moment les idées antagonistes sont moins vives dans sa conscience? Le tailleur de M. Janet consent parfois à travailler : n'est-ce pas aux moments où sa personnalité lui paraît une, c'est-à-dire aux moments où il est sûr de pouvoir agir lui-même sur ses muscles ? — Mais nous reconnaissons volontiers que cette explication de la volonté passagère des malades est tout hypothétique. Arrivons aux faits. La guérison même des aboulies nous fournit les expériences que nous désirons. Le remède consiste en effet à rendre confiance au malade. Qu'un ami vienne réfuter les objections que le timide adresse à ses propres projets, et il se décide à faire sa visite. Un ordre, un conseil, un exemple, la simple idée que « cela se fait » vient renforcer sa croyance à la valeur de ses desseins et précipite sa résolution. L'état de la musicienne de M. Janet est amélioré quand on lui trace un programme pour chaque moment de la journée[1]. De même, M. Janet nous montre comment on « remonte » les abouliques. On leur fait remarquer qu'en s'abstenant ils « manquent à des engagements[2] » : on leur indique leur devoir. Et il est vraisemblable qu'on leur dit aussi : Vous pouvez bien faire cet acte, il ne vous fatiguera pas. Le sujet lui-même augmente la force de ses décisions en prenant des engagements, en faisant un vœu, un serment : est-ce seulement comme l'indique M. Janet pour accroître l'intensité de l'émotion qui va le pousser à agir ? N'est-ce pas plutôt pour accroître sa propre foi dans son devoir, pour élever à la seconde puissance son obligation ? Peut-être n'est-il pas sûr qu'il doit faire l'acte projeté, mais il est sûr qu'il doit tenir son engagement. « Remonter » quelqu'un ce n'est pas lui donner des désirs plus vifs ou des plaisirs plus intenses, c'est lui donner de lui-même une opinion plus avantageuse, c'est lui faire croire à sa propre valeur, à la valeur de ses idées et de ses résolutions. Les abouliques en ont parfois conscience : telle cette malade qui « trouve que toute action devenait difficile à décider quand elle est seule tandis que tout serait facile si elle pouvait en causer à quelqu'un[3] » ; tel cet autre qui « voudrait qu'on lui dise... s'il doit prendre tel remède plutôt que tel autre, si la potion qui lui est prescrite lui sera utile, s'il ne ferait pas mieux d'en laisser une partie...[4] ». Voilà pourquoi il est si pré-

---

[1]. *Névroses et idées fixes*, t. II. p. 34.
[2]. *Id.*, t. I, p. 468, 470, 475.
[3]. *Id.*, t. I, p. 464.
[4]. Thèse du Dr Descourtis sur le *Fractionnement des opérations cérébrales* (1882), p. 14.

cieux pour eux d'avoir un « directeur » : toutes les paroles qui tombent de ses lèvres, quelles qu'elles soient, viennent renforcer l'un des partis qui se disputent leur esprit. Les tirer d'incertitude, c'est les guérir. C'est que la cause de leur maladie, c'est l'incertitude [1].

Tous les cas que nous venons d'examiner rentrent dans la loi générale : il semblait qu'étant donnés des jugements sur la fin et les moyens aucune action volontaire ne s'ensuivait : mais si nulle action ne suit, c'est que ces jugements n'étaient pas formulés sans restrictions ; c'est que des doutes plus ou moins conscients subsistaient sur la valeur des fins ou des moyens. Ces doutes sont déraisonnables ; les jugements par lesquels abouliques et timides nient leur devoir ou leur puissance sont des sophismes, mais peu importe la valeur logique de ces propositions ; ce qui importe, c'est leur existence. A tort ou à raison l'esprit hésite entre l'affirmative et la négative ; il ne dit pas : « je » ; il ne dit pas : « je dois » ; il ne dit pas : « je puis » : il ne peut pas dire : « je veux ».

II

Supposons maintenant la résolution prise : est-elle toujours suivie d'un acte ? Sommes-nous sûrs de provoquer ou d'arrêter un mouvement « à volonté [2] » ?

Depuis Maudsley, les psychologues ont recueilli des cas

---

1. Cf. Janet, *Névroses et idées fixes*, t. II, p. 53, 55.
2. Remarquer dans cette expression un témoignage populaire en faveur de l'intellectualisme : « à volonté » signifie « conformément aux décisions de l'intelligence ».

nombreux où « sans qu'il y ait de trouble intellectuel[1] » la volonté paraît troublée : nous voulons agir et aucun acte ne s'accomplit ; nous voulons nous abstenir et l'acte s'exécute. Rappelons les exemples classiques de l'aboulie et de l'impulsion[2].

Voici d'abord des impulsions. Les plus graves sont les impulsions homicides. Le sujet ne veut pas tuer ; il a horreur de l'idée qui l'obsède ; il lui résiste : quelquefois il en triomphe ; mais presque toujours il éprouve une douleur telle que l'impulsion devient irrésistible. Tel est le cas célèbre du malade de Calmeil : se sentant poussé à tuer sa mère qu'il aime tendrement, il résiste en se faisant interner dans une caserne, puis dans un asile. Tel est le cas de deux malades, observées par MM. Raymond et Janet, qui « n'osent plus toucher des ciseaux, des épingles, des couteaux », parce qu'elles sentent « une envie folle de donner des coups, de blesser, de tuer. » Elles s'adressent des reproches ; mais la lutte donne à l'une « des étouffements, des vertiges » ; l'autre, quand elle résiste, « sent son cœur qui se rompt et souffre à en mourir[3]. » Une autre malade, laissée seule avec son neveu dans une chambre, éprouve le besoin de le tuer[4]. Pourtant, elle ne veut pas commettre ce crime : la preuve, c'est qu'elle avertit le père de l'enfant ; mais, seule, elle serait incapable de résister à l'impulsion. La « Justine » de M. Pierre Janet résiste si peu qu'elle prend un couteau et poursuit son mari pour le frapper : mais elle veut si peu

---

1. *Pathologie de l'esprit*, trad. fr., p. 354.
2. L'impulsion est une aboulie comme la nolition est une volition.
3. *Névroses*, t. II, p. 185.
4. Hugonin, *Contribution à l'étude des troubles de la volonté chez les aliénés*, p. 24.

commettre ce meurtre qu'elle lui crie: « sauve-toi, je vais te tuer [1]. »

Est-il nécessaire de rappeler toutes les formes que prend l'impulsion ? Elles sont en nombre infini. Tantôt le malade est poussé au suicide et cependant il trouve « absurde » de se suicider. Tantôt un homme pieux blasphème, ou bien c'est une personne correcte, voire prude, qui prononce des mots orduriers. Tantôt c'est un honnête garçon qui ne peut s'empêcher de voler, un homme sobre qui ne peut s'empêcher de boire. Cette dernière impulsion prend parfois des formes bizarres puisque la passion d'une malade de la Salpêtrière [2] avait pour objet non pas l'alcool mais le café au lait. Tantôt l'impulsion est moins grave : on se borne à chercher des noms, à gesticuler sans motif apparent. Parfois on ne réussit pas à arrêter le mouvement de la machine mentale : l'insomnie est une impulsion à penser, comme la kleptomanie est une impulsion à voler. En tout cas, l'acte n'est pas conforme à l'idée puisque l'impulsif proteste contre sa propre action.

Voici maintenant des aboulies. Un malade, observé par Esquirol [3], croit ne pas « pouvoir vouloir » de cette « volonté qui détermine et exécute ». « Lui parle-t-on de voyager, de soigner ses affaires? je sais, répond-il, que je le devrais. Vos conseils sont bons, *je voudrais* suivre vos avis. » D'autre part ses muscles sont en bon état. Et pourtant, cet homme ne réalise pas ses vœux. — Le notaire de Billod [4] est dans le même cas. Le médecin insiste sur « l'intégrité

---

1. *Névroses et idées fixes*, t. I, p. 178.
2. *Id.*, t. II, p. 194.
3. *Des maladies mentales*, t. I, p. 420.
4. *Annales médico-psychologiques*, juillet 1847.

de son intelligence, de sa mémoire, de sa motilité. » « Nous voyons ici, dit-il, un homme chez qui la génération des actes à vouloir, leur délibération et leur détermination s'accomplissaient d'une manière normale puisqu'il savait ce qu'il devait faire et qu'il le désirait même, chez qui les fonctions telles que la musculation, l'attention n'étaient pas non plus altérées, et qui cependant ne pouvait vouloir ». Ici, vouloir paraît signifier pouvoir. En effet, le malade prend des résolutions. Il en prend même d'énergiques : il s'oppose volontairement à continuer un voyage précisément parce qu'il connaît la maladie de sa volonté. Même il donne à ses desseins un commencement d'exécution ; il fait pour les réaliser des efforts obstinés. « Le malade devait, avant de s'embarquer, faire une procuration pour autoriser sa femme à vendre une maison... » Il la rédige, la signe et s'apprête à ajouter un paraphe à sa signature : pendant trois quarts d'heure il fait effort pour tracer ce paraphe : on ne peut nier l'existence de sa volonté. De même il fait de longs préparatifs pour assister à une fête donnée dans la basilique de Saint-Pierre de Rome. Il veut donc, mais la réalisation de sa volonté est nulle ou presque nulle. Il sait ce qu'il doit faire, il peut le faire, il veut le faire : mais il ne le fait pas ou le fait mal.

Même aboulie chez un malade observé par le Dr Cabadé[1]. Ses « facultés intellectuelles, morales ou affectives n'ont jamais été atteintes à proprement parler », nous dit le médecin. Il est, au physique et au moral, si bien portant que des médecins qui déjeunent avec lui croient qu'on les mys-

---

[1]. *Encéphale*, 1882, p. 454 et suiv.

tifie en leur parlant de sa maladie. Et cependant cet homme, voulant franchir une porte, sachant selon toute apparence qu'il faut pour cela remuer les jambes, hésite, s'arrête, revient en arrière. Les jugements qu'il formule sur la fin et les moyens semblent donc impuissants à produire une action.

De même, le mécanicien de Morel[1] ne demande pas mieux que de toucher ses appointements, sait qu'il n'a, pour être payé, qu'à signer une feuille d'émargement : et cependant il ne signe pas. Il veut se marier, sait qu'il n'a qu'à dire *oui* devant le prêtre : et cependant il ne dit pas *oui*. Tel autre veut se promener et ne peut pas sortir de sa chambre. Telle autre veut se tuer, prépare minutieusement son suicide, mais, « malgré la lucidité de sa raison[2] » elle abandonne son projet chaque fois qu'elle est sur le point de l'exécuter. Telle autre trouve que c'est un « véritable supplice » que de rester au lit, et elle n'en bouge pas[3]. Parfois l'aboulie est telle qu'on doit nourrir le malade à la sonde bien qu'il n'ait nullement l'intention de se laisser mourir de faim[4].

Les ouvrages de M. Pierre Janet nous présentent une foule de cas analogues. Un charron[5] veut travailler, croit « en avoir la force » et n'y réussit pas ; il est humilié de cette paresse étrange, il demande qu'on l'en punisse : « je suis honteux de boire et de manger comme je le fais, j'ai dit

---

1. *Archives générales de médecine*, 1866, vol. I, p. 543.
2. G. Dumas, *Les états intellectuels dans la mélancolie*, p. 45 (Paris, F. Alcan).
3. Rivière, *Contribution à l'étude clinique des aboulies*, p. 100.
4. *Id.*, p. 19.
5. *Névroses*, t. II, p. 29.

chez moi que je ne voulais plus qu'on m'achète d'habits : celui qui n'a pas le courage de travailler ne doit plus rien avoir à lui ». Il n'a donc pas de doute sur ce qu'il doit faire. S'il s'adresse de tels reproches, c'est qu'il croit que l'obéissance au devoir dépend de sa volonté ; il croit pouvoir agir : il le dit : « j'en avais bien la force ». Et cependant il ne fait rien. — Un jeune homme[1] cesse de travailler, ne sort plus, ne s'habille plus. Et cependant il veut agir, se trouve « malheureux d'être comme cela », prévoit qu'il « finira par mourir de faim, et ajoute que ce sera bien fait ». L'inertie est tellement contraire à la fin désirée par l'entendement qu'elle paraît déshonorante.

Mais l'exemple le plus intéressant est celui de la malade que M. Janet nomme Marcelle. « Je la trouvai un jour, dit l'observateur[2], les mains vides, sans son crochet habituel qui était sur une table à un mètre d'elle. Je m'ennuie tant, me dit-elle, parce que je n'ai pas pu prendre mon crochet ! Donnez-le-moi. Un autre jour, je la trouve renfermée dans la salle et je lui reproche de n'être pas sortie : J'ai essayé, me dit-elle, mais je n'ai pas pu sortir, alors je suis restée sur ma chaise ». Marcelle ne manque pas de volonté : elle veut si bien prendre son crochet qu'elle le demande à M. Janet ; elle a si bien voulu sortir qu'elle a essayé de le faire. Elle a jugé bon et possible l'acte qu'elle n'accomplit pas. Elle n'est retenue, semble-t-il, par aucune crainte : M. Janet prouve qu'elle n'a de dégoût pour aucun des objets que l'action l'obligerait à toucher. D'autre part, elle a conservé son pouvoir moteur ; elle n'est pas para-

---

[1]. *Névroses*, t. II, p 36.
[2]. *Névroses et idées fixes*, t. I, chap. 1.

lysée; elle n'a pas perdu ses images motrices puisqu'elle exécute mécaniquement, sur une suggestion, l'acte même que sa volonté refuse d'accomplir. « Si je demande à Marcelle, doucement et avec politesse, de faire un acte, elle répond : « Je veux bien » et essaye; mais l'acte ne se fait pas. Si au contraire je me mets en face d'elle et lui commande brutalement de faire cet acte, elle s'étonne et refuse, en disant qu'elle ne veut pas m'obéir ainsi, mais cependant l'acte s'accomplit complètement et sans hésitation ». Aucune observation ne montre mieux, semble-t-il, comment la volition peut être psychologiquement complète et physiquement inefficace. Notre théorie peut-elle résoudre cette difficulté ?

III

L'hypothèse qui vient à l'esprit, quand on connaît, par les travaux mêmes de M. Janet, le rôle actif des idées fixes subconscientes, c'est qu'une de ces idées immobilise Marcelle : entre une de ses résolutions antérieures et sa résolution actuelle, il y aurait contradiction : et la résolution antérieure, plusieurs fois affirmée, devenue idée-fixe, serait plus puissante que la résolution actuelle. En même temps que Marcelle se dit à haute voix : « Je veux agir », elle se dit à voix basse : « Je ne veux pas agir ». Hésitante, elle s'abstient.

De nombreux détails confirment cette hypothèse. Marcelle est, en effet, pendant ses crises, poursuivie par des idées fixes : à côté d'idées de persécution, M. Janet remarque « des sortes de commandements ou de défenses simples et rapides *qui se répètent avec ténacité* dans son esprit. Les plus importants chez elle sont les suivants : Tu dois mourir, il faut mourir le plus tôt possible, ou bien : ne mange pas, tu n'as pas besoin de manger, ne parle pas, tu n'as pas de voix, tu es paralysée…, commandements qu'elle ne répète avec netteté que pendant les crises…, mais qui ont sur le reste de sa vie une grande influence ». Les effets de toute cause durent plus longtemps qu'elle : longtemps après la fin de la pluie le sol est encore mouillé ; de même Marcelle, après que ses idées fixes ont cessé d'être conscientes, est encore sous leur domination. « Une fois, elle passa une partie de la journée à regarder son poignet, et elle demandait si on n'y voyait rien. « Je croyais qu'il avait quelque chose de dérangé, disait-elle ». Elle avait rêvé pendant la crise à des souris qui lui mangeaient le poignet ». Sans doute, l'idée fixe perd à la longue son intensité : « ce qui est certain pendant le rêve devient douteux pendant la veille, et l'idée fixe avec conviction se transforme en obsession avec doute ». Mais ce doute même nous est précieux : il nous permet d'expliquer les hésitations de notre aboulique : si elle ne doutait pas, elle serait complètement inerte, elle ressemblerait à ces malades qui, entendant une voix leur crier : « Ne bouge pas ou tu es mort » demeurent pendant des mois dans l'immobilité la plus absolue. Marcelle n'est pas dans cet état : elle hésite avant d'agir, elle avance et retire la main pendant une demi-heure avant de prendre l'objet le plus simple : pourquoi ces oscillations de la volonté ne seraient-elles pas provoquées par les oscillations de la pensée ? Dans un individu normal, l'hésitation serait moins longue : bien que les jugements passés, dont la certitude est multipliée par la répétition, conservent toujours une force proportionnée à cette certitude, le jugement actuel, par cela même qu'il est plus conscient que les jugements oubliés, pourrait lutter contre eux et l'emporter. Mais chez Marcelle, comme chez beaucoup d'aboutiques, les perceptions présentes n'ont qu'une faible intensité. Elle ressemble à cette malade, citée par Billod[1], qui « assure qu'elle se trouve dans l'état d'une personne qui n'est ni morte ni vivante, qui vivrait d'un sommeil continuel, à qui les objets apparaissent comme enveloppés d'un nuage, à qui les personnes semblent se mouvoir comme des ombres, et les paroles venir d'un monde lointain. » Il n'est donc pas étonnant qu'elle obéisse plutôt aux ordres qu'elle a reçus pendant ses crises passées qu'aux résolutions prises dans le présent : celles-ci n'ont même pas pour elle l'intensité et celles-là ont pour elles le nombre. L'aboulie de Marcelle s'expliquerait donc par d'anciens jugements négatifs.

Nous devons reconnaître que M. Janet, loin d'admettre cette hypothèse, rejette une explication analogue donnée par M. Paulhan. Selon ce dernier auteur, l'aboulie vient du doute provoqué par une exagération de l'association par contraste[2]. Mais les objections qu'adresse M. Janet à M. Paulhan portent sur l'explication du doute et non sur le doute lui-même. Or, il nous importe peu que le doute vienne ou non de l'association par contraste, pourvu qu'on ne nie pas son existence. Il est vrai qu'une remarque de

---

1. *Névroses et idées fixes*, t. I, p. 53. Même état chez Justine : *id.*, t. I, p. 183, 184. Pour l'observation de Billod, v. Ribot : *Maladies de la volonté*, p. 51 (Paris, F. Alcan).
2. *Op. cit.*, t. I, p. 32.

M. Janet semble contredire notre explication du doute. Le doute, à notre avis, vient de l'opposition de l'idée fixe antérieure et de la résolution présente. Or, l'idée fixe ne serait pas toujours antérieure à l'aboulie. « Marcelle a senti son hésitation de la volonté dès la convalescence de sa fièvre typhoïde, c'est-à-dire à l'âge de quinze ans, et elle n'a commencé à avoir des idées fixes qu'à l'âge de dix-neuf ans. On ne peut donc pas dire que ce sont ces idées qui provoquent les hésitations des mouvements... C'est en réalité l'inverse qui est vrai, c'est en se voyant si hésitante et si impuissante que Marcelle en est venue à penser à la paralysie. Tous ces commandements négatifs apparus dans la crise : Ne parle pas, ne bouge pas, etc., ne sont que la constatation de l'état d'impuissance où était déjà la malade. Sans doute ils augmentent l'aboulie, mais ils ne l'ont pas créée[1]. » Il y aurait là un « cercle vicieux pathologique » : la faiblesse physiologique donne naissance à l'idée fixe, et celle-ci accroît l'impuissance.

Mais cette conclusion n'est pas incompatible avec notre hypothèse. Elle signifie que le sujet a été successivement atteint de deux formes d'aboulie. Nous en verrions trois. En premier lieu, Marcelle a constaté son impuissance ; la fatigue qu'elle éprouvait l'a dégoûtée de l'action ; l'aboulie est venue de ce jugement, répété à propos de tout acte : cet acte est impossible ou trop difficile. En second lieu, Marcelle a interprété son impuissance[2] : des idées mélancoliques ont fait leur apparition : tantôt elle se croit persé-

---

1. *Op. cit.*, p. 34.
2. Sur l'existence de la fatigue dans des cas analogues, v. *Névroses*, t. I, p. 54, 56. Et sur l'interprétation de la faiblesse physique dans la mélancolie, v. G. Dumas, *op. cit.*, p. 111, 112.

cutée ; tantôt, désespérée, elle songe au suicide. Alors elle entend la voix de ses persécuteurs qui lui interdisent d'agir, ou bien son désespoir lui suggère la même résolution. Et son aboulie, à ce second moment, vient du jugement : Cet acte est mauvais, cet acte est interdit par une autorité redoutable. En troisième lieu, Marcelle oublie ses idées fixes mais conserve l'habitude de ne rien faire : soit qu'elle ait conscience de sa réelle faiblesse, soit qu'elle interprète son inertie, elle croit à son impuissance : « je voudrais bien, dit-elle, mais je ne puis pas. » Avant l'idée fixe, aboulie née d'une impuissance réelle, qui est la conséquence de la fièvre typhoïde ; pendant la période des idées fixes, aboulie par obéissance aux ordres reçus ; après l'idée fixe, aboulie née d'une impuissance supposée : aboulie née de l'aboulie. Avant l'idée fixe, Marcelle n'agit pas parce qu'elle se dit : « je ne puis pas » ; pendant l'idée fixe, parce qu'elle se dit : « je ne dois pas » ; après l'idée fixe, parce qu'elle se répète sans doute vaguement : « je ne dois pas » et se dit à haute voix : « je ne puis pas ». Nous sommes donc d'accord avec M. Janet : l'idée fixe n'a pas créé l'aboulie, elle l'a transformée.

De même, l'hypothèse admise par M. Janet pour expliquer l'aboulie n'est pas contredite par la nôtre. Cette hypothèse consiste à rapprocher l'aboulie de Marcelle d'autres états de la même malade. Elle est incapable d'opérer des synthèses mentales un peu compliquées ; les troubles de la perception personnelle, de la perception extérieure, de la mémoire dénotent chez elle une étrange faiblesse de la faculté de synthèse ; or, la volonté suppose une synthèse mentale : « pour prendre un objet déterminé, il est nécessaire de se représenter l'acte par un ensemble complexe d'idées et d'images[1] » : il n'est pas étonnant qu'une personne qui n'arrive pas à ramener à l'idée d'un moi unique tous ses faits de conscience, à réunir en une perception unique toutes les sensations que présente un objet nouveau soit incapable de former cet ensemble complexe d'idées et d'images qu'on appelle une volition. Encore peut-elle agir si ces idées et ces images se présentent tout en bloc à sa conscience : tel est le cas pour les actes automatiques : ce sont « les actes pour lesquels il suffit de répéter un ancien groupement d'images déjà liées ensemble... » Mais la formation de synthèses nouvelles est impossible : l'aboulie, selon M. Janet, c'est l'impuissance à grouper les idées. — Rien ne nous interdit d'accepter cette explication. Mais tous les troubles mentaux, l'anesthésie comme l'aboulie, viennent du même défaut de synthèse : il est donc nécessaire de déterminer avec précision les éléments de cette synthèse qu'on nomme volition et de chercher quels éléments, dans la conscience de l'aboulique, refusent de s'unir aux autres. A notre avis, les éléments, très nombreux, de la synthèse volitionnelle, forment deux groupes : jugements sur la fin, jugements sur les moyens : si la combinaison ne réussit pas, c'est qu'un de ses éléments fait défaut. La maladie a détruit une partie des forces de Marcelle, elle ne peut plus faire, sans fatigue, ce qu'elle faisait autrefois : il en résulte qu'elle porte sur sa valeur un jugement différent du jugement d'autrefois : de là des idées mélancoliques qui deviendront graves : « je fais peur à tout le monde »,

---

1. *Op. cit.*, p. 13.

finit-elle par penser[1]. Elle explique sa déchéance : elle se croit victime d'une persécution[2]. Et de même qu'elle remonte aux causes de sa faiblesse, de même elle descend aux effets : elle se croit incapable d'agir. Peut-être a-t-elle tort, peut-être applique-t-elle aux moments de santé ce qui n'était vrai qu'au temps de la maladie et de la convalescence. Mais, fondée ou non, sa croyance est réelle. Un élément fait donc défaut à la synthèse volitionnelle : même lorsqu'elle désire faire un acte elle le croit impossible : le jugement relatif aux fins est affirmatif, mais le jugement relatif aux moyens est négatif : en ce cas, l'aboulie est complète. Ou bien elle se borne à redouter un échec : le jugement sur les moyens est problématique : en ce cas, l'aboulie n'est que relative ; la malade n'agit qu'avec hésitation, mais elle agit. L'inertie est à son moindre degré quand l'acte projeté est habituel, à son plus haut degré quand il est nouveau : c'est que, dans l'habitude, le souvenir des actes antérieurs prouve qu'ils sont possibles, tandis que, s'ils sont nouveaux, rien ne garantit cette possibilité. Cette possibilité, Marcelle a ses raisons de la mettre en doute. Tout acte nouveau, si peu original qu'il paraisse, diffère de celui qui lui ressemble le plus. Ce qui diffère c'est le raisonnement analytique par lequel nous déterminons les moyens d'agir : c'est surtout le dernier terme de ce raisonnement, l'image motrice. Or, Marcelle ne sait pas manier ses images motrices : elle synthétise assez bien les images auditives, plus mal les visuelles, « plus mal encore les images kinesthésiques qui, chez elle, président particulièrement aux mou-

1. *Op. cit.*, p. 26.
2. *Id.*, p. 24.

vements[1] ». « *Elle ne sait* plus disposer, synthétiser ces images de manière à produire un mouvement déterminé et utile[2] ». Habituée à saisir des ciseaux, elle saura, si elle désire les prendre, remuer les muscles nécessaires. Mais, mise en présence d'un porte-mine qu'elle n'a jamais vu, elle ne sait plus comment faire. Les deux actes se ressemblent, ce sont les mêmes moyens qu'il faut employer : ce n'est donc pas, dira-t-on, l'ignorance ou l'oubli des moyens qui explique l'aboulie. Mais qui prouve que l'identité des moyens est absolue ? Nous savons bien remuer l'index sans le majeur et nous ne savons pas remuer le majeur sans l'index : les deux actes sont pourtant très ressemblants. De même Marcelle peut se rappeler les moyens de prendre les ciseaux sans connaître ceux de prendre le porte-mine. Un esprit normal ferait un raisonnement par analogie et tenterait dans le second cas le moyen qui a réussi dans le premier. Mais l'absence de ce raisonnement empêche Marcelle d'agir. Toutes les fois que cette malade semble impuissante à exécuter ses décisions, c'est qu'un des jugements essentiels à la volition fait défaut. En général, loin de dire : Cet acte est possible, elle croit formellement à son impossibilité. Parfois l'idée fixe aggrave son mal ; loin de dire : Cet acte est bon, elle le croit interdit. Des sophismes sur la fin, des erreurs ou des oublis sur les moyens, voilà ce qui semble expliquer cette impuissance à synthétiser qui cause, selon M. Janet, l'aboulie de Marcelle.

Cette explication peut être généralisée : dans tous les cas que nous avons rencontrés, les observateurs ont noté des

1. *Op. cit.*, p. 52.
2. *Op. cit.*, p. 11.

faits qui prouvent que le malade s'est trompé sur les moyens d'agir. La maladie, le chagrin ont, à leur insu, déprimé leurs forces, enlevé aux images motrices leur pouvoir sur les muscles, ou bien ils ont oublié le moyen d'évoquer les images motrices. Ces malades croient pouvoir agir parce qu'ils appliquent au présent l'expérience du passé, mais les séquences qu'ils ont jadis observées ne se reproduisent pas : ils ont pris pour cause d'un fait un antécédent accidentel ou habituel : quand la coïncidence cesse, ils ont beau provoquer l'antécédent : l'effet ne se produit pas. Si l'acte n'est pas l'image de la décision, c'est que la décision est fautive. Un acte antérieur leur a-t-il causé du plaisir? ils attendent le même effet de sa répétition. Mais voici qu'au contraire ils éprouvent une douleur imprévue : ils s'arrêtent. C'est ainsi que le moindre effort d'attention détermine chez Mon. une telle fatigue des yeux qu'ils se mettent à pleurer, deviennent très douloureux, exigent des soins médicaux[1]. « Tout me fatigue » s'écrie un autre malade[2]. Et c'est leur refrain : « Tu vois cette planche, se dit un troisième, eh bien, tu vas en scier cinquante centimètres ou sinon tu ne dîneras pas ». Et il ajoute : « Je n'ai jamais pu en scier plus de dix et en m'y reprenant vingt fois[3]. » Beaucoup éprouvent, au moment d'agir, une « angoisse intolérable[4] » provenant de ce que la moindre action leur paraît difficile. « La force m'abandonne », dit le malade d'Esquirol. Le notaire de Billod « sue sang et eau » après avoir exécuté dans l'air cent paraphes en trois quarts

---

1. *Névroses et idées fixes*, t. II, p. 42.
2. *Id.*, p. 36.
3. *Id.*, p. 30.
4. Langle, *Thèse citée*, p. 37. Cf. Descourtis, *Thèse citée*.

d'heure ; après cinq minutes de promenade « il sue et halète comme s'il eût franchi en courant plusieurs kilomètres » : n'est-ce pas l'indice que ses mouvements musculaires ne suivent plus très facilement les images motrices? ou qu'il ne sait pas évoquer de bonnes images motrices? De même, le mécanicien de Morel « se fatigue vite ». Chaque effort, chez une malade de Rivière, amène une crise d'angoisse et de palpitations. « La moindre action paraît à Ba., observée par M. Pierre Janet, très difficile et très dangereuse ; elle renonce à toute occupation, disant : « Je ne puis pas, cela me fend la tête [1] ». Un neurasthénique, qui souffrait d'une légère douleur à la partie antérieure du sternum, répond à son médecin qui lui conseillait de reprendre son travail le lendemain même : « Oh ! mais, Monsieur, mon cœur éclatera ! »[2]. Chez tous ces malades, même lorsque le système musculaire n'est pas gravement ou n'est pas du tout atteint, la fatigue est disproportionnée à l'effort.

Il en résulte qu'ils se jugent impuissants. Le médecin a beau constater leur force; eux-mêmes, par instants, ont beau juger qu'ils devraient pouvoir : ils sont bien obligés de constater qu'ils ne peuvent pas. Le notaire de Billod répète : « je ne puis pas, je ne sais pas si je pourrai », « je ne pourrai jamais ». Il est si bien convaincu de son impuissance qu'il étend à l'avenir son jugement sur sa faiblesse actuelle ; il se suggère à lui-même l'idée qu'il n'a pas le moyen d'agir. Billod, en effet, nous dit que « souvent cette impuissance n'existait pour ainsi dire qu'en appréhension ». Il croit qu'il ne pourra pas s'entretenir avec des amis : et

1. *Névroses*, t. II, p. 40.
2. Rivière, *Thèse citée*, p. 50.

cependant il y parvient. La preuve que son aboulie vient de son jugement : « je ne puis pas », c'est qu'elle cesse quand il n'a pas le temps de se demander : « puis-je ou ne puis-je pas ? ». C'est ainsi qu'il saute d'une diligence pour sauver une femme qui risquait d'être écrasée ; il n'a pas eu le loisir de réfléchir et de douter. Il doute au contraire quand il s'agit d'actes longuement prémédités comme d'un voyage ou d'une fête. Ainsi la volition de cet homme était moins complète que nous ne l'avions d'abord supposé : nous croyions qu'il disait : « je veux » après avoir dit : « je dois et je puis ». Laissons de côté pour le moment la question de savoir s'il était assuré de son devoir. Mais en tout cas il a des doutes sur son pouvoir. Il n'est donc pas surprenant que cette hésitation intellectuelle provoque une hésitation volitionnelle.

De même, si invraisemblable que cela paraisse, le malade de Cabadé ne sait pas que la condition nécessaire pour franchir une porte, c'est de remuer les jambes. Ou plutôt il ne sait pas exactement quelle image motrice sera suivie du mouvement nécessaire pour franchir une porte. Il ignore l'efficacité réelle de ses mouvements. C'est pourquoi, doutant de la marche, il emploie la course. Et il n'est pas toujours sûr d'avoir réussi : il revient sur ses pas pour employer des moyens plus énergiques : « je craignais d'être mal entré », dit-il ensuite. Au contraire, il agit sans hésiter quand il n'a pas le temps de mettre en doute la valeur de ses moyens d'action : est-il distrait par une conversation, une émotion, le souci de ses affaires courantes ? il n'a pas le loisir de discuter sur les moyens : son action est normale et les médecins mêmes ne croient pas à l'existence de son mal. A l'extrême, dans cette catégorie de malades qui n'agissent pas parce qu'ils nient la possibilité de leurs actes, se trouve l'hystérique de William James qui « prend en horreur » son bras droit anesthésique et paralysé, « prétend qu'il ne lui appartient plus, qu'il est un corps étranger, et ne l'appelle plus que « vieux chicot »[1]. Le lien entre l'image motrice et le mouvement étant rompu, la malade est sûre de ne pouvoir exécuter ses desseins. Elle s'abstient d'en former. Et puisqu'elle est paralysée elle n'a pas tort. Les malades précédents avaient moins de motifs pour se juger incapables d'agir, mais, légitime ou non, leur raisonnement était le même : ils ne font rien parce qu'ils portent sur leur pouvoir un jugement négatif ou dubitatif.

Parfois, l'aboulique ne se borne pas à se tromper sur les moyens d'action, il les ignore. Si l'on dit à une malade de MM. Janet et Raymond : « Va te laver les mains », elle « se lève et reste debout sans rien faire ». Il faut lui dire : « lève-toi, avance, lève les mains, mets-les dans l'eau[2]. » Mais l'ignorance ou l'oubli n'est qu'une forme de l'erreur : c'est encore une cause intellectuelle, l'absence d'un raisonnement sur les moyens, qui empêche l'action de se produire.

La même incertitude empêche l'impulsion de s'arrêter : même au temps où il croit pouvoir lutter, le malade doute de cette puissance. L'effort même qu'il dépense pour augmenter l'intensité de son pouvoir causal est une preuve de ce doute. Quand on répète : « je veux », c'est qu'on n'est pas sûr de pouvoir. Quand je dis et redis : « je veux dor-

---

[1]. Cité par Janet, *Névroses*, t. II, p. 18.
[2]. *Névroses*, t. II, p. 15.

mir, je veux dormir », c'est que le sommeil ne vient pas spontanément mais rencontre des obstacles redoutables. Voilà pourquoi certains auteurs reconnaissent que le « meilleur moyen pour la volonté d'arriver à ses fins ne réside pas toujours dans l'effort volontaire [1] ». Il est bon parfois d'attendre le moment où, aucun doute ne subsistant sur la possibilité de l'acte, il s'accomplit sans effort. Au contraire, l'insistance avec laquelle nous redoublons la volition prouve que nous rencontrons des obstacles et que nous avons conscience de notre impuissance relative. La lutte se prolonge-t-elle ? nous croyons notre impuissance absolue : le sujet déclare qu'il est poussé par une force irrésistible ; il avoue qu'il ne possède aucun moyen d'arrêter ses mouvements. « Je dois, mais je ne puis pas » : ce mode du syllogisme pratique n'est pas concluant : aussi la volonté s'abstient-elle : elle laisse faire l'impulsion.

Le résultat serait le même si l'on disait : « Je puis, mais je ne dois pas. » Or, tel est le cas. La souffrance des abouliques, en leur prouvant leur impuissance, modifie leur idéal. S'ils n'agissent pas, c'est souvent qu'ils croient leurs desseins mauvais. La prévision d'une douleur excessive change l'orientation de la volonté. « Mon cœur éclatera ! » dit le malade de Rivière à la simple pensée d'une action. « Cela me fend la tête ! » dit une malade de M. Janet. Une autre, « dès qu'on lui demande un acte ou dès qu'elle pense elle-même à faire une action, a immédiatement une idée qui s'oppose à l'exécution : « cela est défendu, cela serait mal, cela lui troublera la santé, c'est trop difficile pour

---

1. Lévy, *L'éducation rationnelle de la volonté*, p. 54.

elle¹. » Aussi « malgré ses efforts « ne parvient-elle pas à accomplir son acte : c'est que, malgré ses efforts, elle doute de son devoir. Tous ces malades jugent excessive la souffrance que l'action leur fait sentir ou pressentir : mieux vaut donc ne pas agir. Parfois la résolution est prise ; l'exécution commence, mais « survient une émotion, une surprise, une peur et non seulement l'acte s'arrête mais la résolution est perdue : « J'étais décidée, et c'est singulier, je ne le suis plus². » « Je sens comme une secousse et crac ! tout est parti. Je ne sais plus à quoi j'étais décidée ; si on me le répète, je me souviens bien qu'il était question de cela… mais je n'ai plus la résolution. Elle est défaite³. » Toute émotion produit-elle ce résultat ? Celles dont il est question dans les textes précédents sont des émotions déprimantes comme la peur. C'est donc encore une douleur imprévue qui change les conditions de l'acte : il n'est pas étonnant que la première résolution soit abandonnée. Déprimante ou non, toute émotion subite nous pose un nouveau problème : autre raison pour que nous abandonnions notre décision. Peut-être l'aboulie n'est-elle pas la suppression totale de la volonté, mais l'état dans lequel des nolitions succèdent rapidement aux volitions. Or, ces hésitations s'expliquent par les changements que toute émotion, à tout moment, introduit dans les problèmes que l'action doit résoudre. L'émotion modifie donc non seulement les jugements relatifs aux moyens mais aussi les jugements relatifs aux fins.

1. *Névroses*, t. II, p. 223.
2. *Id.*, t. I, p. 144.
3. *Id.*, t. II, p. 371.

D'autre part, la souffrance, nous l'avons vu, inspire des idées mélancoliques, elle est un signe d'échec, de déchéance. Le malade s'accuse de fautes imaginaires et il se condamne à la peine de l'inertie. Si le notaire de Billod refuse des aliments, ce n'est pas sans raison puisqu'il croit avoir ruiné sa famille et « soit pour retarder la ruine, soit pour conjurer la colère du ciel en se mortifiant » il s'impose une abstinence rigoureuse. De même, le malade de Cabadé prononce à haute voix, pendant ses hésitations, des mots comme ceux-ci : « non, je ne suis pas ceci, je ne suis pas cela, non je ne suis pas coupable. » Il a donc, lui aussi, des idées dépressives qui expliquent son aboulie. Parfois ces idées, bien qu'elles ne soient pas exprimées, sont conscientes dans l'esprit du malade. Tout en disant qu'il veut agir, il obéit, sans le dire, à une voix qui lui interdit toute action. « Un malade qui, pendant six mois, n'avait dit un mot ni exécuté un mouvement, déclarait après sa guérison que, pendant ces six mois, il avait entendu une voix qui lui répétait sans cesse : si tu bouges, tu es mort[1]. » L'hallucination n'est pas toujours aussi nette : il semble, à un malade de Bennett, incapable de prendre un verre d'eau qu'il a demandé, qu'une autre personne avait pris possession de « sa volonté[2]. » Les sujets observés par Billod ont conscience d'être empêchés d'agir par « une puissance intérieure qu'ils ne peuvent définir et comprendre. » Cette puissance intérieure, qui prend parfois une voix et s'extériorise en hallucination auditive, n'est-ce pas la puissance de leurs anciennes résolutions ? Voici une aboulique qui ne parle plus ni de puissance

---

1. Esquirol, cité par Hugonin (*Thèse*, p. 39).
2. V. Ribot. *Maladies de la volonté*, p. 40.

extérieure ni de puissance intime, mais qui constate seulement le conflit de deux volontés successives : « Je m'habille pour sortir, dit-elle, et en même temps j'en suis fâchée, et je reste immobile ; on est obligé de me pousser dehors. Je sens qu'il y a deux personnes en moi, deux volontés, et ces deux volontés successives se contre-balancent et me font rester en place[1]. » N'est-ce pas cette malade qui parle le langage le plus exact? celle qui mêle à l'observation de sa conscience le moins d'hypothèse ? L'aboulie n'est-elle pas, dans tous les cas que nous examinons maintenant, l'équilibre de deux volontés successives ? Quand le notaire de Billod se trouve dans l'impossibilité de tracer son paraphe, n'est-ce pas, malgré sa volonté apparente, qu'une volonté antérieure le lui interdit? Nous savons qu'il est intéressé, qu'il craint la ruine. C'est même cette crainte mélancolique qui a été le premier symptôme de sa maladie. Ne peut-elle pas renaître quand il se décide à vendre une maison? Cette liquidation de sa propriété foncière n'est-elle pas de nature à l'inquiéter? et, au moment de signer l'acte, ne peut-il pas être pris d'hésitations ? Si, dans ce cas, nous ne pouvons faire qu'une hypothèse, nous avons, dans d'autres exemples, des preuves expérimentales. Un homme est atteint d'astasie-abasie[2] ; il ne peut pas se tenir debout, il ne peut pas marcher. Est-ce donc que sa volonté est impuissante? On découvre qu'il a pris jadis la résolution de ne plus marcher pendant toute une année. Son inertie est conforme, sinon à sa décision actuelle, du

---

1. Descourtis, Thèse sur le *Fractionnement des opérations cérébrales*, p. 18.
2. Lévy, *op. cit.*, p. 223.

moins à sa décision antérieure. En apparence il choisit une fin ; en réalité il a choisi la fin contraire.

De même, l'impulsif n'est pas toujours certain qu'il doit résister à l'obsession. Ou plutôt l'action qu'il voudrait inhiber aujourd'hui, hier il voulait l'accomplir. Des parents tuent leur enfant « sans autre motif que de l'envoyer au ciel [1] » ; mais c'est un motif. Rappelons-nous les deux impulsives de M. Janet, si désolées de ne pouvoir toucher un instrument tranchant sans éprouver le besoin de tuer. Nous apprenons que l'une, désespérée de voir son mari s'alcooliser, l'a pris en haine, que l'autre a de la haine contre son beau-fils. C'est la vengeance, et, à leurs yeux, une juste vengeance, qui les incite à frapper. Puis l'idée homicide se généralise : une femme qui songe à tuer son mari peut bien tuer des indifférents. L'impulsion vient d'un raisonnement. C'est encore un raisonnement qui pousse une autre malade à tuer son neveu [2] : nous savons, en effet, qu'elle se croit persécutée : elle a des hallucinations de l'odorat, elle sent autour d'elle de mauvaises odeurs et elle interprète ces sensations en disant que sa belle-sœur « veut l'empoisonner ». Ne désire-t-elle pas se venger ? Peut-être ce désir est-il subconscient, mais il devient conscient quand survient pour le réaliser une occasion favorable : la rencontre du fils de la belle-sœur maudite. Alors paraît l'impulsion homicide. La pauvre femme résiste, appelle au secours, mais il est probable, malgré tout, que le meurtre de l'enfant lui est apparu, ne serait-ce qu'un instant, comme un moyen légi-

---

1. Maudsley, *Pathologie de l'esprit*, p. 351.
2. Hugonin, *Thèse citée*, p. 24.

time d'assouvir sa vengeance. Crime aujourd'hui, cet acte hier encore eût paru juste.

De même, les impulsions au suicide sont dictées par un jugement d'autrefois qui représentait cette action comme bonne. La même malade qui, pendant la veille, trouve son idée absurde se rappelle, pendant le sommeil, une faute passée et « se déclare indigne de vivre[1] » : le suicide est donc un juste châtiment qu'elle veut s'infliger. Une autre « trouve juste » de mourir[2] : ce n'est pas qu'elle se reproche un crime capital, mais elle est désespérée, la vie lui est un supplice pire que la mort : si les souffrances de la vie sont imméritées, ce qui est juste c'est l'absence de souffrance, c'est la mort. Celle-ci passe ses journées à répéter : « Non, non, non, ce n'est pas vrai[3] » : où sont les jugements qui déterminent cette singulière impulsion? les voici : la malade a perdu un enfant de trois ans ; dans sa douleur, elle a traité Dieu d'assassin, puis elle a généralisé et lui a décerné tous les noms blasphématoires qu'elle a pu trouver ; et maintenant c'est contre l'impulsion au blasphème qu'elle lutte par ses dénégations impulsives. Elle blasphème à voix basse et nie le blasphème à haute voix. Elle a tour à tour adopté deux fins contraires : le conflit s'élève entre deux actes qu'à des moments différents elle a trouvés également justes. Celui-là vole à tout propos les objets les plus étranges[4] : « Il prend une coupe de bronze dans le salon pour la mettre... dans le garde-manger. Souvent il se vole

---

1. *Névroses et idées fixes*, t. II, p. 187.
2. *Id.*, p. 189.
3. *Id.*, t. II, p. 152.
4. *Id.*, t. II, p. 197.

lui-même, prend ses papiers, ses livres, et les cache dans différents coins » : d'où vient cette manie ? Pendant le sommeil hypnotique, « il sait que sa tendance a dû naître vers dix ans, s'est développée au collège à la suite du désir de paraître aussi riche que ses camarades ». L'impulsion vient donc, ici encore, d'un désir qui jadis a paru légitime : l'imitation de ses semblables ne paraissait pas injuste au pauvre garçon. Même cette curieuse malade qui dévore trente tasses de café au lait par jour obéit à la loi commune : cette passion est née volontairement : mise à la diète, condamnée à voir son mari savourer le breuvage sans avoir le droit de partager son plaisir, cette femme s'est bien promis de se rattraper : la justice n'exige-t-elle pas que ceux qui se privent reçoivent des compensations ? Et c'est ce désir volontaire qui a provoqué cette manie involontaire. Chez les deux derniers sujets, l'imitation joue un rôle important ; c'est de même par imitation que Justine veut tuer son mari. Mais l'imitation volontaire implique des jugements sur la fin : nous ne sortons pas de la loi générale. Nous n'en sortons pas davantage quand l'acte primitif a été imposé par un ordre. Des voix ordonnent à une femme, sous les peines les plus graves, d'allumer un incendie : elle résiste puis cède devant les menaces Elle « se trouve bien malheureuse » d'obéir, mais elle obéit. C'est que le supplice auquel l'exposerait la désobéissance lui paraît plus épouvantable — et par suite plus injuste — que la souffrance éprouvée pendant l'exécution de l'ordre. Malgré ses plaintes, c'est l'incendie qu'elle prend pour but de son activité. Toutes les fois qu'on nous décrit avec quelque détail l'état mental de l'impulsif, nous retrou-

LAPIE.

vons dans son passé des jugements qui approuvaient l'acte aujourd'hui condamné. N'est-ce pas le souvenir de ces jugements qui dicte l'impulsion? Si elle n'est pas déterminée par des jugements actuels, ne l'est-elle pas par les jugements passés, capables de lutter encore contre les jugements actuels et d'en triompher?

Ainsi dans tous les cas que nous avons examinés l'action se modèle sur la pensée. Si l'exécution ne suit pas la décision apparente c'est qu'elle n'est qu'apparente. Puisqu'on suspecte ou qu'on nie la fin ou les moyens, la fin et les moyens, le raisonnement volitionnel ne peut pas aboutir.

IV

La contre-épreuve est fournie par le traitement qui guérit les aboulique et les impulsifs. Il consiste à leur donner l'assurance qu'ils peuvent et doivent agir. Un ordre donné par le médecin, si le malade a confiance en lui, produira ce résultat. « Il faut manger, affirme-t-on énergiquement devant celui qui se laisse mourir ». Et cette prescription suffit à le délivrer de l'aboulie. Ce procédé réussit avec Marcelle. Il réussit encore avec un malade atteint d'aphasie motrice. Il semble parfois à ce malade qu'il ne sait pas ce qu'il voudrait dire. Mais si, au lieu de prendre spontanément la parole, il doit répondre à une question, exécuter un ordre, l'aphasie a disparu[1]. N'est-ce pas que dans ces cas, la fin de l'acte étant plus nette à ses yeux, sa volition est plus complète?

1. *Névroses et idées fixes*, t. II, p. 451.

Plus fréquemment, c'est le jugement sur les moyens qui reçoit une confirmation. Puisque l'exécution fatigue l'agent à l'excès, il suffira de lui faire croire qu'elle est facilitée pour lui rendre la volonté. Marcelle « ne pouvait arriver à se déshabiller pour se coucher si on ne l'aidait ». Mais l'aide d'autrui lui persuadant que son effort aboutira, elle veut plus résolument, et l'acte suit. Il n'est pas nécessaire de recourir à un puissant auxiliaire : une aide imaginaire suffit. Krafft-Ebing cite le cas d'un prêtre qui ne pouvait franchir les marches de l'autel pour dire sa messe, surtout si l'église était pleine de monde. Voilà un cas typique de notre seconde forme d'aboulie : ce prêtre considère évidemment comme son devoir de dire sa messe ; il croit que ses muscles le conduiront à l'autel comme ils le conduisent ailleurs : il est donc décidé à y monter : l'acte ne suit pas sa décision. C'est sans doute que la foule l'intimide. Mais pour vaincre cette excessive timidité il lui suffit de s'appuyer même très légèrement sur l'épaule d'un enfant de chœur. Le secours insignifiant qu'il reçoit ainsi suffit à lui rendre confiance, à lui faire croire qu'il aura devant la foule une attitude convenable : et l'acte suit la décision renforcée.

Le même résultat sera atteint si l'effort est facilité par des causes internes. Nous avons déjà vu comment le souvenir d'actes antérieurs suffit pour conserver à Marcelle le pouvoir de les accomplir. Il dispense en effet la malade de faire le raisonnement analytique par lequel nous déterminons les moyens. De même, si l'un des termes de ce raisonnement est vivement présent à la conscience, l'effort logique sera moins considérable : il sera à la portée de l'aboulique. Une malade du D⁵ Rivière[1] ne peut pas ramasser une aiguille tombée à terre : elle commence par la chercher, mais ses forces s'épuisent à cette recherche, et, quand l'aiguille est trouvée, il est impossible de la prendre. Si, au contraire, elle a suivi de l'œil l'aiguille dans sa chute, la recherche est inutile : l'aiguille est ramassée. Un raisonnement incomplet a causé l'aboulie, mais si le raisonnement est assez simple pour être complété par le malade, l'acte s'accomplit.

L'aide que la perception ou le souvenir ont fournie dans les cas précédents vient parfois de l'émotion. « Sous l'influence de certains états physiologiques comme la colère ou d'états pathologiques comme l'excitation maniaque, les efforts musculaires acquièrent une énergie inusitée[2]. » La colère n'est pas la seule émotion qui augmente la force de l'organisme. Si l'on adopte pour expliquer certains retours de la volonté l'hypothèse de M. Ribot, la pitié produirait parfois le même effet. C'est ainsi que le notaire de Billod, selon cet auteur, retrouverait son énergie quand il est ému par la vue d'une femme sur le point d'être écrasée par sa voiture. Mais toute émotion n'a pas ce résultat favorable. Seules les émotions dites sthéniques augmentent notre énergie. Mais une émotion n'est appelée sthénique que lorsqu'elle est accompagnée de la conscience d'un surcroît de force, c'est-à-dire quand elle est suivie d'un jugement par lequel nous constatons que notre pouvoir augmente. Même si l'on accepte l'hypothèse de M. Ribot, on voit donc

---

1. *Thèse citée*, p. 100.
2. Féré, *Rev. phil.*, oct. 1885.

que l'émotion ne rend la volonté qu'à la condition de suggérer un jugement sur les moyens d'agir.

Pour la même raison, un traitement physique convient parfois à l'aboulie. « Le traitement par l'isolement, l'hydrothérapie, l'électrothérapie, les toniques en rendant des forces a fait disparaître peu à peu l'aboulie[1] », dit le D\` Rivière. Et M. Pierre Janet conseille parfois un régime analogue. Pourtant, l'organisme est en bon état : il n'a pas besoin de ces toniques. Mais, bien qu'il soit en bon état, il doit être amélioré puisque le rapport entre les images motrices et les mouvements n'est pas normal. En outre, ce traitement augmente la confiance du malade en lui faisant espérer que ses forces vont augmenter et que son corps obéira plus exactement à sa pensée. Réciproquement, tout ce qui peut augmenter la résistance, réelle ou imaginaire, du corps contre l'esprit augmente l'aboulie. Tel est, sans doute, l'effet que produit en Quincey l'usage de l'opium[2]. Ainsi, quand varie la croyance à la possibilité d'un acte, l'acte lui-même varie : si la guérison de l'aboulie est amenée par un accroissement de certitude, c'est que l'aboulie elle-même est provoquée par l'incertitude.

De même on guérit l'impulsion en inspirant au malade une plus grande confiance dans son devoir et dans son pouvoir. Un souvenir perdu pour la mémoire normale l'invite à commettre l'action que sa conscience actuelle proscrit. A l'état hypnotique, le sujet révèle à son médecin l'idée ancienne qui justifie sa conduite. Et si le médecin, par suggestion, peut déformer ou supprimer cette idée,

---

1. Rivière, *thèse citée*, p. 105.
2. Ribot, *Maladies de la volonté*, p. 41.

aucun conflit ne subsiste dans la conscience : un seul acte paraît juste. Le sujet ne dit plus, à propos du même acte : « Je dois » et « je ne dois pas » : il ne se propose plus qu'une fin, la fin présente, et il la réalise.

Le traitement consiste, d'autre part, à augmenter la puissance causale des impulsifs et surtout à accroître leur confiance dans ce pouvoir : il suffit, pour qu'ils échappent à l'impulsion, qu'ils se croient sûrs de lui échapper. Des moyens insignifiants procurent parfois cette certitude. Un impulsif homicide était rassuré contre lui-même quand ses doigts étaient liés par un ruban de soie : mais peu importe la fragilité du lien : il suffit, pour que l'impulsion cesse, que le sujet se croie enchaîné, mis dans l'impossibilité matérielle de commettre son crime. Pour le même motif, ces malades recherchent la société d'autrui : ils espèrent que les exemples ou les conseils de leurs semblables leur donneront confiance dans leurs moyens de résistance ou confirmeront les jugements qu'ils portent sur leur impulsion. Poussée au suicide, une malade « va chez sa nièce pour que celle-ci l'empêche de mettre son idée à exécution ». Mais la nièce ne donne pas les conseils attendus : la malade va se jeter à la rivière[1]. Le rôle du médecin consiste soit à rendre des forces aux nerfs et aux muscles pour que les images motrices soient suivies de mouvements suffisants, soit à augmenter la confiance du malade dans ses résolutions et dans son pouvoir. « La suggestion du médecin, dit Bernheim, donne confiance[2] » : il accroît, dirions-

---

1. Hugonin, *Thèse citée*, p. 27.
2. Introduction au livre de P.-É. Lévy, *L'éducation rationnelle de la volonté*, p. 1.

nous, la certitude des jugements formulés par le sujet sur ses moyens d'action. Ce traitement confirme donc notre opinion : dès que le malade affirme « je puis » avec certitude, il peut en effet ; il retrouve son pouvoir d'arrêt par le procédé qui rend aux abouliques leur pouvoir moteur.

Les cas pathologiques ne sont que des exagérations des cas normaux. Nous avons donc le droit d'appliquer à ceux-ci l'hypothèse qui convient à ceux-là : quand notre volonté semble impuissante, quand l'exécution est contraire à la résolution, nous pouvons affirmer qu'une volonté d'autrefois se réalise, que nous exécutons aujourd'hui notre résolution d'hier. Le triomphe de la passion sur la raison, comme le triomphe de l'impulsion sur la volonté, c'est le triomphe du raisonnement passé sur le raisonnement présent. Si l'impulsion est plus irrésistible que la passion, c'est que les perceptions présentes de l'impulsif sont moins nettes que celles de l'homme passionné : on note souvent chez les impulsifs des anesthésies ou tout au moins des hypoesthésies. Mais, après tout, ce n'est pas l'irrésistibilité de l'impulsion qui est surprenante : ce qui étonne, c'est que le passé, avec sa masse énorme de jugements n'ait pas sur le présent plus d'influence, c'est que nous ne soyons pas plus impulsifs, plus soumis à la tradition, à la coutume, à la passion ; c'est qu'au moment d'agir nos résolutions d'hier ne nous déterminent pas fatalement mais laissent au jugement d'aujourd'hui une parcelle d'efficacité.

*
* *

L'aboulie ne fait pas exception aux lois de la pensée : si

l'aboulique n'agit pas, il n'en faut pas conclure que ses jugements sur la fin et les moyens sont inefficaces, mais qu'ils sont négatifs ou dubitatifs. L'action se modèle sur la pensée, mais la pensée est hésitante : les abouliques, ce sont des douteurs. Ils passent rapidement de l'affirmative à la négative, ils suspendent leur jugement; s'ils n'agissent pas, c'est qu'ils ne jugent pas ou jugent mal. Sans doute leur maladie mentale n'est pas grave ; des savants peuvent être abouliques. Leur état n'en est pas moins causé par un trouble intellectuel : le doute sophistique. Ils en ont conscience : ils réclament volontiers l'ordre, l'aide ou le conseil d'autrui; ils ont « besoin de direction. » Mais ce besoin de direction n'est qu'un besoin d'affirmation. C'est donc bien la faculté d'affirmer, c'est-à-dire le jugement, qui, chez eux, est malade. Mais quelles que soient leurs fautes logiques, leur inertie s'explique par leurs jugements. L'objection qu'on pourrait être tenté de tirer de l'aboulie contre notre thèse ne serait pas fondée.

CHAPITRE IV

SOLUTIONS ANORMALES DU PROBLÈME PRATIQUE *(suite)*.
II. LA PARABOULIE

I. — Perversion de la volonté causée par des erreurs commises dans l'évaluation des actes et des sanctions : le crime.
II. — Le crime *(suite)*. Crime et folie. — Crime et vertu.
III. — Perversion de la volonté causée par une délibération imperceptible.
IV. — Perversion de la volonté causée par une erreur sur les moyens : la maladresse.
V. — Résultat des déviations de la volonté : nouveaux problèmes et nouvelles volitions.
CONCLUSION DE LA SECONDE PARTIE.

L'action suit toujours le jugement : l'aboulie se ramène aux lois de la volonté normale. Mais l'action est-elle toujours conforme au jugement? la « paraboulie » ne fait-elle pas exception aux lois de la volonté normale? Si l'aboulique s'abstient de vouloir, c'est qu'il a des doutes sur son devoir ou sur son pouvoir. Mais comment expliquer que, sans douter de son devoir, l'homme désobéisse au devoir? Comment expliquer que, sans douter de sa puissance, l'homme use mal de sa puissance? Le crime et la maladresse, voilà deux « perversions » de la volonté qui ne semblent pas correspondre à des perversions de l'intelligence : ces faits font-ils échec à notre théorie?

I

Le premier de ces faits est-il fréquent? La décision est-elle souvent contraire à la délibération ? De deux actions possibles dont l'une paraît bonne et l'autre mauvaise, est-ce souvent la mauvaise que nous choisissons ? Nul n'en doute : chacun croit en trouver la preuve dans son expérience quotidienne. Je dois me lever et je reste au lit ; l'alcool est dangereux et j'en bois ; la médisance est immorale et je n'ouvre pas la bouche sans médire. Surtout chacun croit trouver dans l'observation du prochain la preuve que la volonté désobéit à la raison : certains criminels ne sont-ils pas assez intelligents pour comprendre la gravité de leurs fautes ? et pourtant ils les commettent. En dépit de cette opinion, nous nions l'existence des volitions contraires aux jugements. Quand la conclusion d'un raisonnement volitionnel nous paraît contraire aux prémisses, c'est que nous ne connaissons pas les vraies prémisses. Ou bien nous attribuons à l'agent le raisonnement qu'il devrait faire, mais il ne le fait pas. Ou bien nous ne voyons qu'une partie du raisonnement qu'il fait. Entre les prémisses supposées et la conclusion de l'agent il y a contradiction, mais il n'y a pas désaccord entre sa conclusion et ses prémisses réelles.

Il nous semble que le criminel se dit à lui-même : voici le bien : faisons le mal. La conclusion serait contraire aux prémisses. Mais l'état mental du criminel est différent : il ne pose pas les prémisses que nous lui attribuons parce qu'il se trompe sur son devoir ou sur son pouvoir. Il se trompe sur son devoir parce qu'il s'exagère sa propre valeur, ne reconnaît pas celle d'autrui, s'exagère sa douleur et se représente mal celle d'autrui : comment l'équation qui détermine la justice serait-elle exacte quand tous les chiffres en sont faux ?

Le criminel exagère sa propre valeur. La vanité est le trait le plus saillant de son caractère. On pourrait dire que, du type criminel de Lombroso, la psychologie n'a retenu que ce détail : le symptôme du crime c'est la vanité. Elle est « incommensurable » dit M. Tarde[1]. Et il cite Dostoïevsky : « Tous les détenus étaient... effroyablement vaniteux, présomptueux... C'était toujours la vanité qui était au premier plan... [2] ». C'est sous l'influence d'un accès de vanité que le fou moral exécute ses crimes. « Le fou moral, dit Maudsley, voit tout du point de vue de l'égoïsme le plus étroit[3] ». Misdéa, le soldat dont la triste histoire est racontée par Lombroso, Misdéa qui fusille ses camarades parce qu'il a entendu une plaisanterie dirigée contre ses compatriotes, est un vaniteux[4]. Pel, d'après un rapport médical, était doué d'une « extrême vanité ». Il portait des décorations, s'attribuait des distinctions honorifiques, se faisait passer pour professeur soit de mathématiques à la Sorbonne, soit de rhétorique à Saint-Louis[5] ». Sa vanité était même devenue délirante et, avant l'époque où un crime lui fut reproché, ce délire l'avait conduit à Sainte-Anne. En traçant le portrait de Schneider, un assassin de Vienne, le Dr Benedikt écrit : « Il a la fierté des grands criminels : en parlant de lui-même, il dit : der Schneider[6] ». Et un magistrat parisien, étudiant les jeunes criminels, trouve un grand nombre de vaniteux : « presque tous, à dix-huit et vingt

---

1. *Philosophie pénale*, p. 254 et suiv., p. 60.
2. *Souvenirs de la Maison des Morts*, p. 13.
3. *Pathologie de l'esprit*, p. 366.
4. Tarde, *Philosophie pénale*, p. 241.
5. *Arch. de l'Anthropol. crim.*, t. I, p. 357.
6. *Arch. de l'Anthropol. crim.*, t. XI, p. 22.

ans, écrivent leurs mémoires[1] ». Sans doute le crime est la cause de leur vanité : ils sont fiers de leur audace, fiers de leur exploit et du bruit qu'il fait dans le monde. Mais la vanité préexistait au crime : c'est parce qu'il s'imagine posséder tous les droits que le criminel envahit le domaine d'autrui, s'empare de ses biens et viole sa personne pour s'attribuer les plaisirs qu'il considère comme la récompense naturelle de son propre mérite. Ce n'est pas à dire que tout vaniteux soit un criminel, ni que tout délinquant soit infatué de sa valeur. L'affamé qui dérobe un morceau de pain n'a pas nécessairement une estime exagérée de lui-même. Mais son cas est-il pendable ? Il a le droit de vivre et n'en a pas le moyen. Sa valeur est égale à l'unité et son bonheur égal à zéro : n'est-il pas juste qu'il possède le minimum de jouissance qui conserve sa vie ? Bien que son acte soit contraire aux lois, cet homme n'a pas une âme criminelle. Au contraire, il est coupable, que son acte soit ou non condamné par la loi, celui qui, possédant le nécessaire, prend aux autres le superflu sous prétexte qu'il y a droit. Sa valeur et son bonheur étant représentés par un, il exige double bonheur parce qu'il s'attribue double valeur : son acte est dicté par sa vanité.

Par cela même qu'il exagère son mérite, le criminel diminue le mérite d'autrui. Réciproquement il suffit de déprécier le mérite d'autrui pour faire sur sa personne ou sur ses biens des incursions qui paraissent légitimes et qui sont criminelles. Entre le sauvage qui mange son semblable et le chrétien qui veut le bien de son ennemi, il semble

---

1. *Bulletin de la Société des prisons*, 188

qu'il n'y ait rien de commun : ces deux hommes pourtant se croient justes. La justice nous dit : « Ne tue pas ton semblable, ne fais pas que ton égal soit réduit au néant » : en dépit de l'apparence, elle donne au meurtrier le même avis : il n'a pas, au moment où il agit, l'opinion qu'il est en face d'un de ses semblables ; sa propre personnalité fait écran aux personnalités analogues : l'être qu'il rencontre n'est pas un homme, mais une chose dont il a besoin pour vivre. De même, le Fuégien qui, pour une faute insignifiante, brise la tête de son enfant, la mère qui fait disparaître son rejeton ne se croient pas coupables d'homicide parce qu'ils ne reconnaissent pas le titre d'homme à un enfant ou à un fœtus. « Selon l'opinion de certaines femmes, dit M. Letourneau, l'enfant n'a pas de personnalité avant la naissance ; on ne l'a ni vu, ni embrassé, ni caressé, il est donc encore dans le domaine des choses inanimées ; on en peut disposer comme on le fait de ses cheveux et de ses ongles ». Et il ajoute que la même croyance explique les coutumes polynésiennes comme les pratiques européennes[1] : sous toutes les latitudes, la même erreur provoque le même crime. — Les actes les plus grossiers s'expliquent de la même manière : si les égaux ne se tuent pas, à plus forte raison ne se mangent-ils pas entre eux : ce sont des femmes, des enfants, des vieillards, des criminels ou des vaincus, en un mot des inférieurs, que les cannibales se croient en droit de sacrifier et de dévorer, comme nous nous croyons en droit de sacrifier et de dévorer nos inférieurs les animaux. — Ce n'est pas seulement dans les rapports des

---

1. *Évolution de la morale*, p. 125.

individus isolés, c'est aussi dans les sociétés qu'un calcul erroné de la valeur humaine produit l'injustice. Si la loi de la famille est « la loi de l'homme » c'est que l'homme exagère l'infériorité de la femme. Si les Pharaons ou les Incas épousaient leurs sœurs, c'est que, se croyant d'essence divine, ils ne pouvaient sans déchoir s'allier à la famille de leurs sujets. De même, les propriétaires d'esclaves — Aristote nous en donne la preuve — estimaient que l'homme libre est d'une nature supérieure, et c'est seulement lorsque cette croyance est battue en brèche soit par le stoïcisme, soit par le christianisme, soit par la philosophie du xviiie siècle, que l'institution s'affaiblit et disparaît. Crimes individuels, iniquités sociales, voilà le produit de nos erreurs sur la valeur d'autrui.

Le criminel se trompe dans le calcul du bonheur comme dans le calcul de la valeur. Sa sensibilité est souvent maladive : il ne puise pas ses émotions aux mêmes sources que les autres hommes ; ou plutôt il a besoin pour jouir d'excitations plus fortes que la moyenne : s'il est vrai, comme le prétendent des psychologues, que jusque dans l'amour se trouve un germe de cruauté, tout homme éprouve une satisfaction à la vue de la souffrance d'autrui ; mais tout homme n'éprouve pas une jouissance à voir couler le sang d'autrui : c'est le cas de certains criminels[1]. Si, par surcroît, leur sensibilité à la douleur est avivée ; si la moindre offense, matérielle ou morale, leur paraît grave, leur besoin de vengeance deviendra morbide : pour un rien, ils se croiront en droit de commettre un meurtre. D'une

---

1. *Arch. de l'Anthropol. crim.*, t. III, p. 572 (Obs. VI).

part, ils exigent une dose énorme de plaisir non seulement parce qu'ils exagèrent leur mérite, mais parce qu'ils sont insensibles aux joies modérées, et d'autre part ils n'acceptent pas la moindre souffrance non seulement parce qu'ils ne croient pas la mériter, mais parce qu'elle produit sur leur épiderme un effet disproportionné à sa cause. Être trop peu sensible au plaisir, trop sensible à la douleur, voilà d'excellentes conditions pour devenir criminel.

Pourtant, les psychologues soutiennent que le criminel est insensible à la douleur. Tel est l'avis de Lombroso, dont le sujet Misdéa est particulièrement endurant[1]. Tel est l'avis de M. Tarde pour qui « l'insensibilité physique des délinquants est la clé principale de leur psychologie[2] ». Bien qu'on ait fait observer que seul le criminel rural est moins sensible à la douleur que la moyenne des hommes, il reste vrai qu'on ne peut pas expliquer la plupart des actes délictueux par l'excessive sensibilité de leurs auteurs. Mais leur insensibilité même trompe les délinquants sur la sensibilité d'autrui : et cette nouvelle erreur est une nouvelle source d'iniquités. Sans doute on peut être sensible pour soi-même sans se représenter vivement la douleur d'autrui ; mais il est difficile d'imaginer nettement la douleur d'autrui quand on se représente mal sa propre douleur : l'endurance prédispose à la dureté. Si c'est en Chine que sont usités les supplices les plus affreux, n'est-ce pas que les Chinois « sont d'une endurance extraordinaire à la douleur, supportent sans anesthésiques les opérations chirurgicales les plus compliquées, acceptent sans récrimination les plus durs tra-

1. Tarde, *Philosophie pénale*, p. 241.
2. *Id.*, p. 67.

vaux[1] » ? Sensible ou insensible, le criminel n'apprécie pas exactement la douleur qu'il inflige à sa victime. Quand tous les détails qui l'intéressent dans le coup qu'il médite ont pénétré dans sa conscience, il n'y reste plus de place pour les autres. L'ignorance ou la connaissance imparfaite de la souffrance d'autrui, tel est le dernier des sophismes qui trompent le criminel sur la fin de ses actes[2].

D'autres sophismes le trompent sur son pouvoir. Aux yeux du criminel, son acte est l'unique moyen de se tirer d'embarras. Il sait qu'il vaudrait mieux agir autrement, mais c'est impossible. L'acte le meilleur moralement condamnerait l'agent à une peine excessive, peut-être à la mort : « primum vivere » déclare-t-il. La prévision de cette peine excessive réagit sur le calcul du devoir : sans doute il faut obéir à la conscience, mais le premier devoir est de sauvegarder le droit à l'existence. Ce raisonnement n'est pas le privilège des malfaiteurs vulgaires. Marbot raconte qu'en 1805, Lannes et Murat s'emparèrent des ponts du Danube en trompant les Autrichiens. Et il rapporte, sans l'approuver, le raisonnement des deux généraux : « Je sais, dit-il, que dans les guerres d'État à État, on élargit sa conscience sous prétexte que tout ce qui assure la victoire peut être employé afin de diminuer les pertes d'hommes tout en donnant de grands avantages à son pays[3]. » C'est un raisonnement qu'on trouve fréquemment dans les *Mémoires* de Frédéric II. Examinant les motifs qui l'ont décidé à rompre

---

1. De Nadaillac, *Les Chinois* (Correspondant, 1900, 25 juillet, p. 237).
2. Cf. Spencer, *Principes de psychologie*, trad. fr., t II, p. 595, § 509 (Paris, F. Alcan).
3. *Mémoires*, t. I, p. 240.

une alliance pour trahir son ancien allié, il dit : « Si le prince est dans l'obligation de sacrifier sa personne même au salut de ses sujets, à plus forte raison doit-il leur sacrifier des liaisons dont la continuation leur deviendrait préjudiciable... Ceci se réduit à deux questions : vaut-il mieux que le peuple périsse ou que le prince rompe son traité ? Quel serait l'imbécile qui balancerait pour décider cette question[1] ? » De même Persigny avoue que « la raison d'État » l'a conduit à conseiller des actes illégaux qui eussent été ou qui ont été, à son avis, utiles à son maître et à son pays. « Des actes de ce genre échappent aux règles ordinaires. L'homme qui les accomplit, sous l'influence d'un ardent patriotisme, se place lui-même hors la loi commune[2]. » Sans doute le voleur et l'assassin n'ont pas à invoquer l'excuse du patriotisme : mais ils tiennent pour leur propre compte le raisonnement que fait pour sa collectivité le chef de parti, le chef d'armée ou le chef d'État. Le droit à l'existence est pour l'individu ce qu'est pour la nation la « raison d'État ». Et si la raison d'État justifie les coups de violence, les tromperies et les trahisons, pourquoi le droit à l'existence ne justifierait-il pas les meurtres et les vols ? Qui veut la fin veut les moyens. L'homme d'État réduit aux coups de force, l'individu acculé au crime s'imaginent que le coup d'État ou le crime est l'unique moyen de sortir d'une situation embarrassante. Tandis que toute fin peut être atteinte par une infinité de moyens, ces hommes n'ont ni l'intelligence assez large ni la mémoire assez riche ni l'imagination assez ingénieuse pour trouver plus d'un

1. *Mémoires*, édit. Boutaric et Campardon, t. I, p. 5 et 6.
2. *Mémoires*, p. 185.

moyen : ils sont hypnotisés par leur idée fixe. En dépit de leur réputation, ces hommes sont des faibles d'esprit. Leurs actes révèlent moins de perversité morale que de pauvreté intellectuelle.

Les criminels, en résumé, forment des catégories nombreuses : la vanité, le mépris de leurs semblables, les troubles de la sensibilité, le défaut d'imagination affective, la stérilité mentale, autant de causes dont chacune met en mouvement une variété de l'espèce criminelle. Et des variétés nouvelles sont obtenues par les multiples combinaisons de ces causes : tandis que l'un associera la vanité à la stérilité mentale, l'autre sera à la fois vaniteux et insensible. Mais chez tous on peut découvrir l'un ou l'autre, souvent l'un et l'autre de ces stigmates : or, ces stigmates sont des sophismes.

II

En expliquant le crime par des défauts intellectuels, nous nous exposons à un double reproche. D'une part, on nous blâmera de confondre le crime et la folie. Et d'autre part on nous accusera d'identifier le bien et le mal. Ces reproches seraient-ils justifiés ?

Si le crime n'est que le symptôme d'un dérangement intellectuel, comment le distinguer de la folie ? — Mais il est souvent difficile de l'en distinguer : les frontières des deux royaumes sont mal délimitées. Pourtant, les sophismes habituels des aliénés n'appartiennent pas toujours aux mêmes catégories que les sophismes des criminels : tout en expliquant le crime comme l'aliénation mentale par un trouble logique, on peut lui assigner sa place parmi les troubles logiques. Les principales erreurs des aliénés sont relatives à l'événement qui provoque leur action. Ils sont victimes d'une illusion ou d'une hallucination : un homme qui tue son voisin parce qu'il « croit l'avoir entendu l'appeler bougre »; un père qui tue ses enfants parce qu'il les prend pour des meurtriers[1]; une incendiaire qui obéit à des voix[2]; un mélancolique qui veut se venger des ennemis qui répandent autour de lui des odeurs fétides ou brûlent son corps à petit feu, tous ces malheureux sont des fous et non des criminels. Le véritable criminel a des perceptions normales : l'occasion qui le pousse à agir est un fait réel. Son erreur n'a pas trait à l'existence mais à l'importance de ce fait : est-ce un plaisir? il ne l'apprécie pas à sa juste valeur ; est-ce une douleur? il exagère l'injure qu'on lui fait subir. Mais il ne se trompe pas sur la réalité de l'objet qui lui procure cette émotion. Voilà une première différence tout intellectuelle.

Et voici la seconde. En général, le fou est un spéculatif: son esprit aime mieux descendre des causes aux effets que de remonter des fins aux moyens. Le fou est parfois vaniteux comme le criminel[3]; mais au lieu de chercher, comme le criminel, les moyens de mettre à exécution ses projets ambitieux, il les suppose réalisés, il les vit, et comme cette réalisation imaginaire lui donne satisfaction, il n'a pas besoin d'agir. S'il agit, il prend le premier moyen venu : le dipsomane boit l'alcool le plus repoussant, le kleptomane

---

1. Tarde, *Philosophie pénale*, p. 157, note, p. 173.
2. Hugonin, *Contribution à l'étude des troubles de la volonté chez les aliénés*, p. 30.
3. Maudsley. *Pathologie de l'esprit*, p. 257.

fait main basse sur des objets bizarres et inutiles. Au contraire, le criminel ne rêve pas, ou, s'il rêve, oriente en sens inverse ses pensées : il songe aux bons coups de l'avenir ; il les prémédite, enrichit sa technique, tire de ses expériences antérieures des leçons d'adresse. Le voleur prend soin de s'outiller : un pickpoket n'avait-il pas donné à sa main la forme d'un crochet[1] ? L'ivrogne choisit le cru qu'il aime. Entre le vice et la folie la différence est aussi grande qu'entre l'analyse et la synthèse. Tout en notant leur parenté, nous distinguons, par des signes purement logiques, le crime et la folie : le premier reproche serait injuste.

Le second paraîtra sans doute plus sérieux. Non seulement le criminel, s'il est victime de nombreux sophismes, ne saurait être tenu pour responsable, mais le criminel ne détenant pas le monopole du sophisme il est impossible de tracer la démarcation entre le crime et la vertu. Si le criminel se trompe sur sa valeur et sur celle d'autrui, sur son bonheur et sur celui d'autrui, le saint ne commet-il pas sur les mêmes sujets des erreurs aussi graves ?

En effet, les saints n'apprécient pas à leur juste valeur les biens que la nature dispense à l'humanité. En revanche, ils sont plus vivement frappés que les autres hommes par la vue de la souffrance : si Vincent de Paul fut un saint, n'est-ce pas parce qu'il sentait dans sa chair les douleurs des galériens ou des enfants abandonnés ? Les saints exagèrent la valeur d'autrui : quand ils sont forcés de reconnaître que leurs frères ont péché, ils les excusent, ils ne

---

1. *Arch. de l'Anthropol. crim.*, t. III, p. 564 (Observ. XIV).

profitent pas de l'occasion pour s'attribuer le droit de les
mépriser. Mais les plus graves erreurs des saints sont celles
qu'ils commettent sur leur propre valeur. A les en croire,
ils seraient les plus grands pécheurs de la terre. « Estimons,
dit saint Vincent de Paul, que nous sommes capables de
tout le mal qui se fait ». Estimons, diraient d'autres saints,
que nous commettons réellement tous les crimes. A la
Trappe, sous le gouvernement de Rancé, les moines s'accusent de tant de fautes qu'un visiteur — un prêtre cependant — accuse l'abbé de les obliger à confesser des péchés
fictifs. Rancé proteste, et il a raison : c'est dans la sincérité
de leur cœur que ses disciples s'égalent aux derniers des
hommes. De même saint François d'Assise : « Tu veux
savoir pourquoi c'est moi que l'on suit? dit-il à frère
Masco... C'est que les yeux du Très Haut l'ont voulu ainsi :
ils regardent sans cesse les bons et les méchants, et comme
ces yeux très saints n'ont aperçu parmi les pécheurs aucun
homme plus petit, ou plus insuffisant ou plus pécheur que
moi, ils m'ont choisi pour accomplir l'œuvre merveilleuse
que Dieu a entreprise ; il m'a choisi parce qu'il n'en a pas
trouvé de plus vil et qu'il a voulu ainsi confondre la noblesse et la grandeur, la force, la beauté et la science du
monde[2] ». On aurait tort de trouver dans ces paroles la
moindre exagération. Le saint se croit le plus vil des hommes : et comme l'amour-propre lui inspire à ce sujet quelques
doutes, il s'efforce d'anéantir l'amour-propre. L'humilité
est une vertu parce qu'elle est fondée sur la science de soi.
L'amour-propre est un vice parce qu'il repose sur une

---

1. P. Sabatier, *Saint François d'Assise*, p. 210.

inexacte appréciation de notre valeur personnelle. Telle est, du moins, l'opinion du saint : on peut la trouver fausse, mais elle est, pour lui, certaine : « L'humilité, dit saint Bernard, est la vertu par laquelle l'homme s'abaisse à ses propres yeux parce qu'il a de lui-même la connaissance la plus exacte ». « Humilitas est virtus qua homo verissima sui cognitione vilescit[1] ».

Ce portrait du saint ne renforce-t-il pas l'objection ? Ne paraissons-nous pas identifier, par un raisonnement sacrilège, les purs héros aux pires gredins ? Si les uns sont des sophistes, l'épithète convient aux autres ; et les uns ne valent pas mieux que les autres, car un sophisme n'est pas moralement supérieur à un autre sophisme.

Remarquons d'abord que l'humilité n'est pas toujours moralement supérieure à la vanité. L'excès de modestie est un défaut moral. L'homme qui ignore sa valeur s'accommode d'une situation indigne de lui, reconnaît l'autorité d'un être indigne de le gouverner, subit l'outrage comme un châtiment mérité, répond aux bienfaits par des remerciements qui sont des flagorneries. C'est parce qu'ils n'ont pas conscience de leur propre valeur que certains hommes se laissent entraîner au péché ou au crime par l'exemple d'un pécheur ou d'un criminel. En un mot, les humbles ne donnent pas à leur personnalité tout son épanouissement, ils l'inclinent trop volontiers devant celle des autres : leur vie manque de dignité.

Toute différente est l'humilité des saints. Si sincère qu'elle soit, elle est voulue. Et, si elle est excessive, c'est qu'elle

---

1. Saint Bernard, *De gradibus humilitatis*, ch. I, n° 2.

est un vigoureux effort pour lutter contre l'orgueil. L'erreur du savant qui, après mainte expérience, adopte une hypothèse inexacte, est logiquement supérieure à l'erreur de l'ignorant qui accepte n'importe quelle idée. La première est plus voisine de la vérité que la seconde car elle explique, outre les phénomènes les plus apparents, ceux que l'expérimentation a provoqués. Et fût-elle aussi fausse que l'erreur de l'ignorant, l'erreur du savant lui serait logiquement supérieure, car elle révélerait un vigoureux effort pour atteindre la vérité. De même l'erreur du saint a plus de valeur logique que l'erreur du criminel. Celle-ci résulte de l'observation des phénomènes les plus superficiels. Un chapitre précédent nous a montré combien de sophismes altèrent notre connaissance spontanée de nous-mêmes et nous invitent à la vanité. Celle-là résulte d'une observation plus attentive : pour arriver à la conclusion des saints, il faut s'affranchir du préjugé « égocentrique », il faut sortir de soi, se défier de ses propres perceptions et de ses propres souvenirs. Résultat d'une étude plus méthodique, l'opinion du saint est plus vraie que l'opinion du criminel. Et serait-elle aussi fausse, elle lui serait encore logiquement supérieure. Ainsi nous ne confondons pas plus le crime et la vertu que le crime et la folie. Il y a erreur et erreur. L'erreur des criminels est une erreur grossière, l'erreur des saints est une erreur féconde en vérités. Le mérite de la vertu est un mérite intellectuel, car la vertu est une méthode logique.

Aussi le meilleur moyen de réprimer la faute morale est-il de corriger l'erreur logique. Si le criminel est dupe d'un sophisme on pourrait croire qu'il n'est pas responsable : la peine, dans cette théorie, peut-elle être autre chose que le dédommagement accordé à sa victime par le maladroit qu'on nomme à tort un coupable ? Mais cette interprétation de l'intellectualisme serait inexacte. Nous sommes responsables de nos fautes parce que nous sommes responsables de nos erreurs. Une assemblée parlementaire est responsable des lois mauvaises qu'elle a votées parce qu'elle n'a pas écouté les critiques ou parce qu'elle a trop tôt prononcé la clôture. De même il nous appartient d'éviter les sophismes par l'attention et de prolonger la discussion jusqu'à la destruction de toute incertitude. Bien qu'il ne soit qu'un ignorant ou un sophiste, le criminel est un coupable. Mais puisque sa faute est un sophisme, la peine doit être un enseignement. Ce n'est pas à dire qu'il faille démolir les prisons pour construire à leur place des écoles. Il ne s'agit pas de donner aux coupables une instruction savante, mais de leur apprendre à apprécier plus exactement la valeur et la sensibilité des hommes. Cette science n'est pas dans les livres. La souffrance abat notre orgueil plus sûrement qu'un sermon. Si la vanité est la principale cause du crime, la souffrance n'est pas à dédaigner dans l'éducation du coupable. Mais pour qu'elle soit efficace, il est nécessaire qu'elle ne paraisse pas injuste : sinon, elle ne fait qu'exaspérer la vanité ; il est nécessaire qu'elle ne paraisse pas dépendre du caprice des juges : sinon, elle est pour le coupable la preuve d'une malchance plus que d'une déchéance ; il est nécessaire que son effet ne soit pas neutralisé : les prisons sont des écoles d'admiration mutuelle où les coupables rivalisent de mépris pour les autres : elles vont à l'encontre de leur fin en donnant un aliment à l'orgueil. La souffrance n'est pas toujours une bonne méthode pédagogique. Or, la « peine » n'est légitime que lorsqu'elle est correctionnelle. Et réciproquement tout procédé propre à corriger les sophismes du coupable doit faire partie du traitement qu'on lui inflige. Si la faute est une erreur et la vertu une vérité, le châtiment ne saurait être ni expiatoire ni exemplaire : il n'est juste que s'il est éducatif.

III

Tous les péchés des hommes s'expliquent-ils par l'erreur? En admettant que, dans la plupart des cas, les méchants « ne savent ce qu'ils font », ne doit-on pas reconnaître que cette loi comporte des exceptions ? Les prémisses étant correctement posées, n'arrive-t-il pas que la conclusion les contredise ? Une seule décision contraire à ses prémisses réelles suffirait pour ruiner l'hypothèse intellectualiste : peut-on nous en montrer ?

Les moralistes ont souvent affirmé l'existence de ces résolutions irrationnelles. La volonté humaine est si faible à leur avis qu'elle est à tout instant vaincue par la passion. « L'âme commande au corps et elle est obéie, dit saint Augustin ; l'âme se commande à elle-même et elle ne rencontre que résistance[1] ». Combien de fois, depuis Ovide, a-t-on répété : « Video meliora proboque, deteriora sequor ! » Sans doute la fin de l'activité c'est le bien, mais l'activité ne se dirige pas toujours vers sa fin. Le fait est si constant aux

1. *Confessions.* livre VIII, ch. IX (p. 198 de la trad. Janet).

yeux des théologiens qu'ils l'expliquent par un dédoublement de l'être humain : livré à lui-même, l'homme abuse de sa liberté et il commet volontairement le péché ; il ne peut prendre de bonnes résolutions que s'il est secouru par la grâce. Tandis que nous soutenons, avec Socrate, Platon, les stoïciens, Descartes et Spinoza, que la volonté humaine se dirige vers le bien apparent, la théologie chrétienne prétend au contraire que la nature humaine incline la volonté vers le mal : seul un pouvoir surnaturel peut nous ramener au bien. Cette doctrine ne repose-t-elle pas sur des faits ? Toutes les fois que l'homme, avant d'agir, connaît la faute et l'accepte, son jugement sur sa fin idéale n'est-il pas impuissant à déterminer sa volonté ?

Notre adversaire peut pousser plus loin l'offensive : même dans les circonstances insignifiantes, alors qu'il n'est question ni de bien ni de mal, la volonté se décide sans se préoccuper des données de l'entendement. Et la preuve, c'est, dit-on, qu'elle a conscience de pouvoir tirer d'une seule et unique délibération deux conclusions contraires : n'est-ce pas ce pouvoir qu'on nomme libre arbitre ? Monluc, blessé, est décidé à subir l'amputation du bras : mais subitement, sans motif, semble-t-il, il se ravise : « et comme Dieu aide aux personnes quand il lui plaît, encore que je fusse résolu une fois de l'endurer, il fit changer ma volonté, et ne voulus plus entendre à le me laisser couper[1] ». La seconde résolution est si peu motivée que le sujet l'attribue à une inspiration d'en haut. Ainsi, l'état de l'entendement restant immuable, l'état de la volonté s'est modifié : c'est donc

---

1. *Commentaires*, t. I, p. 84.

que la résolution n'est pas déterminée par les jugements.

Enfin, dans un troisième cas, l'impuissance des jugements paraît plus évidente encore, car l'homme se décide à faire non seulement ce qui lui est interdit mais ce qui lui est désagréable. Il redoute les suites d'une action : et il la veut ; elle lui paraît à la fois immorale et terrible : et il la veut. Maudsley insiste sur ces faits pour montrer que les troubles de l'intelligence n'expliquent pas les troubles de la volonté. Voici, par exemple, un mélancolique : il croit avoir blasphémé, aussi a-t-il peur de la mort parce que son blasphème l'expose à la damnation éternelle ; sans doute il croit aussi que le suicide le condamnerait à la même peine : et cependant il veut se tuer. « On peut faire remarquer au malheureux patient que, d'après son propre témoignage, le suicide sera pour lui le passage à une angoisse d'un poids plus grand et éternel, il reconnaîtra qu'il le sait trop bien[1] » : mais cela ne change pas sa décision. Sans doute c'est un fou, mais de telles contradictions sont-elles le monopole des fous? Ne prenons-nous pas des résolutions dont nous n'attendons que du mal ? — Prendre conscience de cette absurdité, prendre conscience de son libre arbitre, prendre conscience de ses péchés, voilà, semble-t-il, trois manières de constater des résolutions contraires à leurs antécédents intellectuels.

Ce triple témoignage est cependant trompeur. Nous pourrions l'écarter sans examen : les faits que nous venons de citer ne sont qu'en apparence des actes volontaires. Ils

---

1. *Pathologie de l'esprit*, p. 384, 385.

sont précédés d'une délibération, mais d'une délibération incomplète : avant que la délibération ait résolu les deux problèmes de la fin et des moyens, l'acte s'est accompli. Les prémisses n'ont pas été formulées : il n'est pas surprenant que l'acte ne soit pas leur conclusion. Ce que nous prenons pour les prémisses du raisonnement, ce sont les opinions qui paraissent prévaloir au moment où brusquement la délibération est arrêtée par l'action, ce ne sont pas les jugements définitifs qu'elle eût acceptés, ce ne sont pas de vraies prémisses. De même que les délibérations d'une assemblée peuvent être interrompues par un coup d'autorité et ses décisions remplacées par un décret arbitraire, de même les délibérations de chacun de nous peuvent être interrompues par un désir brutal et la décision éventuelle remplacée par une impulsion. Mais cette impulsion n'est pas plus volontaire qu'un coup d'État n'est légal. Si, dans ce cas, la délibération n'est pas suivie d'une résolution modelée sur elle, c'est qu'elle n'offre à l'action qu'un modèle mutilé.

Mais supposons que la délibération soit complète et que les actes qu'on nous oppose soient pleinement volontaires. Si la conclusion du raisonnement volitionnel était parfois contraire aux prémisses, serait-ce une raison suffisante pour écarter l'hypothèse intellectualiste ? Quand nous entendons un de nos semblables affirmer que « les Anglais sont hautains » bien qu'il ait vu des Anglais sans morgue, ou dire que les sauvages ne sont pas nos égaux tout en affirmant que tous les hommes sont égaux et que les sauvages sont des hommes, nous n'imaginons pas, pour expliquer ces contradictions, une cause inintelligible : nous nous contentons de reconnaître que l'intelligence humaine a des défaillances. Pourquoi recourir à une autre hypothèse lorsque nous entendons un de nos semblables dire du mal d'autrui tout en déclarant que la médisance est un péché, ou quand nous le voyons se précipiter dans l'abîme tout en sachant qu'il doit et peut l'éviter? Pourquoi le sophisme pratique, comme le sophisme théorique, ne s'expliquerait-il pas par une distraction, un oubli, en un mot par un défaut intellectuel?

Toutefois, cette réponse ne satisferait pas les nombreux psychologues qui attribuent le sophisme théorique lui-même à un caprice de la volonté. Il faut donc examiner les faits. Nous croyons qu'on ne les tourne contre notre thèse qu'en oubliant des détails importants : si la conclusion paraît contraire aux prémisses, c'est qu'on n'aperçoit pas toutes les prémisses. Lorsque nous allons au-devant de la douleur, il est vrai que nous la redoutons (c'est la prémisse aperçue), mais il est non moins vrai (c'est la prémisse oubliée) que nous croyons la mériter. Le malade de Maudsley, parce qu'il a blasphémé, croit mériter la damnation ; il est vrai qu'il en a peur, mais il la croit juste : il est donc naturel qu'il aille au-devant du châtiment et décide sa mort : son cas n'est qu'une variété dans l'espèce des pécheurs qui s'infligent à eux-mêmes le châtiment qu'appellent leurs fautes. Ou bien il estime que son angoisse est démesurée ; malgré sa foi, l'image de l'enfer est pour lui moins vive que la perception immédiate de la peur : le moyen qui le délivrera de la peur supprimera une souffrance excessive : il veut donc l'employer. Sans doute, l'observateur étranger à sa conscience, qui ne se représente qu'indirectement son angoisse, estime qu'il fait un mauvais calcul. Mais le malade lui-même, tout en adhérant des lèvres à cette opinion, croit qu'il vaut mieux se délivrer d'une souffrance actuelle, même au risque de tomber dans un supplice futur, que de garder la douleur présente pour éviter le supplice hypothétique. En tout cas, malgré l'absurdité apparente, un lien logique unit la crainte de la damnation et le projet de suicide : le raisonnement peut être sophistique, plus sophistique chez les fous que chez les sages, mais il existe : un effort d'attention révèlera toujours l'intermédiaire, parfois peu visible, qui relie la décision aux jugements antérieurs.

Il faut, de même, négliger cet intermédiaire pour croire que le libre arbitre peut tirer d'une même délibération deux décisions opposées. Il faut omettre le supplément de délibération par lequel la décision est modifiée. Par cela même que nous avons mis l'affaire en discussion, nous avons confronté deux projets; arguments et objections se sont heurtés ; enfin les débats sont clos, la décision est prise ; brusquement, sans nouveaux débats, elle est modifiée. Sans nouveaux débats publics, mais non sans une nouvelle délibération secrète. Soudain s'est réveillé un motif contraire à la résolution, et ce brusque réveil, en l'absence des autres éléments du débat, change la détermination. Les avocats des deux parties ont plaidé ; le président envoie les jurés dans leur salle de scrutin : à ce moment, l'opinion de chacun est faite : s'ils votaient sans dire un mot, l'accusé serait condamné ; mais l'un d'eux prend la parole, rappelle en quelques mots les arguments du défenseur : on vote, le prévenu est acquitté. Pourtant, la délibération secrète a été rapide : quelques affirmations d'un homme influent ont suffi pour modifier le sens du verdict. Cette scène n'est qu'un symbole. Elle se passe dans nos consciences. Monluc hésitait entre les avis contraires de ses médecins : coupons le bras, disaient les deux premiers ; ne coupons rien, disait le troisième. Entre la crainte de la mort et l'espoir de conserver son corps intact, Monluc balance, choisit l'amputation, puis brusquement prend le parti contraire. N'est-il pas vraisemblable que ce changement, si subit soit-il, est motivé ? Soudain se réveillent dans l'esprit du patient les espérances exprimées par le troisième chirurgien : « dans un an ou deux, vous pourrez à tout le moins tenir la bride d'un cheval. » Dégagées de la discussion — les idées antagonistes n'ayant pas le temps d'apparaître — ces paroles paraissent exprimer une certitude plus grande qu'elles n'en avaient au cours du débat : elles déterminent la seconde résolution. Entre les deux décisions, la délibération s'est prolongée : il n'est donc pas étonnant que la seconde diffère de la première. Dira-t-on que parfois aucun motif rationnel n'est venu compléter, dans l'intervalle des deux résolutions contraires, la première délibération ? que notre changement d'avis est purement capricieux ? Du moins notre caprice nous paraît-il légitime. « Il nous est toujours libre, dit Descartes, de nous empêcher de poursuivre un bien qui nous est clairement connu, ou d'admettre une vérité évidente pourvu seulement que nous pensions que c'est un bien de témoigner par là la liberté de notre franc arbitre [1]. » La véritable cause qui modifie notre décision, ce n'est pas

---

1. *Lettre à Mersenne*, éd. Cousin, t. VI, p. 133.

le caprice, c'est le jugement par lequel nous accordons une valeur au caprice. C'est ce jugement qui distingue la seconde délibération de la première. Jamais deux décisions contraires ne naissent d'une délibération unique.

Reste une difficulté, la plus grave de toutes : quand nous connaissons le bien pourquoi voulons-nous faire le mal? La solution se trouve dans les lois de l'habitude. L'habitude nous conduit parfois à rechercher la douleur ; si la crainte de la douleur ne suffit pas à vaincre la coutume, doit-on s'étonner que le devoir soit impuissant? On ne s'en étonnera pas, mais on maintiendra que cette impuissance fait échec à notre théorie. Voyons donc comment opère la coutume. L'acte qui paraît aujourd'hui douloureux paraissait jadis agréable, mais l'habitude émousse l'émotion et nous continuons à accomplir par tradition un acte qui maintenant nous ennuie. De même, si nous accomplissons par habitude un acte qui nous paraît répréhensible, c'est que cet acte nous a paru jadis obligatoire ou permis. Nous savons aujourd'hui que nous avons tort de rester au lit : mais l'avons-nous toujours su? n'avons-nous pas affirmé parfois qu'après tout il est nécessaire, voire obligatoire de se reposer, que le travail excessif est un lent suicide, qu'il nous reste assez de temps pour notre besogne quotidienne, que les autres font comme nous, que nous avons bien le droit de faire la grasse matinée? De telles habitudes sont parfois contractées dans des jours de faiblesse ou de maladie : par un raisonnement qui, pour être sophistique n'en est pas moins un raisonnement, nous étendons aux jours de convalescence puis aux jours de santé le privilège des jours de souffrance. Et quand, prenant conscience de notre faute, nous jugeons qu'il faudrait la répudier, ce jugement trouve devant lui des milliers d'autres jugements contraires. Chaque fois en effet que l'acte s'est répété depuis le moment où il a été reconnu comme l'exercice d'un droit ou l'accomplissement d'un devoir, plus ou moins consciemment s'est répété le jugement qui le justifiait. Et, en outre, à chaque répétition, nous avions une raison de plus pour l'accomplir, car nous déclarions : je suis aujourd'hui ce que j'étais hier ; ce qu'hier je jugeais bon je dois le juger tel aujourd'hui. Enfin, à mesure que l'acte devenait plus habituel il devenait moins agréable et le plaisir qu'il rapportait paraissait plus incontestablement légitime à mesure qu'il devenait plus faible. Il n'est donc pas étonnant que notre âme trouve en elle-même des résistances à ses ordres : ce sont des résistances qu'elle-même a créées. Elle se décide toujours d'après ce qui lui semble bon. Mais l'apparence du bien varie : bien qu'elle se dirige toujours vers le même idéal l'âme peut donc être divisée contre elle-même.

Dans cette lutte du passé contre le présent, pourquoi le présent est-il si souvent vaincu? Le jugement actuel : « Cet acte est mauvais » est plus conscient que les jugements passés : « Cet acte est bon. » Aussi la résistance du passé est-elle sourde ; nous disons : « Pourquoi ai-je pris cette résolution qui me paraît mauvaise, tandis que j'ai renoncé au projet qui me paraissait bon ? je n'en sais rien. » Nous n'en savons rien parce que les motifs qui déterminent la décision sont subconscients. — Mais s'ils sont subconscients, ils ne devraient pas triompher. — Pour être subconscients, ils n'en sont pas moins efficaces. Dans certains pays, on relègue dans l'obscurité des conseils administratifs les mandarins dont la politique a cessé de plaire et dans les postes brillants on installe leurs adversaires. Mais du fond de leur retraite ils continuent à gouverner et forcent parfois leurs successeurs à adopter leurs vues. Il en va de même dans nos âmes : le jugement actuel est en pleine lumière, au premier plan dans la conscience, mais il n'a pas toujours plus de pouvoir que les jugements relégués au second plan. Ceux-ci font masse contre lui, et il ne peut lutter contre eux qu'à la condition de se multiplier par la répétition. C'est donc par l'habitude que nous expliquons l'apparente désobéissance de la volonté aux données de l'entendement, mais l'habitude elle-même n'est efficace que par le nombre et la nature des jugements qu'elle provoque ; mieux vaudrait dire que le péché n'est pas causé par l'habitude elle-même mais par la répétition des raisonnements qui ont accompagné le premier acte. Le vice, aujourd'hui conscient de lui-même, était hier inconscient ; le péché d'aujourd'hui paraissait hier un droit ou un devoir. C'est l'apparence d'hier qui détermine la résolution d'aujourd'hui.

Réciproquement, l'habitude de considérer un acte comme répréhensible peut résister au jugement actuel qui le représente comme bon. Un enfant bien élevé qui commet une première faute a beau se justifier : il éprouve de la peine avant d'admettre comme vertueuse l'action que ses parents et ses maîtres lui ont présentée comme mauvaise. Parfois, il est vrai, le jugement actuel l'emporte, mais c'est qu'il est renforcé par toutes sortes de sophismes conscients : il faut imiter ses camarades, s'affranchir de la tutelle de ses parents, agir en homme ! Mais ce n'est pas trop de ces auxiliaires pour entraîner la volonté ; s'ils font défaut ou si leur fausseté est découverte, les jugements anciens sont encore victorieux. Que ce soit le passé ou le présent qui l'emporte, le mécanisme est le même : la lutte est engagée entre deux espèces de jugements ; la décision ne peut être que le triomphe d'un jugement. Elle n'a pas d'autres causes que des causes logiques.

Ainsi, la décision n'est jamais contraire à la délibération. L'aboulie, indécision volitionnelle, vient d'une indécision intellectuelle ; de même les résolutions qui paraissent contraires aux jugements qui les précèdent sont dictées par des jugements antérieurs. Sans doute ces jugements ne sont pas toujours conscients, mais ils l'ont été. La résistance intérieure que nous prenons tantôt pour l'effet de notre perversité naturelle, tantôt pour l'œuvre de la passion, tantôt pour l'évidente manifestation de notre libre arbitre, n'est que le conflit de deux affirmations ; si elle demeure assez mystérieuse pour se prêter à ces interprétations variées, c'est que nous ne percevons pas toujours nettement chacune des deux affirmations contraires. L'un des combattants est masqué. « Je prendrais bien telle résolution, disons-nous, mais un je ne sais quoi m'arrête. » Il nous semble que notre décision, au lieu de se déduire de la discussion, surgit sans raison des profondeurs obscures de notre conscience. Parfois, nous allons jusqu'à dire qu'une « volonté différente s'oppose à la nôtre[1] ». Mais il est facile de démasquer ce mystérieux adversaire : alors nous reconnaissons dans ses traits notre propre image : c'est avec le moi passé que

1. Observation recueillie par P.-E. Lévy, *Éducation rationnelle de la volonté*, p. 185.

combat le moi présent ; les profondeurs obscures de la conscience, ce sont les réserves de la mémoire ; l'apparente opposition de la volonté et de l'entendement se résout en un conflit d'idées, de jugements et de raisonnements.

IV

Moins graves sont les contradictions apparentes de la décision et de l'exécution : comme les autres, elles s'expliquent par des sophismes. Pour agir en toute circonstance comme on a résolu de le faire, il faudrait posséder une science complète du détail infini des choses ; pour que mon acte répondît exactement à ma pensée il faudrait que ma pensée eût d'avance mesuré toutes les forces qui concourront à produire son effet. L'ignorance ou l'erreur dans le calcul des moyens, telle est la cause de la maladresse et de l'insuccès : la seconde classe des paraboulies.

Dans cette classe on peut distinguer quatre groupes de faits. Ou bien l'action accomplie est diamétralement opposée à l'action résolue, ou bien elle est simplement différente ; ou bien l'exécution s'arrête en deçà du but fixé, ou bien elle dépasse ce but : chacune de ces déviations de l'activité doit s'expliquer par un sophisme spécial : quel est ce sophisme ?

L'action accomplie est diamétralement opposée à l'action résolue. Dans une note des *Maladies de la volonté*[1], M. Ribot signale un malade qui regardait à droite quand il

---

1. P. 85.

voulait regarder à gauche et réciproquement. Dans son livre sur l'*Activité mentale*[1], M. Paulhan a recueilli nombre de faits analogues : par exemple une dame, observée par Maury, fait et dit, dans ses accès d'hystérie, ce qu'elle veut précisément ne pas dire et ne pas faire : « traversant, le soir, une longue galerie solitaire de son château, un bougeoir à la main, elle était prise d'une peur extrême de se trouver là dans l'obscurité : et à peine cette pensée lui était-elle venue qu'elle soufflait sa bougie. » Une autre injurie ses visiteurs au moment même où elle veut leur témoigner de la bienveillance. D'autres veulent prier et ils blasphèment. A ces cas il faut joindre l'exemple du vertige : je côtoie un abîme, je veux éviter les mouvements qui m'y précipiteraient : et je les accomplis. Je tiens à la main une tasse de thé : je sais qu'il est facile de la renverser ; je veux prendre toutes les précautions nécessaires pour éviter cette maladresse : et je la commets. Et la liste serait incomplète si nous omettions des faits qui semblent très différents du cas signalé par M. Ribot mais qui rentrent pourtant dans la même catégorie : nous voulons faire plaisir à autrui et nous l'irritons ; nous voulons le fâcher et nous excitons sa gaieté. Que l'acte soit interne ou externe, physique ou social, peu importe : il est contraire à l'acte voulu : pourquoi ? — M. Paulhan n'explique guère que les premiers de ces faits ; son explication est à la fois psychologique et physiologique. C'est l' « association par contraste simultané » mais c'est aussi l'action simultanée des muscles antagonistes qui provoque un mouvement contraire au mouvement attendu.

1. P. 355 et suiv.

« Jamais un muscle n'agit sans que son antagoniste entre en contraction pour lui faire subir une sorte de pondération et de contrôle[1]. » Ce détail physiologique a son importance car il nous met sur la voie d'une hypothèse plus générale que celle de M. Paulhan. Par cela même que les muscles antagonistes n'agissent jamais l'un sans l'autre, l'image motrice qui représente l'action de l'un se confond dans la conscience avec celle qui représente l'action de l'autre : il n'est pas surprenant qu'ayant à évoquer l'une nous évoquions l'autre, puisque leur étroite union nous interdit d'apprendre à les distinguer. Sans doute, en temps ordinaire, nous saisissons la nuance délicate qui les sépare, mais, pour peu que l'acuité de notre regard mental s'émousse, nous ne savons plus les discerner et nous employons l'une pour l'autre. Pour autant que l'échec de notre tentative sur l'âme d'autrui dépend de nous, il s'explique par l'emploi d'un mot contraire à notre pensée ou d'un geste contraire à notre intention. Mais les contraires sont du même genre : tandis que je songe aux mots aimables que je veux prononcer, les paroles désagréables apparaissent à l'arrière-plan, comme les muscles hostiles entrent en jeu dès que les muscles favorables sont excités. Et comme l'idée d'un acte suffit à le provoquer, l'idée des paroles désobligeantes peut suffire à les faire jaillir de mes lèvres. De même, je veux éviter les mouvements qui me précipiteront dans l'abîme ; mais, pour les éviter, il faut que je les pense ; or il suffit parfois de les penser pour les accomplir. Dans tous ces cas, nous ne commettons aucune erreur sur la nature,

---

1. Lagrange, cité par Paulhan, *L'activité mentale...*, p. 347 (Paris, F. Alcan).

le nombre et la valeur des moyens à employer, mais nous commettons une confusion, très explicable au double point de vue physiologique et psychologique, entre l'image motrice qui suscite le mouvement et celle qui détermine l'arrêt. Notre analyse des moyens est correcte, nous savons quelle clé tourner, mais nous ne savons pas dans quel sens.

Sans être contraire à la résolution, l'acte accompli peut en être différent. Au lieu d'arriver à destination, nous nous sommes égarés, mais nous ne tournons pas le dos à notre but. « Souvent, dit un médecin, Morton, qui s'est observé lui-même, quand mon intention est de demander quelque chose, je prononce une phrase banale qui n'a aucun rapport avec l'objet que j'ai en vue[1]. » Il arrive à chacun, en voulant nommer Paul, de prononcer Pierre. — Ce cas, plus banal, est aussi plus facile à expliquer que le précédent. Nous nous sommes trompés dans notre analyse des moyens : nous avons pris pour cause de la fin souhaitée un événement qui était tout au plus son antécédent fortuit. En temps ordinaire, il suffit pour exprimer sa pensée d'avoir l'image motrice des mots qui la traduisent ; mais le lien de l'image et des paroles n'est pas absolument nécessaire : la même image, dans des circonstances exceptionnelles, s'associera à d'autres mouvements de la langue. Dans le cas de Morton, la fatigue a faussé l'instrument vocal ; le malade applique à sa « machine mentale » et physique un jugement qui était valable avant la fatigue, mais ce jugement a perdu sa valeur. Les images et les mouvements, quand

---

[1]. A morbid somnolence (*Journal of nervoses and mental diseases*, 1884.)

ils s'unissent dans la conscience, ne se jurent pas une éternelle fidélité ; ils divorcent pour contracter avec d'autres images ou d'autres mouvements de nouvelles unions. Notre tort est de croire que ces unions ne sont pas éphémères et de supposer actuellement existantes celles que nous avons jadis aperçues. Nous avons péché par abus d'induction. Nous relions l'idéal au réel par des intermédiaires dont nous exagérons la puissance causale. La synthèse ne peut pas vérifier l'analyse puisque l'analyse est incorrecte ; l'action ne peut pas se dérouler en descendant des causes aux effets prévus par la pensée, puisqu'en remontant des effets aux causes la pensée a commis des sophismes.

Des sophismes semblables expliquent pourquoi la volonté s'arrête souvent avant d'avoir atteint son but. La route construite entre l'idéal et le réel est peut-être bien tracée, mais elle est inachevée. Ses sinuosités dissimulent des obstacles infranchissables. J'ai fixé pour deux heures un rendez-vous : mais je n'ai pas prévu les visites, les occupations, les surprises, les malaises, les accidents ou les contre-temps qui m'empêcheront de m'y rendre. J'ai résolu d'entrer dans une carrière, mais j'ai mal éprouvé mes forces, j'ignore quelles aptitudes sont requises, quelles responsabilités encourues : rien d'étonnant si j'échoue. Des erreurs sur le nombre et la puissance causale des intermédiaires qui nous séparent du but, telle est la raison des échecs de cette espèce.

Reste le cas où, loin d'être arrêtés en deçà, nous sommes emportés au delà du but. Sans le vouloir, je souffle ma bougie en éteignant l'allumette qui m'a servi à l'enflammer. Sans le vouloir, je procure une douleur à mes semblables en accomplissant un acte qui me paraissait bon. Le plomb destiné au gibier atteint par surcroît le chien du chasseur. Mais c'est encore une erreur sur les moyens d'agir qui explique ces maladresses. Nous ne connaissons pas tous les effets des causes que nous mettons en jeu. Nous n'employons qu'une infime partie des énergies naturelles que nous avons captées : si perfectionnée qu'elle soit, l'industrie humaine gaspille la force. Aussi l'énorme quantité de mouvements que nous provoquons inutilement continue-t-elle à produire ses effets jusqu'à l'infini sans que nous puissions soupçonner la gravité de ses ricochets. Mais nous voyons bien que quelques-uns d'entre eux sont contraires à nos intentions : l'imperfection de notre calcul est la cause de notre maladresse.

Erreurs relatives aux images motrices, erreurs dans le choix des moyens, erreurs sur leur nombre et sur leur efficacité, tels sont les sophismes qui font dévier la volonté au cours de l'exécution. Comme le crime, la maladresse s'explique par l'erreur. Nous accusera-t-on de tenter, par cette assimilation, une justification du crime ? Nous répondrons que, même à notre point de vue, le crime et la gaucherie ne sont pas identiques. Sans doute notre hypothèse rend compte de la parenté qui unit ces deux « perversions » de la volonté. La maladresse est une faute morale. Sans parler de l'homicide par imprudence, on est coupable si par maladresse on manque à ses devoirs sociaux : oublier un rendez-vous, arriver en retard, ce sont là des péchés véniels, mais des péchés. Dans d'autres cas, c'est contre nous-mêmes que la maladresse nous fait commettre une faute. L'homme qui fait un grand effort pour obtenir un maigre résultat est un maladroit dont les autres se moquent. Le rire est un châtiment moral, or le rire choisit surtout ses victimes parmi les maladroits. Nous sommes humiliés de notre gaucherie autant que de nos fautes : c'est qu'elle est une faute. Pourtant, elle se distingue de la faute. La faute est une erreur dans le calcul des fins, la maladresse une erreur dans le calcul des moyens. La faute a pour cause principale le sophisme égoïste, l'exagération de notre propre valeur. La maladresse vient de notre impuissance à remonter des effets aux causes, c'est une maladie de la faculté d'analyse. Le criminel va droit à son idéal, mais il s'est trompé d'étoile ; le maladroit a devant les yeux la terre promise, mais il s'égare ou meurt en route. Il n'en est pas moins vrai que toutes les déviations de la volonté sont dues à des déviations de l'intelligence. Toute paraboulie est une « paranoia ».

V

L'acte est accompli. Selon que nos raisonnements étaient corrects ou sophistiques, nous sommes ou nous ne sommes pas au terme fixé par la pensée. Mais ce succès ou cet échec est accompagné de phénomènes psychologiques qu'une théorie de la volonté doit expliquer : cette explication est-elle possible dans notre hypothèse ?

Si nous avons réussi, nous éprouvons un double plaisir : nous sommes heureux de posséder notre idéal et nous sommes fiers d'avoir bien calculé. Aucun doute ne s'élevant sur la moralité de notre action, nous avons la conscience tranquille, voire satisfaite. Et serait-elle légèrement inquiète qu'elle se croirait volontiers absoute par le succès : la réussite, nous l'avons vu, augmente à nos yeux notre valeur. De là pour l'avenir des ambitions plus grandes, des résolutions plus hardies et des prétentions plus exigeantes. Mais pour le présent le succès ne suggère, s'il était prévu, aucune action nouvelle. La nuit tombait : j'ai voulu allumer ma lampe et j'y ai réussi : l'incident est clos ; je passe à l'ordre du jour. Mais l'action qui vient de se terminer n'engendre par elle-même aucune action. L'idée de la lumière a provoqué la sensation de lumière : un cycle de représentations est fermé : rien de plus.

Mais il est rare que notre volonté soit satisfaite. Les éléments du raisonnement volitionnel sont si nombreux que leur combinaison est rarement logique. Un écart sépare presque toujours le projet de la réalisation. La perception de cet écart, c'est-à-dire d'un contraste entre deux faits psychologiques, nous pose, comme la perception de tout contraste, un problème que l'activité devra résoudre. Le cycle inauguré par la brusque tombée du jour n'est pas fermé si mon allumette ne s'enflamme pas : un nouveau problème engendre une nouvelle volition.

Les caractères de cette volition nouvelle varient suivant la nature de l'écart aperçu entre la résolution et l'action. Tantôt cet écart ne révèle dans le raisonnement volitionnel aucune erreur, tantôt il nous révèle une erreur légère, tantôt une erreur grave. Pour prendre un livre qui va m'être utile, j'ai résolu d'ouvrir le tiroir qui le contient. L'action n'est pas urgente : j'en remets l'exécution à une échéance prochaine. Le moment venu, j'ouvre en effet mon tiroir. Mais, à ce moment, j'ai oublié mon désir. Aussi suis-je étonné de mon acte : il est conforme à mon projet antérieur, mais contraire à mes pensées actuelles : pourquoi l'ai-je accompli ? L'opposition de l'acte et de la pensée me pousse à faire l'effort de mémoire nécessaire pour retrouver la raison de ma conduite. Mon acte ne me révèle aucune erreur, aussi ne présente-t-il à mes yeux aucun signe d'imperfection.

Au contraire, le sentiment du regret l'accompagne s'il porte la marque d'un sophisme. Même si la réalité dépasse mes espérances, j'éprouve en constatant la distance qui sépare l'exécution de la résolution une sorte de regret. Un chasseur vise une perdrix et la gâchette cède plus tôt qu'il ne le prévoyait à la pression de son doigt : pourtant, l'oiseau tombe. Agréablement surpris, notre homme n'en sera pas moins décidé à prendre à l'avenir plus de précautions. En prévision des difficultés d'une entreprise, un homme multiplie les précautions et les préparatifs : l'entreprise est facile et le succès rapide : si heureux qu'il s'en trouve, notre homme est humilié de ses efforts inutiles : il prend pour l'avenir la résolution soit de ménager ses forces soit de tenter une œuvre plus difficile. Il est clair que le regret est plus vif et les résolutions nouvelles plus importantes si l'espérance est déçue : mais c'est qu'alors on avoue une double erreur : erreur sur les moyens d'agir, erreur sur la valeur personnelle, maladresse et déchéance. Le regret se colore d'une nuance de mépris ; pour avoir un regret pur et simple, il suffit d'une erreur dans l'analyse des moyens.

L'erreur est plus grave quand, hypnotisés par le but à atteindre, nous ne voyons pas tous les ricochets de notre action. Aussi quand l'exécution nous révèle le tort imprévu que nos résolutions causent à autrui ou à nous-mêmes, le regret tend-il à se transformer en remords. A la volonté d'être désormais plus habile se joint celle de réparer le mal involontaire : l'enfant qui, en voulant jouer un tour à son camarade, l'a blessé, se promet bien de ne plus recommencer et croit devoir témoigner plus d'affection à sa victime. Sans se croire coupable, l'homme qui tue par imprudence prend la résolution de surveiller ses gestes (s'il n'accuse pas sa victime d'une imprudence plus grande) et il consent à verser aux parents des dommages-intérêts. Comme toute maladresse, celle-ci pose un problème à l'activité : supprimer l'écart qui sépare la réalité de la prévision ; mais à la différence des autres maladresses, elle énonce une seconde question : supprimer la douleur imméritée qu'à la suite de l'action vient d'éprouver l'agent ou son prochain. En revanche, aucun problème ne s'ajoute aux problèmes déjà formulés quand les contre-coups de l'action apportent soit aux autres soit à nous-mêmes un plaisir imprévu. Notre but est pour ainsi dire plus complètement atteint ; nos espérances sont dépassées : puisque la fortune nous sourit, nous pouvons nous enhardir, mais à ce détail se borne l'élan donné à notre activité par le bonheur. Si le malheur, au contraire, stimule notre activité, c'est qu'il propose des énigmes à notre intelligence.

Quand la maladresse est malfaisante, nous comprenons que le calcul des moyens n'est pas seul incorrect : notre fin même est mal choisie. Mais ce n'est pas le seul cas où nous prenions conscience d'une erreur commise dans le choix de notre idéal. De même que la délibération — nous l'avons vu — continue au cours de l'exécution, de même elle se prolonge après l'acte accompli. Elle peut donc changer après coup la majeure du raisonnement volitionnel et déclarer mauvais l'acte qu'elle avait cru bon. Sans cesse nous recommençons le calcul de notre valeur et de notre bonheur, de la valeur et du bonheur d'autrui ; sans cesse nous recommençons les inductions destinées à nous fournir une fin et des moyens : il n'est pas nécessaire que le résultat de toutes ces opérations soit toujours le même : quand, entre les raisonnements qui précèdent l'acte et ceux qui les suivent une divergence éclate, un premier problème se pose : quels sont les raisonnements corrects ? Me serais-je trompé ? L'angoisse de la conscience l'exhorte à chercher une certitude. Et quand nous avons reconnu à la fois notre erreur et la déchéance qu'elle entraîne, nous éprouvons du remords. Un double jugement : la découverte d'un sophisme et la condamnation du sophiste, voilà le remords.

Ses espèces sont caractérisées par les jugements secondaires qui escortent le double jugement essentiel. Ou bien ces jugements s'assemblent pour former un raisonnement volitionnel : nous croyons devoir et pouvoir reconquérir la dignité perdue en réparant l'injustice dont nous sommes coupables. Ou bien ce raisonnement avorte : nous déclarons le mal irréparable et nous ne l'expions que par des souffrances morales. Le remords est actif dans le premier cas, passif dans le second. Mais entre ces deux formes du même sentiment la différence est la même qu'entre les caractères actifs et les caractères spéculatifs : c'est une différence tout intellectuelle : on trouve le repentir chez les esprits capables de remonter des fins aux moyens, des effets aux causes ; on trouve le remords passif, avec ses terreurs et ses hallucinations, chez les esprits disposés à descendre des causes aux effets. Des combinaisons plus compliquées de jugements expliquent les formes spéciales du remords, comme le remords s'explique dans son essence par une combinaison de jugements.

Peut-être trouvera-t-on trop simple cette interprétation du repentir : n'est-on pas habitué à voir dans ce sentiment le produit de notre liberté? Ce ne serait pas la découverte d'une erreur mais le poids d'une responsabilité qui suggérerait au coupable l'idée de se corriger. A faute égale, deux hommes auraient des remords d'autant plus vifs qu'ils auraient une conscience plus nette de leur libre arbitre. Mais l'expérience ne confirme pas cette hypothèse. Les êtres qui ont de leur libre arbitre la conscience la plus obscure, ce sont les aboulliques puisqu'ils savent qu'ils ne peuvent même pas vouloir. Ils ne devraient donc pas connaître le remords. Au contraire, le remords les torture. Ils s'adressent à eux-mêmes les injures les plus violentes. Ils se menacent, s'infligent des punitions : « celui qui ne travaille pas ne doit pas manger », dit l'un d'eux. C'est que leur acte leur paraît contraire au devoir, c'est que leur valeur décroît à leurs yeux. Il est donc inutile, pour expliquer le remords, de supposer l'existence de la liberté puisque l'apparence même de la liberté n'est pas la condition nécessaire de ce sentiment.

Il ne faut pas croire davantage que le remords soit une sorte de condamnation prononcée par le juge intérieur chaque fois que la loi morale est violée, une sorte d'avertissement mystérieux donné par une raison surnaturelle après chaque péché. On n'expliquerait dans cette hypothèse ni les scrupules des justes ni l'absence de scrupules des criminels. Bien que le remords ne soit pas absolument inconnu parmi les délinquants, on s'accorde à reconnaître que la plupart des criminels de profession — sinon les délinquants occasionnels — ont la conscience tranquille. Maudsley cite un médecin de prison qui, sur cinq cents meurtriers « ne pouvait affirmer que plus de trois aient éprouvé un remords quelconque [1] ». Et Lombroso déclare que, de tous les criminels-nés qu'il a vus, un seul ressentit un remords véritable : encore était-ce après un accès de folie qui avait révolutionné tout son être [2]. D'autre part, nous avons vu que les hommes dont la conscience est le plus angoissée, ce sont les saints. Mais si ces faits nous empêchent de considérer le repentir comme l'écho d'une voix infaillible qui nous apprendrait à discerner le bien du mal, ils justifient au contraire notre hypothèse. Les humbles, toujours disposés à s'humilier, n'hésitent pas à reconnaître leurs torts, et, quand ils font leur examen de conscience, s'ils revisent leurs jugements ce n'est pas pour chercher l'absolution. Vaniteux au contraire les criminels ne changent d'opinion sur eux-mêmes que pour se grandir : comment connaîtraient-ils le sentiment de la déchéance ? Sans doute il leur arrive comme aux autres hommes de suspecter l'élévation de leur conduite : des remords spontanés suivent ces jugements spontanés. Mais ils n'éprouvent pas le besoin de faire leur examen de conscience ni de revenir sur leurs délibérations passées : il y a chose jugée ; l'affaire n'étant pas remise en question, le sentiment qui naîtrait d'une délibération nouvelle ne

1. *Le crime et la folie*, trad. fr., p. 29 ; cf. p. 24 (Paris, F. Alcan).
2. *L'homme criminel*, trad. fr., p. 399, 404.

peut pas apparaître. Ce n'est pas une voix mystérieuse qui souffle à nos oreilles des anathèmes infaillibles ; le remords est une action qui vient se greffer sur l'action précédente quand la majeure du raisonnement est reconnue fausse. La seconde majeure n'est pas nécessairement plus vraie que la première. Elle n'est pas formulée toutes les fois que la première est fausse. L'homme est d'autant plus sujet aux remords qu'il a mieux pris l'habitude de rectifier ses jugements et de faire effort vers la vérité : la délicatesse de conscience est une vertu logique.

Quel qu'il soit, le résultat d'une action volontaire engage l'activité dans une voie nouvelle, parce qu'il pose de nouveaux problèmes que viendra résoudre un nouveau raisonnement volitionnel. Sans doute l'action réussie est relativement inféconde : pourtant elle encourage l'agent. Mais combien sont plus nombreuses les actions suscitées par la maladresse et par l'iniquité. Individus et sociétés passent le meilleur de leur temps à réparer leurs sottises et leurs fautes, à rectifier leurs jugements sur la nature de l'idéal et les moyens de l'atteindre. Et toute action, réussie ou non, crée dans le monde un événement nouveau qui contraste avec les anciens ; toute action volontaire trouble des habitudes, brise des séries d'idées, pose des problèmes. L'activité née d'un contraste donne naissance à des contrastes : l'activité engendre l'activité.

***

Nous avons examiné les diverses objections que peut rencontrer l'hypothèse intellectualiste : nous pouvons conclure. Les caractères de l'acte volontaire nous ont paru s'expliquer par les caractères de ses antécédents logiques, les défaillances de la volonté par des fautes intellectuelles. L'acte est la copie de l'idée : copie fidèle si l'idée est adéquate, copie imparfaite si l'idée est imparfaite. Nous avions à apprécier le rôle des jugements dans l'acte volontaire. Si l'on « doit dire, avec M. Renouvier, qu'il y a relation de cause à effet lorsque dans une série de phénomènes sujets au devenir deux groupes sont envisagés de telle sorte que le premier étant d'abord posé en acte et le deuxième représenté en puissance dans le premier, le second devienne actuellement », aucune relation causale n'est mieux établie qu'entre les jugements et l'acte volontaire, car en aucun cas le second phénomène, au moment où il « devient actuellement », n'est plus fidèlement représenté dans le premier.

CONCLUSION

I. — *Conséquences psychologiques.* — La volonté est un mode de l'entendement. — Rôle des causes physiques ; — rôle des sentiments dans la production de l'acte volontaire.
II. — *Conséquences morales.* — La morale est une science. — Ses parties essentielles : axiologie, eudémonologie, technologie.

Quels jugements précèdent la volition ? Suffisent-ils à l'expliquer ? Nous avons répondu à ces deux questions. Il nous reste à marquer le caractère de notre solution en montrant ses conséquences psychologiques et morales.

I

En posant notre problème nous ne témoignions d'hostilité contre aucune des écoles psychologiques. Mais notre solution nous oblige-t-elle à prendre contre l'une ou l'autre une attitude plus agressive ?

Notre solution est nettement intellectualiste : ce sont des jugements et des raisonnements qui constituent l'acte volontaire. Cette conclusion sera-t-elle du goût des philosophes qui expliquent tous les phénomènes psychologiques par leurs antécédents physiologiques ? par leur racine émotionnelle ? par le primat de la volonté ? par la spontanéité libre ? ne nous reprochera-t-on pas de retomber dans un spinosisme démodé ?

Ce sont les psycho-physiologistes qui se présentent en général comme les adversaires les plus résolus de l'intellectualisme. Et, en effet, si la volonté n'est qu'un réflexe plus compliqué et plus lent, si les impressions afférentes déterminent, par des réactions purement mécaniques, les mouvements efférents, les jugements aperçus par la conscience n'ont aucune efficacité : ils se bornent à amuser le spectateur sur le devant de la scène pendant que les événements sérieux se passent dans les coulisses. Pourtant, aucun philosophe de cette école n'admettrait qu'entre les mouvements du corps et les jugements de l'âme, il n'existe aucun rapport intelligible. Cette indépendance de la conscience vis-à-vis de la matière serait contraire aux postulats de la méthode psycho-physiologique. Il serait piquant qu'une doctrine destinée à enlever à l'âme sa puissance efficace lui rendît son autonomie et fît d'elle un souverain découronné mais libre. Dès lors, quelle doctrine purement psychologique s'accorde mieux avec les résultats de la méthode physiologique, sinon la doctrine qui reconnaît entre les divers moments de l'action volontaire un rapport défini ? Le déterminisme rationnel auquel nous aboutissons n'a rien de contraire au déterminisme physique postulé par la psycho-physiologie. Entre l'excitation afférente et la réaction efférente, un temps s'écoule pendant lequel le mouvement se propage à travers les cellules cérébrales : nous n'avons fait que déterminer les phénomènes psychiques qui accompagnent et sans doute traduisent ces mouvements de la matière cérébrale. Si l'âme et le corps sont unis, c'est que leurs lois se correspondent : il ne saurait exister d'irréductible contradiction entre les lois des mouvements et les lois des pensées. Mais il n'y a aucune contradiction entre les lois du mécanisme physique et les lois du déterminisme intellectuel. Nous n'avons donc pas, au terme de notre étude, à montrer vis-à-vis de la psychologie physiologique moins de bienveillance qu'au début.

Mais cette bienveillance n'est-elle pas une abdication? Une théorie intellectualiste doit être la revendication des droits de la pensée contre les prétentions du matérialisme. Dire que la volition s'explique par des jugements, n'est-ce pas faire de l'âme un être autonome qui ne se gouverne que par sa raison? L'intellectualisme que nous proposons n'a pas l'ambition d'affranchir l'âme de la matière; mais n'est-ce pas un intellectualisme timide et affaibli? — A vrai dire, nous ne considérons pas notre théorie comme une arme de polémique. Il ne s'agit pas de savoir si elle servira telle ou telle cause métaphysique. Et, en outre, nous ignorons le rapport exact qui relie les jugements aux mouvements de la matière cérébrale. En sont-ils des traductions fidèles? en sont-ils indépendants? nous ne le savons pas. Notre tâche consistait à établir les rapports des jugements avec des jugements, non les rapports des jugements avec leurs causes physiques. Ces derniers rapports demeurent très obscurs : la psychologie et la physiologie cérébrales sont encore, malgré leurs progrès, dans l'état où elles étaient au temps de Stuart Mill, et l'opinion de ce philosophe d'après laquelle la psychologie pouvait rendre à la physiologie plus de services qu'elle n'en devait attendre reste vraie de la psychologie du raisonnement volitionnel. Nous sommes très éloignés de connaître les réactions cellulaires qui déterminent dans le cerveau l'ordre de mouvoir les muscles. Au contraire il est relativement facile de connaître les réactions logiques qui déterminent dans l'esprit les volitions. Une logique de la volonté n'est pas contraire, puisqu'elle est déterministe, à la mécanique de la volonté : mais la mécanique de la volonté, dans l'état de la physiologie du cerveau, n'est complète que si elle s'allie à une logique.

De fait, elle s'allie non pas à une théorie intellectualiste mais à une théorie sentimentaliste de la volonté. On sent que, provisoirement au moins, la théorie physiologique ne se suffit pas à elle-même, mais pour expliquer la volition on montre qu'elle naît de phénomènes affectifs qui dérivent à leur tour des mouvements. Les faits psychiques qui dans la production de l'acte volontaire correspondent aux faits physiologiques ne seraient pas des jugements mais des sentiments.

En dépit de l'apparence, cette doctrine s'accorde avec la nôtre. En effet, nous n'avons pas plus nié l'influence des sentiments que celle des causes physiques. L'orgueil, l'humilité, la modestie sont des sentiments : or, nous avons montré que l'orgueil, l'humilité, la modestie déterminent la conduite des hommes. La crainte, l'espérance, la confiance et le désespoir sont des émotions : or, nous avons montré que la crainte, l'espérance, la confiance et le désespoir déterminent les décisions et les indécisions, la volonté et l'aboulie. Seulement, les partisans du primat de la sensibilité soutiennent que l'influence de ces sentiments est due à leur nature émotionnelle : nous croyons au contraire qu'elle est due à leur nature intellectuelle : ils n'agissent sur la volonté qu'en tant qu'ils sont des jugements implicites sur notre valeur, sur notre bonheur ou sur notre puissance. L'orgueil, c'est un jugement par lequel nous exagérons notre propre valeur ; la crainte, c'est un jugement par lequel nous prévoyons les limites de notre pouvoir. Sans doute ces jugements sont colorés d'émotion : c'est pour ce motif que nous les appelons des sentiments : mais ce sont des jugements. Ces jugements sont souvent confus et sophistiques, mais ce défaut logique ne leur enlève pas leur caractère. Maudsley, l'un des partisans les plus résolus du primat de la sensibilité, aime à répéter que les actions des mélancoliques ne s'expliquent pas par leurs motifs intellectuels, mais par l'état pathologique de leur système nerveux. « Une personne que j'ai observée affirmait que son grand chagrin était dû à ce qu'elle avait bu un verre de bière qu'elle n'eût pas dû boire, et une autre se disait perdue pour toujours parce qu'elle avait murmuré un blasphème au lieu de dire une prière. Quand un individu croit que son âme est perdue, ce n'est pas l'illusion qui est le mal fondamental et qui produit le désespoir, mais c'est le trouble affectif d'où procède l'illusion[1]. » Le trouble intellectuel, loin d'être la cause de l'action, serait l'effet du trouble affectif. De même, un malade commet un meurtre et n'en donne aucune raison : « L'explication probable, écrit Maudsley, c'est qu'un dérangement physique a occasionné un trouble douloureux du ton affectif et qu'une idée de nature soupçonneuse, se mettant en activité dans cette atmosphère de sentiments sombres... a acquis une énergie convulsive. La tendance du ton triste de l'esprit est de s'exprimer extérieure-

---

1. *Pathologie de l'esprit*, p. 382.

ment, et l'idée qui surgit... s'est déchargée dans un acte de violence [1]. » Ici encore le trouble intellectuel serait l'effet du trouble affectif. Mais nous ne trouvons dans l'explication de Maudsley rien qui puisse scandaliser l'intellectualiste le plus intransigeant. Le mélancolique ne se désespère pas parce qu'il est damné mais parce qu'il souffre ; il ne tue pas parce qu'il a été attaqué mais parce qu'il souffre ; son illusion vient d'une fausse interprétation de sa souffrance. Soit. Mais cette souffrance elle-même n'est-elle pas un fait d'ordre d'intellectuel ? C'est la connaissance confuse d'un trouble organique. Le trouble organique est mal connu, mal interprété, mais la représentation de ce phénomène n'en est pas moins un fait de connaissance. Si, parce que mes pieds reposent sur une boule d'eau trop chaude, je rêve que je suis sur l'Etna, nul psychologue n'expliquera mon rêve par un « trouble affectif » : on dira que j'ai mal interprété mes perceptions : tout se réduit à des représentations confuses et à des raisonnements faux. Pourquoi n'expliquerait-on pas par des représentations confuses et des raisonnements faux les actions folles comme les pensées folles ? Parce qu'elles sont accompagnées d'une émotion plus intense. Nos sensations internes étant fortement affectives et faiblement représentatives on s'imagine que leur élément représentatif est inefficace. Mais on ne donne aucune raison pour justifier cette hypothèse. Selon Maudsley, les phénomènes se succèdent dans l'ordre suivant : un trouble organique, un trouble affectif, des troubles intellectuels, des troubles de l'activité. Le « ton affectif » demeurant constant, tandis que

---

[1]. *Id.*, p. 454.

l'état intellectuel varie, tant que l'activité est troublée, Maudsley conclut que l'activité est déterminée par la sensibilité plus que par l'intelligence. Mais si la douleur elle-même n'est que le concomitant émotif d'un acte par lequel nous percevons le trouble organique, voici quelle est la succession des phénomènes : un trouble organique, la connaissance confuse de ce trouble (avec accompagnement de douleur), des interprétations et des explications variées de cette perception, enfin des actions issues de ces raisonnements. Ces raisonnements ne sont pas pour rien dans ces actions, car les actions varient selon qu'ils varient : l'acte du mélancolique n'est pas le même quand, pour expliquer sa douleur, il suppose qu'il a commis un péché ou quand il suppose qu'il subit l'effet d'un maléfice. Reconnaissons toutefois que la cause initiale de son acte n'est pas l'interprétation de la douleur mais la douleur elle-même. Encore devons-nous remarquer que la douleur, à son tour, n'est que l'aspect émotionnel d'une perception, c'est-à-dire d'un fait intellectuel. L'erreur des adversaires de l'intellectualisme quand ils lui opposent le rôle des sensations internes dans la vie mentale, c'est de croire que ces sensations ne sont pas des connaissances. Il est vrai que ces sensations diffèrent des sensations les plus représentatives comme celles de la vue, de l'ouïe ou du tact ; elles ne nous présentent pas un objet maniable à volonté. Mais elles sont si réellement représentatives que les douleurs mêmes qui les accompagnent ne peuvent être désignées qu'en fonction de leurs caractères intellectuels : on les appelle aiguës ou gravatives suivant que leur cause supposée paraît aiguisée ou pesante. La douleur est le produit d'une perception comme la volition est le produit d'un raisonnement. Dire que l'émotion détermine la volonté, c'est dire que la lumière détermine de la chaleur. La proposition est conforme à l'expérience banale, car la plupart des sources lumineuses sont des sources caloriques. Elle est contraire à la science qui voit dans la lumière et dans la chaleur deux effets simultanés du mouvement. De même on se conforme à l'observation superficielle quand on fait de l'émotion la cause de la volition : mais l'émotion et la volition sont en réalité deux effets des phénomènes intellectuels. Nous sommes d'accord avec les sentimentalistes, mais seulement à la condition d'expliquer le sentiment par la connaissance.

Est-il permis de donner du sentiment une telle explication? Sans doute elle ne serait pas rejetée par les psychologues herbartiens qui ramènent la vie affective à la vie intellectuelle. Mais serait-elle admise par les autres écoles? Quelles sont ces écoles? En dehors de l'intellectualisme, on en compte deux : l'une réduit l'émotion à la conscience d'un mouvement : c'est l'école physiologique de Lange et de William James; l'autre voit dans le sentiment une entité originale, irréductible aux faits physiologiques comme aux faits psychologiques.

Il est certain que cette dernière doctrine est incompatible avec la nôtre. Mais c'est la moins séduisante des hypothèses. Outre qu'elle aurait à expliquer comment l'émotion entre en rapports avec des faits aussi différents d'elle que le mouvement ou l'idée et subit leur influence, en dépit de son indépendance, au point de varier au gré des circonstances physiques ou logiques, on peut se demander quelle idée claire les partisans de cette hypothèse conçoivent sur la nature de l'émotion. C'est, dit-on, la spontanéité de l'être, sa tendance à être ; l'émotion, c'est le germe commun de l'activité physique et de l'activité mentale. Si le sentiment est obscur, c'est précisément qu'il renferme, à l'état virtuel, les formes contraires de l'activité. Comment ces formes, comment l'acte raisonnable et le mouvement physique peuvent-ils sortir d'une spontanéité qui n'est elle-même ni raison ni mouvement? Mystère. Que signifient ces mots de spontanéité ou de tendance ? Autre mystère. Expliquer la volonté par le sentiment et le sentiment par la spontanéité, c'est expliquer le clair par l'obscur, c'est refuser d'expliquer. Si nous sommes en désaccord avec cette doctrine énigmatique, n'en concevons pas un chagrin profond.

Et consolons-nous en constatant que la doctrine physiologique, en dépit de l'opinion courante, s'accorde à merveille avec l'intellectualisme. D'après Lange et James, l'émotion n'est pas une entité spéciale : la peur, par exemple, c'est la vue d'un objet et la conscience des mouvements qui nous en éloignent. Il ne faut pas dire : « Je tremble parce que j'ai peur » ; mieux vaudrait : « J'ai peur parce que je tremble » ; mais une expression plus exacte encore serait : « Je perçois à la fois un objet extérieur et le tremblement de mon corps : la synthèse de ces connaissances prend une couleur émotionnelle qu'on nomme la peur ». Les adversaires de l'intellectualisme soutiennent que l'émotion, loin d'être déterminée par la connaissance, précède toute connaissance. Si Lange et James ont raison, l'objection tombe d'elle-même, car l'émotion est une connaissance ; dire que l'émotion précède la connaissance, c'est dire que certaine connaissance, celle des mouvements du corps (ou émotion), précède certaine autre connaissance, celle des objets extérieurs (connaissance proprement dite). Les adversaires de l'intellectualisme disent que l'idée par elle-même est inerte : elle n'agit que lorsqu'elle est teintée d'émotion : c'est donc l'émotion, non l'idée, qui détermine l'action. Mais si Lange et James ont raison, cette objection n'est qu'une tautologie ; dire : une idée n'agit que lorsqu'elle est mêlée d'émotion, revient à dire : une idée n'agit que lorsqu'elle agit, car une idée accompagnée d'émotion — si l'émotion est la conscience d'un mouvement — c'est une idée accompagnée de la conscience d'un mouvement : c'est une idée agissante. Lange et James ruinent la vieille distinction de l'intelligence et de la sensibilité : ils ne voient dans la nature que deux ordres de phénomènes, des mouvements dans l'étendue, des idées dans l'esprit. A vrai dire ces idées ne sont pas toutes abstraites ; mais aucun intellectualiste ne prétend que tout s'explique par des idées abstraites ; il se contente de tout expliquer par des connaissances. En réduisant l'émotion à la conscience de certains mouvements, James et Lange l'expliquent par des sensations, c'est-à-dire par des faits intellectuels. Loin de nous nuire ils nous fournissent des armes.

A la condition qu'on accepte sur la nature de l'émotion soit une théorie herbartienne, soit la théorie de Lange, nous sommes prêt à reconnaître le rôle du sentiment dans l'acte volontaire. Mais ce rôle demeure subordonné au rôle du jugement : les sentiments sont des jugements implicites dont un jugement formel reconnaît la valeur au moment où ils entrent dans cette combinaison d'éléments logiques qu'on nomme un acte volontaire.

CONCLUSION

Si l'on consent à soumettre à la raison la liberté, nous reconnaîtrons le rôle de la liberté dans l'acte volontaire. N'avons-nous pas montré qu'entre les combinaisons infinies des couples de forces qui peuvent produire un effet, l'indétermination de la volonté est non seulement apparente mais réelle? Pourtant, même en cette circonstance, elle se décide pour des raisons. Si par liberté on entend un pouvoir irrationnel de créer du mouvement ou de faire un choix arbitraire, avouons que l'étude de la volonté ne nous a révélé aucun pouvoir de cette nature. Les prémisses du raisonnement volitionnel sont régulièrement suivies de leur conclusion. A vrai dire cette définition de la liberté est peut-être la seule qui réponde exactement à l'idée : toutes les autres créent une équivoque et font du mot « liberté » l'équivalent du mot « déterminisme rationnel ». Mais peu importent les mots: si l'expérience nous a montré comment se forme l'apparence de la liberté elle ne nous a révélé dans l'enchaînement des phénomènes humains aucun miracle exigeant l'hypothèse d'une liberté capricieuse et toute-puissante.

Dira-t-on que cette liberté règne au delà des phénomènes? qu'elle est aux phénomènes ce que la force est au mouvement? et que pour expliquer l'impulsion donnée à la machine logique il faut supposer, derrière les idées, ce principe dynamique? nous répondrons que ce principe, abstraction faite des idées, n'est pas plus connu que la force, abstraction faite des mouvements. Qu'est-il en lui-même? une mystérieuse spontanéité ? Pourquoi plonger dans cet abîme métaphysique? Nous saisissons entre des faits positifs des relations définies : pourquoi demander plus?

Un intellectualisme, mais souple et accommodant, un intellectualisme qui ne méconnaît ni l'influence des causes physiques parce qu'elles se traduisent en phénomènes intellectuels ni l'influence des sentiments parce qu'ils ne sont que les fleurs de la connaissance, un intellectualisme qui n'exclut que l'inintelligible, tel est donc le nom qui convient à notre doctrine. Est-ce à dire qu'elle ne soit qu'une réédition de celles qui identifiaient intelligence et volonté ? Disons-nous avec Spinoza : « Voluntas et intellectus unum et idem sunt ? »

Nous pourrons dire : tout élément de la volition est un fait intellectuel. Mais nous ne pourrions pas ajouter que tout phénomène intellectuel contient un élément de volition. La volition est un groupe de jugements et de raisonnements, mais c'est un système spécial de ces faits intellectuels. Tandis que l'entendement s'applique à tout objet et cherche partout des rapports d'identité aussi bien que des rapports de causalité, la volonté diffère de l'entendement par son objet puisque tous les jugements dont elle se sert ont trait à l'homme, à sa valeur, à sa fin, à son bonheur, à sa puissance ; et elle en diffère encore par la nature des relations qu'elle saisit puisqu'elle ne cherche guère que des rapports de causalité. Un cas particulier de l'exercice de l'entendement, l'entendement employé à déterminer les causes et les effets du *moi*, voilà ce qui nous paraît constituer la volonté.

Sans l'intelligence la volonté ne serait rien. Mais sans la volonté la vie de l'âme serait une suite d'inductions et de déductions, de liaisons et d'associations d'idées se déroulant suivant un cours uniforme. Par bonheur, la volonté naît des surprises qu'excitent les conflits de ces opérations intellectuelles ou de leurs objets. La monotone succession des raisonnements fidèles au principe d'identité est remplacée par les inductions et les équations de la téléologie, par les régressions de la technologie. Puis, les fins posées, les moyens trouvés, l'acte accompli, les raisonnements intellectuels reprennent leur cours jusqu'au moment où un choc nouveau fera surgir un nouveau raisonnement volitionnel. Ainsi notre vie mentale est faite de jugements et de raisonnements, mais les uns s'attirent et se juxtaposent suivant leur contiguïté, leur ressemblance ou leur identité; les autres se combinent pour déterminer l'idéal et le possible. Dans le fil de nos idées ils forment des nœuds : de même matière que le fil, les nœuds n'en sont pas moins des dispositions spéciales de cette matière. De même nature que l'entendement, la volonté n'en est pas moins un mode particulier de l'entendement.

Entre l'intellectualisme et ses adversaires la querelle est vieille de vingt siècles. Socrate ne découvrait dans l'âme qu'une faculté, le λόγος; Aristote en distinguait deux : le λόγος et l'ἄλογον, comme il distinguait deux qualités de la matière : la pesanteur et la légèreté. La physique moderne a démontré que la légèreté n'est qu'un mode de la pesanteur. La psychologie moderne ne prouvera-t-elle pas que l'ἄλογον n'est qu'un mode du λόγος? Sans doute, la distinction d'Aristote est fondée sur des faits; et nous tenons compte de ces faits en disant que tout phénomène intellectuel n'est pas un élément de volition. Mais si notre intellectualisme essaie d'être compréhensif, il n'abandonne pas sa thèse essentielle : tout élément de volition est un phénomène intellectuel ; la volition est un système d'idées.

II

Si la volonté est un mode de l'intelligence, la morale est une partie de la science. Vouloir, c'est juger qu'on doit et qu'on peut agir. La volonté sera bonne quand ces deux jugements seront vrais. La morale est la science de l'idéal et de sa réalisation : elle comprend une téléologie et une technologie.

On accordera volontiers que l'étude des moyens est une science, mais en est-il de même de l'étude des fins? La science étudie le réel, la téléologie définirait l'idéal : lui donner le nom de science, n'est-ce pas créer une équivoque ? — Si la justice est l'idéal de la volonté, la téléologie est une science au sens le plus étroit du terme. La justice est l'équation du mérite et de la récompense : il suffit donc, pour définir la vraie justice, d'apprécier exactement les deux membres de l'équation. « Tel acte est méritoire », « telle émotion, qui le suit, est une récompense qui lui est proportionnée » : voilà les deux prémisses nécessaires et suffisantes pour amener la conclusion : « cet acte est juste ». Chacune de ces deux propositions exprime une réalité : c'est un fait que tel acte vaut tant, c'est un fait que telle émotion vaut autant. Et cependant l'union de ces deux réalités produit l'idéal : de ces deux indicatifs naît un impératif. Est-ce donc un précepte que la conclusion : « cet acte est juste »? Oui, si, comme nous avons tenté de l'établir, l'apparente justice attire nécessairement la volonté : entre ces deux phrases : « cet acte est juste »,

« accomplis cet acte » il n'y a qu'une différence grammaticale. Substituer à la pseudo-justice qui séduit la plupart des hommes une justice véritable, c'est substituer aux erreurs qu'ils commettent sur leur valeur et leur bonheur des vérités certaines ; la vraie justice, c'est celle qui établit un rapport exact entre le vrai mérite et la vraie récompense ; la téléologie morale, théorie de l'idéal, est donc composée de deux sciences du réel : la science de la valeur et la science du bonheur : l'Axiologie et l'Eudémonologie.

De même que la volition est la synthèse de trois phénomènes intellectuels dont les deux premiers — deux jugements de valeur — aboutissent au : je dois, et le troisième — l'analyse des moyens — au : je puis ; de même la Morale est la synthèse de trois sciences dont les deux premières — l'Axiologie et l'Eudémonologie — constituent la Téléologie et dont la troisième est la Technologie.

De ces trois sciences, les deux dernières sont les plus connues et les plus avancées. Lorsque Bentham proposait la création d'une « Pathologie », c'est-à-dire d'une science des émotions (πάθη) et qu'il en énonçait les premiers théorèmes, il décrivait la science que nous appelons Eudémonologie, et nous conserverions le mot choisi par Bentham s'il n'était pris aujourd'hui dans un sens très différent. Mais cette science est plus vieille que Bentham, car elle est aussi vieille que l'homme : depuis qu'il existe l'homme amasse des expériences destinées à déterminer les causes de la joie et de la souffrance. Et si ces expériences banales sont inutilisables, les sciences n'en fournissent-elles pas de plus précieuses ? Est-il une seule science qui ne nous renseigne sur des milliers de biens, depuis la minéralogie qui nous révèle les ressources de la terre jusqu'à la sociologie qui nous promet les bienfaits de la solidarité humaine ? Est-il une seule science qui ne nous renseigne sur des milliers de maux, depuis celle qui nous arme contre les microbes jusqu'à celle qui nous met en garde contre les hommes ? Réunir en un corps les applications pratiques des sciences naturelles et sociales, telle serait la première tâche de l'eudémonologie. Mais ces sciences ne nous donnent que les causes objectives du bonheur et du malheur : il faudrait recourir à la psychologie pour en savoir les causes subjectives. Bien qu'elle n'ait pas dit son dernier mot sur cette question, elle peut déjà donner d'utiles indications : depuis Épicure jusqu'à Stuart Mill, tous les psychologues utilitaires, ceux qui devaient rechercher avec le plus de soin les conditions du bonheur, nous disent : « ne cherchez pas tous les plaisirs » — ou même : « ne cherchez pas le plaisir » ; l'effort constant — ou simplement l'effort conscient vers le bonheur est la condition du malheur. Sans doute, on peut exiger d'une science des lois plus précises : mais tant de savants, par hasard ou de parti pris, travaillent à nous enseigner l'art d'être heureux qu'il est inutile d'insister sur cette partie de la morale. Et si nous avons à enseigner cette science, ce n'est pas sur l'Eudémonologie que nous aurons besoin d'attirer l'attention.

De même, toute science naturelle ou sociale apporte à la Technologie sa contribution, puisque toute science naturelle ou sociale établit entre les phénomènes des rapports de causalité. Chaque découverte scientifique nous fournit des éléments pour notre analyse des moyens. Parfois la vérité scientifique demeure longtemps stérile, mais peu importe :

un jour ou l'autre toute vérité vient prendre sa place dans la chaîne des propositions qui remontent de l'idéal au réel : il suffit de renverser le rapport de causalité découvert par la physique ou l'histoire pour avoir le rapport de finalité utilisé par la Technique. En particulier, chaque vérité démontrée par la psycho-physiologie nous renseigne sur le pouvoir moteur de nos idées : or, la relation causale des idées et des mouvements est à la fois la plus indispensable et la plus insaisissable des connaissances technologiques. La plus insaisissable : l'homme connaît mieux la manière de remuer les montagnes que la manière de remuer le doigt : Descartes remarquait avec raison que nous contractons la pupille quand nous regardons un objet éloigné, mais que nous ne savons pas la contracter quand nous le voulons. La plus indispensable : l'homme ne peut pas remuer les montagnes sans remuer le doigt : l'image motrice est nécessairement, dans le raisonnement volitionnel, le terme ultime de la régression et le terme initial de la progression. La technologie attend donc de la psycho-physiologie ses théorèmes les plus importants.

De cette science et des autres elle a déjà reçu de nombreuses vérités. Ces vérités sont parfois banales : il n'en est pas moins vrai qu'en enseignant la science morale on aurait tort de les oublier. Bien qu'il ait à sa disposition d'immenses richesses techniques et bien qu'il montre pour arriver à ses fins une merveilleuse ingéniosité, l'homme est souvent arrêté dans l'action par l'ignorance des moyens. Aussi l'éducation de notre volonté ne sera-t-elle terminée qu'au moment où nous aurons pris l'habitude de l'analyse technique. Il ne s'agit pas d'emmagasiner dans notre mémoire la liste de tous les moyens dont nous pourrons disposer, mais d'acquérir une bonne méthode pour résoudre aisément les problèmes pratiques. Les sciences mathématiques, à la condition que le professeur pose plus de problèmes qu'il ne démontrera de théorèmes; les sciences expérimentales, à la condition qu'on remonte de l'effet à la cause, de la glace au froid, de l'air à ses éléments, au lieu de descendre de la cause à l'effet, du froid à la congélation, de l'oxygène à ses composés; les sciences historiques elles-mêmes, à la condition qu'on remonte du présent au passé au lieu de descendre des origines aux temps modernes, toutes les sciences peuvent former l'esprit à la régression. Mais le meilleur enseignement de la technologie consisterait à faire appliquer par l'enfant, dans les actes de sa vie quotidienne, les règles logiques de l'analyse. Les moralistes conseillent de « descendre aux résolutions particulières », de ne pas s'en tenir aux généralités : de même, il ne suffit pas d'entrevoir le moyen d'agir, il faut prévoir d'avance le détail de l'exécution. L'homme à qui l'on dit : Tu seras bien portant si tu ne bois pas « trop » prendra la résolution de ne pas faire d'excès. Mais où commence l'excès? Si vous ne lui apprenez pas à déterminer la limite, il la franchira sans le savoir. Une analyse correcte, c'est une analyse complète, qui ne s'arrête pas à mi-chemin entre l'idéal et le réel, qui va jusqu'au moyen immédiatement utilisable. Peut-être en entrant dans ce détail le moraliste s'expose-t-il à faire un travail fastidieux, mais si banales que soient les vérités qu'il enseigne, il ne doit pas les croire connues : d'autant qu'elles sont souvent connues sans être aperçues et souvent aperçues sans être logiquement coordonnées.

Pour arriver à ses fins, l'homme ne saurait se contenter d'une connaissance abstraite et générale de la technique : il doit en acquérir une connaissance concrète et précise, de façon qu'au moindre appel la mémoire lui fournisse les moyens utiles. Déjà Bacon remarquait que nombre de doctrines morales sont demeurées inefficaces parce qu'elles se bornent à tracer le portrait du sage idéal sans donner les moyens de lui ressembler. Ces doctrines s'étendent sur la Téléologie, et surtout — car ce sont des doctrines antiques — sur l'Eudémonologie, mais elles négligent la Technologie.

La science de la valeur, l'Axiologie, n'a pas la notoriété de ses deux compagnes. A quel signe mesurer la valeur de l'homme en général et d'un homme en particulier ? à quel signe mesurer l'accroissement ou la diminution de valeur ? ces questions sont rarement posées. Si l'idéal de l'homme est la justice, ce sont pourtant les questions primordiales puisque la réponse fournirait le premier membre de toute équation juste. Mais, si l'Axiologie n'existe pas à titre de science distincte, plusieurs sciences sont prêtes à lui fournir des matériaux. Les sciences naturelles nous renseignent sur le rôle de l'homme dans le monde ; chacun de leurs progrès rectifie nos opinions sur la valeur générale de l'humanité, sur les traits qui nous distinguent ou nous rapprochent de l'animal. Elles nous donnent sinon une définition de l'homme, du moins l'un des éléments de cette définition. Elles nous montrent à la fois notre grandeur et notre misère : maîtres de la nature à condition de lui obéir ; rois du monde sans être soustraits à ses lois. Et les sciences historiques, en nous révélant à la fois la réalité et la lenteur du progrès confirmeraient, à propos de la valeur humaine, le témoignage des sciences naturelles. Mais cette définition de l'homme ne serait que l'introduction de la science. L'Axiologie aurait en outre pour but de classer les individus d'après leur valeur. Même si l'on croit à l'égalité des hommes, on ne prétend pas qu'ils soient identiques les uns aux autres. Même si l'on croit qu'ils se valent ou s'équivalent, on ne prétend pas qu'ils tiennent tous leur mérite des mêmes qualités. En toute hypothèse, on a donc le droit de classer les hommes d'après leur valeur. L'Axiologiste chercherait donc le réactif physique, psychique ou social qui lui permettrait d'éprouver la valeur de chaque individu, comme un réactif chimique permet de déterminer la nature d'un corps. La physiologie lui apprendrait à mesurer l'usure organique — musculaire ou nerveuse — qui correspond à l'unité d'effort. La psychologie et la sociologie lui procureraient d'autres dynamomètres (ou axiomètres) en montrant les effets intimes et les effets externes d'une activité. Abstraction faite des préjugés et des apparences, quels sont les hommes supérieurs? ceux qui ont le droit de donner des ordres ou tout au moins d'imposer leur exemple? Quel est le degré de leur supériorité? la distance qui sépare le premier du dernier des hommes est-elle si grande qu'il soit juste d'accorder à l'un tous les droits en ne laissant à l'autre que toutes les corvées? s'il est des hommes qui croient juste de posséder des millions tandis que leurs voisins sont dans la misère, leur opinon est-elle fondée? La distance qui sépare le premier du dernier des hommes est-elle égale à celle qui sépare un million de zéro? voilà quelques-unes des questions que poserait l'Axiologie

Bien qu'il soit téméraire d'indiquer ses réponses, notre étude nous permet de les prévoir. La valeur de l'homme en tant qu'homme tient à son autonomie : ce n'est pas qu'il crée ses actes volontaires, mais il est leur cause principale puisque ses jugements leur donnent tous leurs caractères. Bien que ces jugements ne soient pas des faits miraculeux tirés du néant par un caprice de notre liberté toute-puissante, bien qu'ils soient effets, ils sont causes ; par eux nous sommes des initiateurs ; l'homme ne joue pas dans la nature le rôle d'une courroie de transmission mais d'un moteur. La personne humaine est donc respectable : elle a des droits supérieurs aux droits des autres êtres. Malgré leur intelligence, en effet, les animaux sont plus souvent que nous entraînés par l'instinct ; notre pouvoir causal est plus réel que le leur. Quant aux êtres inférieurs, sources de jouissances plutôt que sources d'actions, ils sont des choses et non des personnes, des causes matérielles et non des causes motrices. L'homme, quel qu'il soit, a donc une valeur distincte de la valeur des autres êtres. Et en tant qu'ils sont tous causes motrices plutôt que causes matérielles, les hommes sont égaux.

Mais si l'autonomie relative de leur volonté est virtuellement égale en tous, en ce sens qu'ils peuvent tous s'affranchir au moins un instant de leurs passions pour porter sur une action le double jugement: elle est bonne et possible, l'exercice de cette autonomie n'est pas aussi fréquent chez les uns que chez les autres et l'étendue de la puissance causale varie avec chacun d'eux. L'homme supérieur c'est donc d'une part l'homme qui multiplie les actes d'autonomie, d'autre part l'homme qui étend le rayon de son activité. Nous avons vu que l'activité la plus étendue c'est l'activité bienfaisante dont chaque manifestation suscite une activité nouvelle, crée de nouvelles sources d'action. Culte de la réflexion, c'est-à-dire de l'autonomie ; culte de la bienfaisance, c'est-à-dire de la fécondité, tels seraient, avec le respect de la personne humaine, les premiers préceptes que la morale déduirait de l'Axiologie.

Peut-être ces brèves indications sur les trois parties de la science morale éveilleront-elles plus de sourires que de réflexions : avec des miettes de vérités mendiées aux diverses disciplines, quelle folie de vouloir construire une science de la morale ! Mais toute science s'est constituée en demandant aux sciences déjà nées ses matériaux. Les plus anciennes n'ont-elles pas distrait de la philosophie des chapitres entiers ? et cette méthode n'a-t-elle pas été reprise récemment par les partisans de la psychologie ou de la morale indépendante ? Si la philosophie prenait sa revanche en empruntant aux autres sciences, dans l'intérêt de la morale, quelques-uns de leurs résultats, ne serait-ce pas de bonne guerre ? A première vue, cette morale à trois faces manque d'unité ; mais si l'acte volontaire, dont les trois éléments principaux sont hétérogènes, forme dans la conscience un tout bien lié, la morale, science de la volonté idéale, malgré l'hétérogénéité de ses éléments, n'a pas moins d'unité que l'acte volontaire.

Disparate ou non, cette science occupe dans la science une place à part. Sans doute la plupart des sciences fournissent aux trois parties de la morale des renseignements ; mais elles ne se confondent ni avec l'une ni avec l'autre. Sans doute l'étude de ces sciences, convenablement dirigée, forme la volonté, mais encore faut-il choisir parmi les vérités scientifiques celles qui suggèrent des jugements exacts sur la valeur ou le bonheur des hommes, et parmi les méthodes celles qui donnent l'habitude de la régression analytique. Avec Socrate et Platon, avec les stoïciens, Descartes et Spinoza nous soutenons que la vertu est une science et le vice une erreur : mais qu'on ne nous fasse pas dire : toute science est vertu, toute erreur est vice. On n'est pas vertueux pour savoir que l'aimant attire le fer ou que la France a quatre-vingt-six départements. Et bien que ces connaissances puissent avoir leur utilité et même leur moralité, ce n'est pas un crime de les ignorer. Tout en s'identifiant à une science, la vertu n'est pas le privilège d'une élite intellectuelle : nous ne refusons ni aux ignorants ni même aux simples d'esprit le droit et le pouvoir de la pratiquer. En effet, la vérité s'acquiert parfois sans la science : est-il besoin d'être physicien pour apprendre que le feu brûle? Pour être vertueux il suffit de savoir, mais il n'est nécessaire ni de tout savoir ni d'être un savant. Que faut-il savoir? ce que valent, ce que méritent et ce que peuvent les hommes. On comprend dès lors comment le vice peut accompagner la science et la vertu l'ignorance. L'ignorant peut avoir plus de modestie que le savant, connaître plus exactement son propre mérite : la science de soi ne s'acquiert pas nécessairement dans les laboratoires ; on peut connaître par l'expérience quotidienne ou par la tradition quelques-unes de ses vérités essentielles. En revanche, il suffit de se tromper dans l'évaluation de soi-même et d'autrui, dans l'équation du mérite et de sa récompense, pour que cette faute logique entraîne une faute morale. Si grand est le nombre des troubles intellectuels, si multiples les formes de la folie humaine qu'il est inutile, pour expliquer les vices des hommes, de recourir à d'autres causes et de supposer, à côté de l'intelligence, une volonté inintelligible dont la mystérieuse « perversion » serait la source de nos péchés. Nos adversaires nous opposent la fréquente alliance d'une grande intelligence à un faible caractère : nous ne la nions pas ; elle nous scandalise autant que personne, mais elle ne nous étonne pas : de même qu'on peut être à la fois savant mathématicien et médiocre économiste, de même on peut raisonner correctement sur tout sujet sauf sur la valeur, le bonheur et la puissance des hommes : il n'est pas plus surprenant de voir une grande intelligence alliée à un faible caractère que de voir une imagination féconde alliée à un goût malheureux ; bien que l'élévation et la fermeté du caractère soient des qualités intellectuelles, elles peuvent se rencontrer dans un esprit qui ne possède pas les autres qualités de même ordre ; et réciproquement la présence de celles-ci peut coïncider avec l'absence de celles-là. Les adversaires de l'intellectualisme supposent que nous faisons de la vérité et de la vertu deux concepts équipollents : leurs objections tombent si la vertu n'est qu'une espèce dans le genre des vérités. La Morale est une science mais n'est pas toute science.

Entre la raison théorique et la raison pratique il n'existe aucune antinomie. Les mêmes lois qui nous font penser nous font agir ; les mêmes lois qui nous font penser juste nous font agir avec justice. L'âme humaine n'est pas double ; elle n'est pas à la fois soumise et soustraite aux lois d'identité et de causalité : en appliquant ces lois elle construit la science en général et la science morale en particulier. Elle n'est pas à la fois rationnelle et irrationnelle : elle est, il est vrai, tantôt raisonnable et tantôt déraisonnable, mais, quelle que soit sa folie, c'est une folie raisonnante : pour la guérir il est suffisant mais nécessaire de lui apprendre à raisonner. Comme la volonté est un mode de l'intelligence, la raison pratique est un mode de la raison théorique. L'Éthique est une Logique.

TABLE DES MATIÈRES

Pages.

INTRODUCTION

I. *Définition de la volonté.* — L'acte volontaire est un changement psychologique qui paraît déterminé par des jugements. 1
II. *Problème.* — Les jugements qui précèdent l'acte volontaire en sont-ils les conditions suffisantes ? — Légitimité de cette recherche. — Solution volontariste et solution intellectualiste. — Plan de l'ouvrage. 10

PREMIÈRE PARTIE

ANALYSE

DES ACTIONS VOLONTAIRES A LEURS ANTÉCÉDENTS LOGIQUES

CHAPITRE PREMIER

PREMIÈRE BRANCHE DE LA RÉGRESSION. — PREMIER MOMENT.
FIN DES ACTIONS VOLONTAIRES

I. La fin des actions volontaires n'est pas le bonheur absolu. . . . 25
II. La fin des actions volontaires, c'est le bonheur relatif, c'est-à-dire la justice. — Preuve déductive. 37
III. Preuve inductive. Réduction des exceptions apparentes (actes moralement indifférents). 47
IV. Preuve inductive *(suite)*. Réduction des exceptions apparentes (la charité). 54
V. Preuve inductive *(suite)*. Réduction des exceptions apparentes (le crime). 58
VI. Erreurs commises par les hommes dans la définition de la justice. 70

CHAPITRE II

PREMIÈRE BRANCHE DE LA RÉGRESSION *(suite)*. — SECOND MOMENT (I).
JUGEMENTS SUR LA VALEUR DES ACTIONS

L'établissement de la justice suppose deux jugements de valeur (évaluation des actions, évaluation des sanctions)... 76
La valeur de l'activité se mesure à son intensité. 77
   I. La valeur de l'activité est en raison directe du nombre de ses effets. 78
   II. Elle est en raison inverse du nombre de ses auxiliaires. . . . 93
   III. Elle est au maximum quand les deux conditions se réunissent, au minimum quand elles s'opposent. 104
   IV. Erreurs sur le nombre des effets. 110
   V. Erreurs sur le nombre des causes auxiliaires. 123
Conclusion. — Divergences des fins humaines provoquées par des divergences dans l'estimation de la valeur. 136

CHAPITRE III

PREMIÈRE BRANCHE DE LA RÉGRESSION *(fin)*. — SECOND MOMENT (II).
JUGEMENTS SUR LA VALEUR DES SANCTIONS

Comment évaluer l'effet émotionnel d'une action ?. 138
   I. Évaluation de nos émotions futures. 139
   II. Évaluation des futures émotions d'autrui. — Valeur « réelle » et valeur « personnelle ». 153
   III. Erreurs sur la valeur des sanctions. 162
Conclusion. — Divergences des fins humaines provoquées par des divergences dans l'évaluation des sanctions 176

CHAPITRE IV

SECONDE BRANCHE DE LA RÉGRESSION. — PRÉVISION DES MOYENS

   I. Nous ne connaissons nos moyens d'action ni par une intuition, ni par une simple association d'idées, mais par un raisonnement analytique remontant de la fin à ses causes. 178
   II. Espèces de ce raisonnement : analyse unilinéaire et analyse multilinéaire, analyse simple et analyse complexe. 187
   III. Éléments du raisonnement : comment sont obtenues les inductions qui le composent. 194
   IV. Rapports entre la conception des moyens et la conception des fins. 201
   V. Sophismes commis dans le calcul des moyens : analyses mal conduites. 206

VI. Sophismes commis dans le calcul des moyens : inductions mal faites. 212
Conclusion du chapitre. — La variété des analyses pratiques contribue à expliquer la variété des volitions. 217
Conclusion de la première partie : résumé. 218

SECONDE PARTIE
SYNTHÈSE
DES JUGEMENTS A L'ACTION

CHAPITRE PREMIER
ÉNONCÉ DU PROBLÈME PRATIQUE

I. L'occasion de l'acte volontaire, ce n'est pas l'apparition d'une émotion, c'est la conscience d'un changement, la position d'un problème. 224
II. Énoncé du problème pratique : les problèmes de la vie individuelle. 231
III. — — les problèmes de la vie sociale. . . 236
IV. — — les problèmes de la vie intellectuelle. 240

CHAPITRE II
SOLUTION NORMALE DU PROBLÈME PRATIQUE : LE RAISONNEMENT VOLITIONNEL

I. Description du raisonnement volitionnel : raisonnement simple et raisonnement complexe. 249
II. Qualité des prémisses : négatives, dubitatives, affirmatives. Volitions correspondantes : avortées, ébauchées, achevées. — A quoi répond la distinction des volitions et des nolitions. 255
III. Modalité des prémisses : problématiques, assertoriques, apodictiques. Degrés correspondants de la volition. 265
IV. Modalité des prémisses *(suite)*. — Degrés correspondants de la moralité subjective des volitions. 277
Conclusion. — L'exécution de l'acte volontaire. 282

CHAPITRE III
SOLUTIONS ANORMALES DU PROBLÈME PRATIQUE : J. L'ABOULIE

I. Première forme de l'aboulie : indécision. — Elle s'explique par des doutes sur le devoir ou le pouvoir. — Contre-épreuve : guérison de l'aboulie. 286

II. Seconde forme de l'aboulie : défaut d'exécution. — Exemples : impulsions et inhibitions morbides. 297
III. Cette seconde forme s'explique, comme la première, par des doutes sur le devoir ou le pouvoir. 303
IV. Contre-épreuve : guérison de l'aboulie. 322

CHAPITRE IV

SOLUTIONS ANORMALES DU PROBLÈME PRATIQUE (suite).
II. LA PARABOULIE

I. Perversion de la volonté causée par des erreurs commises dans l'évaluation des actes et des sanctions : le crime.. 329
II. Le crime (suite). — Crime et folie. — Crime et vertu. 338
III. Perversion de la volonté causée par une délibération imperceptible.. 345
IV. Perversion de la volonté causée par une erreur sur les moyens : la maladresse. 356
V. Résultat des déviations de la volonté : nouveaux problèmes, nouvelles volitions.. 362
Conclusion de la seconde partie. 369

CONCLUSION

I. Conséquences psychologiques. — La volonté est un mode de l'entendement. — Rôle des causes physiques ; — rôle des sentiments dans la production de l'acte volontaire. 371
II. Conséquences morales. — La morale est une science. — Ses parties essentielles : axiologie, eudémonologie, technologie. 384

CHARTRES. — IMPRIMERIE DURAND, RUE FULBERT.

www.ingramcontent.com/pod-product-compliance
Lightning Source LLC
Chambersburg PA
CBHW071909230426
43671CB00010B/1534